职业教育财经商贸类专业课程改革成果教材

职业教育校企合作精品教材

智能财税共享服务

主编　何仁聘　寇恩华

中国教育出版传媒集团

高等教育出版社·北京

内容提要

本教材依照中等职业学校纳税事务相关专业教学标准设置内容框架。全书共分为 4 个模块共 11 个项目：走进财务共享服务、认知智能技术、期初建账、录入与审核票据、处理期末事项、增值税的核对与申报、所得税的核对与申报、其他税费的核对与申报、解析财税分析、分析财务数据、预警税务风险。全书按照“项目目标→岗课融通→知识框架→案例引入→任务准备→任务实施→任务小结→同步测评”的编写体例，将知识、技能和职业素养培育融为一体，体现职业教育“做中学、学中做”“知行合一”的教育理念。

本书配套扩展阅读等学习资源，可扫描书中的二维码进行查看，随时随地获取学习内容，享受立体化阅读体验。本书还配套电子教案、演示文稿、同步测评参考答案等辅教辅学资源，请登录高等教育出版社 Abook 新形态教材网（https://abooks.hep.com.cn）获取相关资源。详细使用方法见本书最后一页“郑重声明”下方的“学习卡账号使用说明”。

本教材可作为中等职业院校财务会计类和财政税务类专业开设“智能财税共享服务”课程的教材，也可以作为企业财务人员、管理人员的学习用书。

图书在版编目（CIP）数据

智能财税共享服务 / 何仁聘，寇恩华主编. --北京：高等教育出版社，2024.5

ISBN 978-7-04-062004-7

Ⅰ.①智… Ⅱ.①何… ②寇… Ⅲ.①财税-管理信息系统-中等专业学校-教材 Ⅳ.①F810-39

中国国家版本馆CIP数据核字（2024）第055404号

Zhineng Caishui Gongxiang Fuwu

策划编辑 王 印　责任编辑 刘 睿　封面设计 李卫青　版式设计 童 丹
责任绘图 李沛蓉　责任校对 窦丽娜　责任印制 沈心怡

出版发行	高等教育出版社	网　　址	http://www.hep.edu.cn
社　　址	北京市西城区德外大街 4 号		http://www.hep.com.cn
邮政编码	100120	网上订购	http://www.hepmall.com.cn
印　　刷	人卫印务（北京）有限公司		http://www.hepmall.com
开　　本	889mm × 1194mm　1/16		http://www.hepmall.cn
印　　张	15.75		
字　　数	300 千字	版　　次	2024 年 5 月第 1 版
购书热线	010-58581118	印　　次	2024 年 5 月第 1 次印刷
咨询电话	400-810-0598	定　　价	41.80 元

本书如有缺页、倒页、脱页等质量问题，请到所购图书销售部门联系调换

物 料 号　62004-00

前言

2021年，教育部发布《职业教育专业目录（2021年）》（以下简称《目录》），《目录》在科学分析产业、职业、岗位、专业关系的基础上，统一采用专业大类、专业类、专业三级分类，一体化设计中职、高职、职教本科不同层次专业，在中等职业教育财经商贸类专业中增设了纳税事务专业。为了适应现代商业、服务业转型升级，对接税务行业数字化、智能化发展新趋势，满足财税行业高质量发展对高素质技术技能人才的需求，推进专业升级和数字化改造，现依据中等职业学校纳税事务专业教学标准编写了本教材。明确了“智能财税共享服务”为纳税事务专业核心课程，培养掌握财税共享服务基础知识和操作技能的人才。

本教材共分为4个模块：智能财税共享服务基础认知、社会财务共享服务、税费共享服务、财税分析，其下共设置11个项目：走进财务共享服务、认知智能技术、期初建账、录入与审核票据、处理期末事项、增值税的核对与申报、所得税的核对与申报、其他税费的核对与申报、解析财税分析、分析财务数据、预警税务风险。

本教材由重庆市经贸中等专业学校何仁聘、寇恩华担任主编，重庆市梁平职业教育中心刘尚彬和哈尔滨市商业学校刘椿洋担任副主编，重庆市商业会计学会魏晓野、绥化市职业技术学校张莉莉、哈尔滨市商业学校赵威、同江市职业技术教育中心学校陈来艳、重庆市梁平职业教育中心乐发明、厦门网中网软件有限公司陈艺茹和重庆市经贸中等专业学校时帅、陈德莉参与编写。本教材由何仁聘拟定教材提纲，具体编写分工如下：模块一项目一、项目二由寇恩华编写，模块二项目一由乐发明编写、项目二由寇恩华编写、项目三由陈艺茹编写，模块三项目一由寇恩华、魏晓野编写、项目二由刘椿洋、赵威编写、项目三由张莉莉、刘尚彬编写，模块四项目一由时帅编写、项目二由陈来艳编写、项目三由陈德莉编写。教材由何仁聘、寇恩华进行统稿。

本教材以“做什么→知原理→如何做”为教材项目驱动理念，按照“项目目标→岗课融通→知识框架→案例引入→任务准备→任务实施→任务小结→同步测评”的编写体例，将知识、技能和职业素养培育融为一体，体现职业教育“做中学、学中做”“知行合一”的教育理念。本教材参考学时安排如下：

参考学时安排表

模块	项目	任务	理论参考学时	实训参考学时
智能财税共享服务基础认知	走进财务共享服务	财务共享服务认知	0.5	1.5
		财务共享服务产生与发展	0.5	
		财务共享服务组织架构与岗位设置	0.5	
	认知智能技术	智能识别	0.5	1.5
		智能记账	0.5	
		智能审核与智能报税	0.5	
社会财务共享服务	期初建账	企业账套建立	0.5	2
		会计科目设置	0.5	
		期初数据录入	1	
	录入与审核票据	销售与收款业务录入与审核	3	6
		采购与付款业务录入与审核	3	
		转款业务录入与审核	1	
		成本与费用业务录入与审核	2	
		工资业务录入与审核	1	
		其他业务录入与审核	1	
	处理期末事项	期末事项处理流程	0.5	1
		电子会计档案管理	0.5	
税费共享服务	增值税的核对与申报	小规模纳税人增值税及附加税费的核对与申报	3	10
		一般纳税人增值税及附加税费的核对与申报	3	
	所得税的核对与申报	企业所得税的核对与申报	2	5
		个人所得税的核对与申报	2	2
	其他税费的核对与申报	社会保险费的核对与申报	1	2
		印花税的核对与申报	1	2
财税分析	解析财税分析	认知财税分析	0.5	0.5
		掌握财税分析常用指标	1	
	分析财务数据	分析成本数据	1	1
		分析进销存数据	1	
		分析组织人员绩效	1	
	预警税务风险	认识税务风险管理指标模型	0.5	2
		分析税务风险产生原因及应对措施	0.5	
		撰写税务风险管理报告	1	
小计			35.5	36.5
合计			72	

由于编者水平有限，教材中疏漏在所难免，敬请读者批评指正。读者意见反馈邮箱：zz_dzyj@pub.hep.cn。

编　者

2024 年 1 月

目 录

模块一
智能财税共享服务
基础认知

会计电算化是会计发展史上一次重大革命，它用计算机替代手工会计记账、算账和报账，实现了数据处理的自动化，并完成部分会计信息的分析判断。而财税共享服务则是把企业各区域业务单位分散、简单、易于流程化和标准化的财务工作集中到统一的信息化平台处理，实现财务工作的标准化、数据化和以业财融合为核心的财务管理模式的转型升级。

会计电算化和财务共享都有利用信息手段处理会计信息以提升工作效率的特点。会计电算化强调数据处理自动化，而财税共享服务则是基于信息网络技术的一种新型财务管理模式。在本模块中将通过“走进财务共享服务”和“认知智能技术”两个项目来认识智能财税共享服务。

项目一
走进财务共享服务

项目目标

- 了解财务共享服务的概念、特征、应用及其产生与发展；
- 熟悉财务共享服务的组织架构和岗位设置；
- 能搭建企业财务共享服务中心的流程体系和组织架构；
- 提升沟通协调能力和业财融合创新能力；
- 培养应用财务共享模式践行我国财税法律规范的法制意识。

岗课融通

在社会财务共享服务中心或企业集团财务共享服务中心中，从事数据采集与录入、会计核算与稽核、纳税申报、财税分析等岗位工作的基础性工作领域需要掌握智能财税共享服务的基础认知。弄清财务共享服务的概念、特征、应用、产生与发展、组织架构和岗位设置，既是本项目学习的重点，也是财务共享服务中心各工作岗位的知识基础。

财务共享服务是新兴财务管理模式，它将各区域的会计业务统一集中到一个财务共享服务中心进行核算和报告。财务共享服务有过程合并、服务内部、竞争性、独立性、标准化等特征。企业根据其自身行业特点、管理基础、业务重点及风险偏好等因素，可选择基础财务共享模式或全财务共享模式。了解财务共享服务的产生与发展、理解和掌握财务共享服务未来向智能化、云端化和利润中心发展的趋势，有助于认清智能财税共享服务发展的新趋势。了解财务共享服务中心的战略定位、组织架构与岗位设置，是判断企业所设置财务共享服务中心模式的关键点。

知识框架

- 走进账务共享服务
  - 财务共享服务认知
    - 财务共享服务的概念
    - 财务共享服务的特征
    - 财务共享服务的模式
    - 财务共享服务的作用及意义
  - 财务共享服务产生与发展
    - 财务共享服务的产生
    - 财务共享服务的发展
    - 财务共享服务的未来
  - 财务共享服务组织架构与岗位设置
    - 集团管控型财务共享服务中心的组织架构和岗位设置
    - 服务型财务共享服务中心的组织架构和岗位设置

任务一　财务共享服务认知

案例引入

北京光华日用消费品集团旗下有子公司34家，总共386家独立会计核算业务单位，财务业务主要集中在收付款、财务档案管理、费用报销、应收应付款管理等方面，集团每天有大量的财务信息需要处理，企业财务部门机构臃肿且工作低效，集团正在思考是否建立财务共享服务中心对这些财务信息进行集中处理。

与财务部门相比，集团财务共享服务中心主要由集团负责管理，通过构建完善的管理制度使集团的财务流程更加规范，确保财务信息和各项资源能够得到整合，节省集团的成本支出，促使集团能够将工作重点放在研发、生产和销售上，从而提高集团在市场中的竞争力。

请根据上述案例，思考以下问题：

（1）该集团是否适用财务共享服务模式？

（2）如采用财务共享服务，该集团应采用哪种财务共享服务模式？

任务准备

一、财务共享服务的概念

财务共享服务（Financial Shared Service）是大数据、智能化发展趋势下的一种新兴财务管理模式。它将集团企业中各分公司、子公司或社会上不同组织主体分散开展的基础性财务工作集中起来，由一个相对独立的部门、业务单位或组织来集中进行核算和报告的服务共享形式。

财务共享服务中心（Financial Shared Service Center）又称财务共享中心，是提供财务共享服务的业务单位。财税共享是指财务共享服务中心为企业主体、代账公司等提供的基础性财务税务相关共享服务。

二、财务共享服务的特征

财务共享服务受到诸多因素影响，其具有过程合并、标准化、服务内部、竞争性、独立性等特征。

（一）过程合并

通过财务共享服务中心可以整合原本分散的支持性财务业务，达到减少重复流程的效果，提升了企业的财务工作效率。

（二）标准化

财务共享服务中心将企业常规的、重复性较高的财务活动加以分类，并进行规范化、流程化整合，以完成自助式服务。

（三）服务内部

通常财务共享服务中心是由大型企业集团自发组建的，设在集团内部，以部门或分、子公司的形式存在，服务对象为集团内部各分支机构，负责联系各分支机构的财务活动。因此，财务共享服务的核心理念是向企业内部其他业务部门提供支持性服务。

（四）竞争性

企业内部的财务共享服务中心可以为企业提供服务，企业外部的财务服务机构也可以为企业提供服务，这决定了财务共享服务中心具有一定的竞争性。企业可以通过对比服务质量和服务成本来决定建设内部财务共享服务中心，还是寻找外部合作伙伴。

（五）独立性

虽然大多数财务共享服务中心需要受到集团的管理，但又和审计部门、法务部门一样，是独立于其他业务部门存在的，其有自己的职责、办事流程和管理办法，与其他业务部门保持平等的合作关系。因此，财务共享服务部门和相关的财务人员必须保持独立性和客观性。

三、财务共享服务的模式

不同的企业根据其自身行业特点、管理基础、业务重点及风险偏好等因素，可选择不同的财务共享服务建设模式。财务共享服务的模式主要为两种：基础财务共享模式和全财务共享模式。

（一）基础财务共享模式

基础财务共享模式采用共享服务模式开展财务处理工作，此模式适合于执行力适中、风险偏好低、稳步推进财务共享服务建设的企业，如服务行业、消费品行业。在基础财务共享模式下，纳入财务共享服务中心的主要业务包括收付款、财务档案管理、费用报销、应收应付管理等。其主要职能包括往来核算、报销、资金结算、单据档案管理等（见图1–1–1）。

由于共享的业务内容少、容易标准化，有利于集团快速成功搭建财务共享服务中心，降低项目风险。对于费用占比较高的集团而言，费用管理相对重要，基础财务共享服务中心的成功搭建，可以大幅提升财务工作效率、有效节约人工成本和运营成本、加强风险管理与控制。基础财务共享服务中心成功搭建后，还能为集团进一步实施全财务共享服务奠定良好的基础。

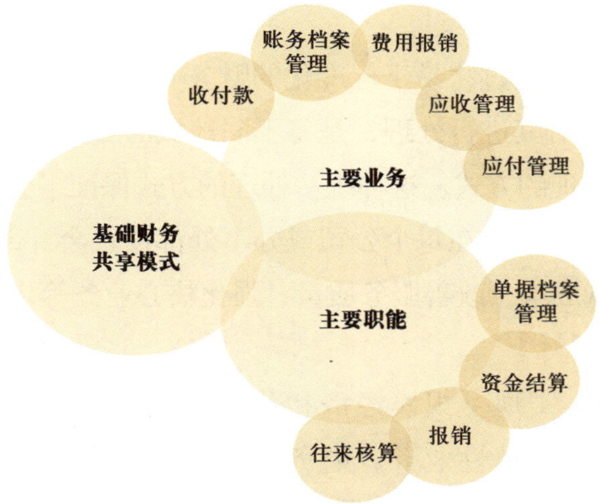

图 1–1–1　基础财务共享模式主要业务及主要职能

（二）全财务共享模式

全财务共享模式旨在将企业财务业务全部纳入财务共享服务中心，该模式适合于以制造业、服务业、建筑业、房地产业等为代表的执行力强，能够一次性推进财务共享服务中心建设的企业。在该模式下，纳入财务共享服务中心的业务和职能较基础财务共享模式更为广泛。

全财务共享模式可以理解为将财务业务一次性全部纳入财务共享服务中心，快速实现财务人员工作分工调整，使得全业务流程标准化程度得到提升，从而使企业实现财务核算工作的彻底转型，同时也为企业向管理会计转型奠定基础。全财务共享模式建设速度快、周期短，较基础财务共享模式而言具有更多的竞争力。该模式能够以最大可能降低建设成本，有利于实现加强财务管控能力、减少财务风险、提高财务工作效率、降低财务成本等终极财务目标。

全财务共享模式主要业务及主要职能如图 1–1–2 所示。

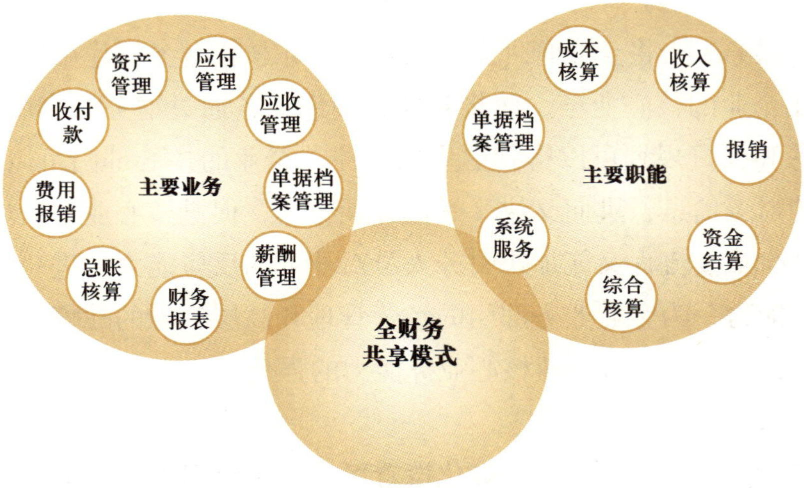

图 1–1–2　全财务共享模式主要业务及主要职能

四、财务共享服务的作用及意义

财务共享服务中心是通过将易于标准化的财务业务进行流程再造与标准化，并由财务共享服务中心统一对其进行处理，是将不同地域的实体的会计业务拿到一个财务共享服务中心来统一处理的方式。这种统一处理的方式保证了会计记录和报告的规范、结构的统一，而且由于不需要在每个公司或办事处都设置会计部门，节约了系统成本和人工成本。达到降低成本、改善服务质量、强化核心业务等作用和意义。

（一）降低成本

财务共享服务中心实现了规模经济和范围经济，能够极大地降低企业经营成本。由于剥离了基础的支持性业务，财务共享服务中心可以相对减少财务人员配置，集团内部所有分支机构的财务人员集中在财务共享服务中心办公可以有效节约办公费用，与财务人员相关的经费也得到了有效地监控，进而起到降低成本的作用。同时，财务共享服务中心可以集中资源，发挥人才优势和规模优势，使企业在外部业务的开展和谈判过程中获取有利地位，进而达到降低成本的目的。此外财务共享服务中心的模式也使得信息技术系统（硬件和软件）的标准化和更新变得更迅速、更易用、更经济。

（二）改善服务质量

财务共享服务中心的建设可以提高企业对管理的重视程度，进而优化服务质量。财务共享服务中心提供数据集中与整合平台，建立标准化体系确保企业财务业务处理规范化。财务共享服务中心拥有相关分支机构所有的财务数据，数据汇总、分析不再费时费力，更容易实现跨地域、跨部门的数据整合。财务共享服务中心可对所有分支机构采用相同的标准作业流程，废除冗余的步骤和流程。财务共享服务中心专业人员相对集中，总体专业技能水平较高，能够提供更专业的服务，有效提高财务管理水平与效率，增强企业核心竞争力。

（三）强化核心业务

财务共享服务中心将企业管理人员从繁杂的非核心业务工作中解放出来，从而将精力集中在企业的核心业务，而将其他的辅助业务通过财务共享服务中心完成，因此财务统筹和投资规划可以得到更多的关注。企业的核心部门可以获得更敏捷、更具时效性的财务信息，进而又快又好地开展工作，促进核心业务发展，提高核心竞争力。而减少重复流程又能加快财务人员对业务的反应能力，进一步提高服务质量及外在适应能力，为企业业务部门的经营管理和高层领导的战略决策提供高质量的财务决策支持，最终促进企业核心业务能力的强化。

（四）加强监管力度

一方面财务共享服务中心的标准化设置可消除传统财务模式下各分支机构各自

为政、独立松散的情况，传递一致且公开透明的财务信息，便于及时发现各分支机构存在的财务问题。另一方面，集团内部不同的业务部门使用统一的财务共享服务系统，可以传递一致的管理信息，从而避免互相推卸责任的现象。财务共享服务中心不仅方便了上下级之间、各分支机构之间的沟通，也极大地方便了员工之间的沟通、员工和企业管理层之间的沟通，有利于管理层获得第一手资讯和基层信息，便于监控管理。

（五）提升创新能力

财务共享服务中心将分散的财务机构集中到一起，整合财务人员，为企业提供更加优质的财务服务，这本身就是一种创新。财务共享服务中心建成后可以以企业组织战略目标为导向，不断创新、完善服务标准，提出新思想、开发新技术、引进新设备，提升企业自身影响力和企业竞争力。此外，企业的运作方式也会得到创新，如组织结构、工作流程、组织控制等方面，通过不断创新与对自身问题的改进可以为企业的长远发展打下良好的基础、做好扎实的准备。

（六）减少风险

财务共享服务中心将企业的常规业务集中到企业内部统一处理，可以大大降低聘请外部机构带来的代理问题、信息泄露、信息不对称等风险。建立在企业内部的财务共享服务中心受企业制度的约束和监管，大大提高了财务信息的安全性。传统财务模式的分散服务在面对新的服务需求时反应滞后，而财务共享服务中心对新环境的适应性更强，因为财务共享服务中心将企业内部专业人才集中在一起，避免了分散服务的缺点，财务共享服务确定了统一的制度和办公场所，能够节约时间和精力来制定相应的服务标准，在很大程度上减少盲目服务的投机风险，保证了企业的信誉。

任务实施

结合案例中北京光华日用消费品集团相关财务情况，判断该集团适合选择的财务共享模式。

第一步：根据集团基本情况和集团独立会计核算业务单位数量、业务规模等情况，确定集团是否适用财务共享服务模式。

北京光华日用消费品集团旗下有子公司34家，独立会计核算业务单位386家，每天有大量的财务工作需要处理，简单且重复的工作多且低效率。对照财务共享服务中心的概念，该集团可以采用财务共享服务模式。

第二步：了解集团所属行业、主要会计核算业务类型等。

北京光华日用消费品集团属日用消费品行业，财务业务主要集中在收付款、财务档案管理、费用报销、应收应付款管理等方面。

第三步：判断集团适用的财务共享服务模式。

对照财务共享服务模式的主要业务及主要职能，北京光华日用消费品集团适合采用基础财务共享模式。

任务小结

如果把掌握财务共享服务看作要绘出的一幅画，了解财务共享服务中心的概念如同描绘出了财务共享服务这幅画的“轮廓”，这是本任务学习内容的关键点；认清财务共享服务的特征和模式相当于绘制出了财务共享服务的“五官”，是本任务学习内容的切入点；理解财务共享服务的作用及意义给予财务共享服务这幅画作“灵魂”，使这幅画更有立体感，是本任务学习内容的落脚点。

任务二 财务共享服务产生与发展

案例引入

随着北京光华日用消费品集团规模日益扩大、业务类型不断增加，集团分公司、子公司的众多财务机构使财务人员与管理费用快速增加。由此导致财务效率降低、内控风险激增，总部统一协调财务工作越来越困难，传统的财务管理模式已经成为制约企业发展的瓶颈。经过调研，北京光华日用消费品集团决定建立财务共享服务中心，集团管理层决定先了解财务共享服务中心的发展趋势。

请根据上述案例，思考以下问题：

（1）财务共享服务的产生动因是什么？

（2）该集团要推行财务模式改革，财务共享服务向哪些方面发展？

任务准备

一、财务共享服务的产生

共享服务的提法产生于20世纪80年代，其最初产生的动因来源于企业降低管理成本和运营成本的需要，经过几十年的发展，已经成为全球通用的管理模式。同时，随着经济全球化和数字经济时代的来临，前者使财务工作随着企业经营的国际化而分散到世界各地，而后者又使会计工作随着网络和计算机的应用而大大简化，推动了财务共享服务的产生。在这样的条件下，依然按照传统方式组织财务工作，势必造成分散在世界各地的分支机构用于财务工作的人力和物力资源不能满负荷运作。

因此，在应用信息技术的基础上，利用各种新兴的技术手段，搭建财务共享服务平台，将全球范围内的会计核算集中起来，提高财务工作的效率，既有必要性，又有可行性。在全球500强企业中，已有半数以上的企业在不同的领域实现了不同程度的财务共享或集中处理，并且已经或正在建立不同程度、不同规模的财务共享服务中心。

二、财务共享服务的发展

20世纪90年代，随着信息技术的发展，财务共享服务中心得到了大型集团的认同和接纳，进入持续发展期，开始在大型跨国集团之中盛行，此时财务共享服务中心的作用不仅体现在成本的降低，更多地体现在高质量服务的要求上。

21世纪初，财务共享服务中心逐渐走向成熟，有越来越多的大型集团陆续建立了符合自身发展状况的财务共享服务中心，而财务共享服务中心的重点也已从降低业务模块成本、提高服务质量逐步上升为企业战略层面的构想。随后，全球化的推动使得大型集团扩大跨国经营，大型跨国集团建立分支机构的同时也将其先进的管理理念进行传播，使财务共享理念广为人知。

三、财务共享服务的未来

随着信息技术的发展，大数据、智能化、移动物联网和云计算的普及，传统的财务模式将逐渐被取代，财务工作的发展朝着更加智能化、自动化的方向前进，这也使得财务共享服务中心的建设进一步加快。共享服务在财务板块发展成熟后，还可向其他业务板块辐射，如人事、采购、客服、销售、研发等板块，实现业务拓展和运营深化，建成一个完善的、综合性的共享服务中心。财务共享服务可以将智能化、云计算、移动互联等技术手段与财务管理相融合，这些技术手段的运用也将是财务共享服务的未来发展趋势。

（一）财务共享服务向智能化财务发展

随着信息技术的不断发展，智能化成为众多行业重点关注的方向，财务共享服务模式也在向智能化方向发展。智能化财务是把管理会计无边界的定义用技术无限扩展的能力实现，利用大数据和人工智能技术，从本质上优化财务流程，实现真正意义上的业财一体化。基于互联网和云技术的智能财务共享平台通过连接和数据共享，可以实现财务与业务的实时连带发生，颠覆了传统交易方式，减少了报销、报账等一系列非增值环节会计处理。通过这种模式，从根本意义上提升企业的整体运营质量，让企业的财务管理更加合理化和科学化。

（二）财务共享服务向云端化发展

随着移动互联网的不断发展，去中心化和去中介化的模式逐渐成为财务共享服务的主要发展方向，在财务共享服务中心建立时，必然会出现大量数据处理工作，而大量数据处理正需要这种云端化的处理模式来完成，这样才能从根本上降低企业的运营成本。

（三）财务共享服务由成本中心向利润中心发展

随着企业的规模不断扩大，外包化服务将成为主流趋势。通过该模式，不仅可以让企业规模进一步扩大，还可以实现运营成本的有效控制，为企业创造新的价值模式。通过外包化服务，发布会计作业任务，并由经过资格审查的相关机构接受。实现外包化服务，不仅使企业相关财务人员工作量大大减轻，还可以让企业财务人员可以专心于企业财务风险控制方面的工作，为企业的风险控制提供更好的保障。

任务实施

结合案例中北京光华日用消费品集团现有财务模式运行情况，若要推行财务模式改革，需要让全体员工更好地认识财务共享服务模式。

第一步：让全体员工了解共享服务产生的动因。

共享服务最初产生的动因来源于企业降低管理运营成本的需要。

第二步：让全体员工尤其是财务人员了解财务共享服务产生的背景。

经济全球化和数字经济时代的来临催生了财务共享服务。按照传统方式组织财务工作，分散在世界各地的分支机构用于财务工作的人力和物力资源不能满足需要。

第三步：让全体员工尤其是财务人员认清财务共享服务的发展及其趋势。

财务共享服务中心的发展重点已从降低业务模块成本、提高服务质量逐步上升为企业战略层面的构想。随着信息技术的不断发展，智能化成为财务共享服务模式重点关注的方向。

任务小结

了解财务共享服务的产生与发展可以认清财务共享服务产生的背景、动因、内涵的演变，是本任务学习内容的关键点；理解和掌握财务共享服务未来发展向智能化、云端化和利润中心转变的趋势，有助于更好理解财务共享理念是一个动态发展的过程，是本任务学习内容的落脚点。

任务三　财务共享服务组织架构与岗位设置

案例引入

集团计划采用财务共享服务，在财务共享服务中心设置作业处理、运营支持和标准化部门，作为财务转型的基础，提升财务工作对企业经营管理的支持。

请根据上述案例，思考以下问题：

（1）该集团如何设置财务共享服务中心的组织架构和岗位？

（2）该集团适合采用哪种组织架构模式？

任务准备

不同企业对财务共享服务中心的战略定位有不同的考虑，有的将其作为企业的后台职能平台，提高资源的配置效率、降低成本；有的将其作为财务转型的基础，提升财务对企业经营管理的支持；也有的将其作为总部管控方式，加强对分支机构运营情况的管控。不同行业，不同企业的财务共享服务中心会根据企业自身的经营特点和管理需要设置不同的部门或岗位，集团管控型财务共享服务中心一般按业务循环设置组织架构，服务型财务共享服务中心一般按职能设置组织架构。

一、集团管控型财务共享服务中心的组织架构和岗位设置

大型集团的财务共享服务中心通常与集团财务部、业务单元财务部并行存在、业务协作，其组织架构一般划分为作业处理、运营支持和标准化等部门。

大型集团的财务共享服务中心的作业处理部门即会计核算部门，一般可以划分为费用会计、应付款核算、应收款核算、税务会计、资金结算、综合会计、信息中心、档案管理等业务循环，并按此设置岗位，如图1–1–3所示。

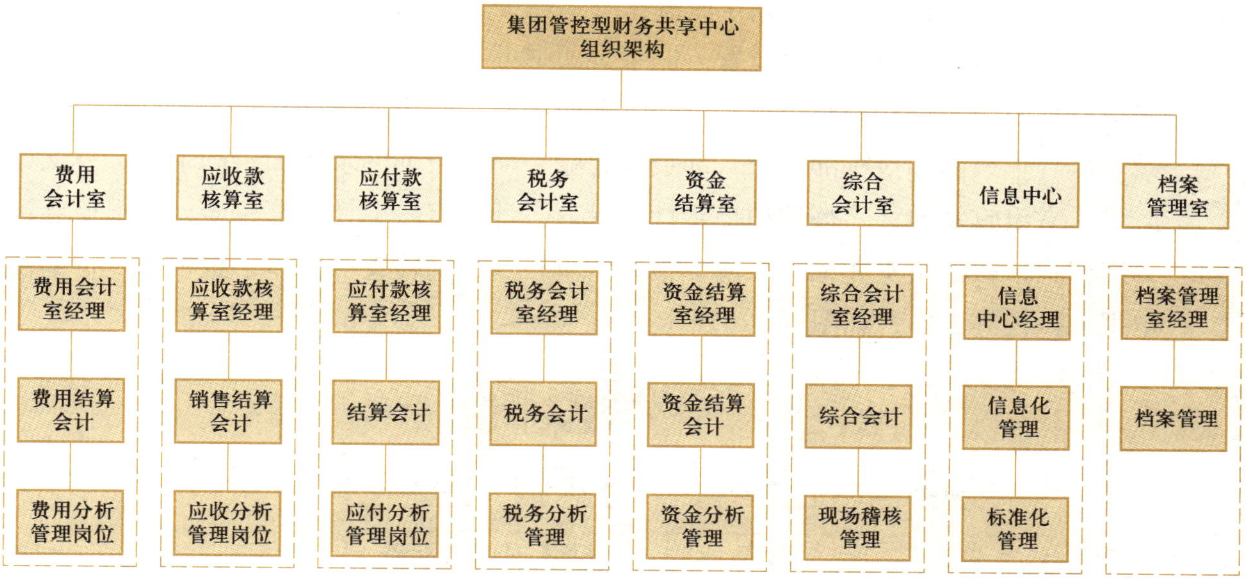

图1–1–3　集团管控型财务共享服务中心岗位设置

以某两家大型集团A和B的财务共享服务中心的岗位设置为例，A财务共享服务中心作为集团财务部的一个重要组成部分，由8个小组构成，涵盖了会计核算能够共享的主要流程，该财务共享服务中心细化了 242 个子流程，对应 242个岗位类

型。B财务共享服务中心内部组织设置同样完全遵循了财务流程，服务10大类流程以及120个子流程，涵盖了会计核算的所有内容。具体操作层面，B财务共享服务中心分为9个业务小组，分别处理与特定流程相关的业务，如图1–1–4所示。

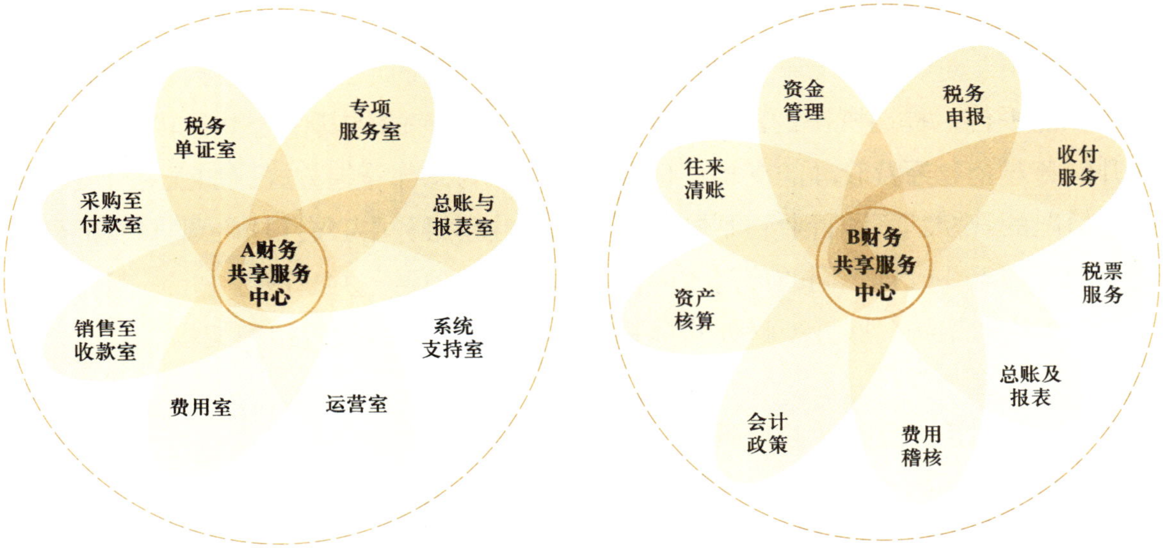

图1–1–4 A、B集团财务共享服务中心岗位设置情况

二、服务型财务共享服务中心的组织架构和岗位设置

相对于集团管控型财务共享服务中心，服务型财务共享中心组织架构的设计较为简单，其岗位一般按职能设置。以某集团财务共享服务中心为例，部门设置主要包括核算中心、行政中心、市场中心、客服中心、质检部等。其中，核算中心下设录入部、审核部和报税部。录入部负责建账、期初数据的录入、票据录入、复核等工作，常设收发会计、整理扫描会计、录入会计、审核会计、算税会计、报税会计等岗位；审核部负责凭证、账簿、报表的审核、税金检查等工作；报税部负责纳税申报、抄税等工作，如图1–1–5所示。

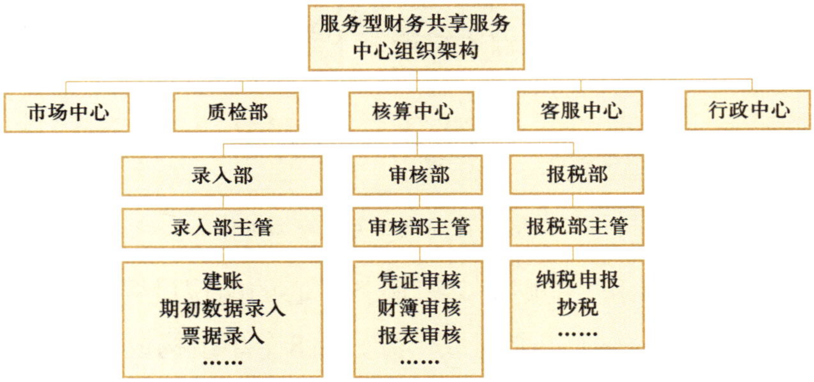

图1–1–5 服务型财务共享服务中心组织架构

任务实施

结合案例中北京光华日用消费品集团现有财务模式运行情况，在集团内部建立财务共享服务中心，选择财务共享中心模式的过程如下。

第一步：了解集团设置财务共享服务中心的战略定位。

北京光华日用消费品集团根据现有业务规模和财务管理模式，建立财务共享服务中心的战略目标是作为财务转型的基础，提升财务工作对企业经营管理的支持。

第二步：分析集团设置财务共享服务中心的组织架构和岗位设置。

该集团财务共享服务中心的作业处理即会计核算部门，根据该集团的业务情况，可以划分为采购与应付、销售与应收账款、费用报销、资金结算、总账、资产核算等业务循环，岗位设置也与业务循环类似。集团组织架构可以划分为作业处理、运营支持和标准化等部门。

第三步：分析集团设置财务共享服务中心适合采用模式。

根据该集团设置财务共享服务中心的战略定位以及财务共享服务中心的组织架构和岗位设置情况，该集团适合采用集团管控型财务共享服务中心模式。

任务小结

了解财务共享服务中心的组织架构与岗位设置是判定企业所设置财务共享服务中心属于集团管控型财务共享服务中心或服务型财务共享中心的基础，综合分析设置财务共享服务中心的战略定位、组织框架和岗位设置情况三个要素，是判定企业所设置财务共享服务中心模式的关键点。

同步测评

一、不定项选择题

1. 下列选项中，对于财务共享服务描述正确的是（　　）。

A. 财务共享服务与财务共享服务中心的概念完全相同

B. 财务共享服务与传统财务电算化概念相同

C. 财务共享服务工作是分散进行的

D. 财务共享服务是一种新兴财务管理模式

2. 下列选项中，属于财务共享服务特征的有（　　）。

A. 过程合并　B. 标准化　C. 服务内部　D. 竞争性

3. 财务共享服务的主要模式有（　　）。

A. 基础财务共享模式　B. 标准财务共享模式

C. 定向财务共享模式　D. 全财务共享模式

4. 基础财务共享模式下，财务共享服务中心的主要业务有（　　　）。

A. 收付款　　B. 档案管理　　C. 费用报销　　D. 应收管理

5. 基础财务共享模式下，财务共享服务中心的主要职责有（　　　）。

A. 核算　　B. 报销　　C. 结算　　D. 档案管理

6. 全财务共享模式下，财务共享服务中心的主要业务有（　　　）。

A. 费用报销、收付款与资产管理　　B. 应收、应付管理与单据档案管理

C. 薪酬管理　　D. 财务报表

7. 全财务共享模式下，财务共享服务中心的主要职责有（　　　）。

A. 成本核算与收入核算　　B. 报销与资金结算

C. 综合核算与系统服务　　D. 单据等档案管理

8. 财务共享服务未来发展方向包括（　　　）。

A. 向智能化财务发展　　B. 向云端化发展

C. 向利润中心发展　　D. 纸质化发展

9. 集团管控型财务共享中心的作业处理部门有（　　　）。

A. 费用会计与应收款核算室　　B. 应收款核算与税务会计室

C. 资金结算与综合会计室　　D. 信息中心与档案管理室

10. 服务型财务共享服务中心组织架构中包括（　　　）。

A. 录入部　　B. 审核部　　C. 报税部　　D. 财务部

二、判断题

1. 财务共享服务中心无法实现异地办公和无纸化办公，也无法确保财务流程的完整性与一致性。（　　）

2. 财务共享服务中心是财务部门下设的办事机构，相关工作人员无需保持独立性。（　　）

3. 报销是基础财务共享模式与全财务共享模式下的主要职能。（　　）

4. 财务共享服务中心实现了规模经济，降低了企业运营成本。（　　）

5. 财务共享服务产生的动因源于企业降低成本的需要。（　　）

6. 一般情况下，服务型财务共享服务中心按照职能设置组织框架。（　　）

7. 财务共享服务中心的建设可以提高企业对管理的重视程度，进而优化服务质量。（　　）

8. 财务共享服务中心可以降低因为聘用外部机构带来的信息不对称风险。（　　）

9. 财务共享服务是一种财务管理模式的创新。（　　）

10. 财务共享服务人员将企业管理人员从繁杂的非核心业务工作中解放出来，

进而可以将精力集中到企业核心业务，提高企业核心竞争力。（　　）

三、讨论题

1. 财务共享、财务共享服务与财务共享服务中心的概念有何联系与区别？

2. 结合所学知识，谈谈对财务共享服务的认知？

3. 财务共享对财务工作有何帮助？

4. 结合财务共享服务的产生与发展，财务共享服务的组织框架与岗位设置，谈谈如何看待财务共享服务的应用与发展？

5. 比较集团管控型财务共享中心与服务型财务共享服务中心的组织架构和岗位设置的区别？

项目二
认知智能技术

项目目标

- 了解 OCR 和财务机器人工作的原理；
- 熟悉应用智能技术处理账务问题的原理；
- 掌握智能技术处理财务问题的流程；
- 培养适应会计行业快速发展的意识；
- 培养运用智能技术处理账务问题的职业素养和劳动精神。

岗课融通

在社会财务共享服务中心或企业集团财务共享服务中心中，从事数据采集与录入、会计核算与稽核、纳税申报、财税分析等岗位的基础技术性工作领域需要对财务共享智能技术具有一定的认知。掌握智能识别、智能记账和智能审核操作，理解报税原理，既是本项目学习的重点，也是财务共享服务中心各工作岗位的技术性基础。

OCR 和 RPA 在财务工作领域的应用已相当广泛、成熟。在实际操作过程中，财务机器人和 OCR 在大部分情况下都是通过多种场景、多种功能组合来处理事件，财务机器人的使用，也会为财务共享服务中心带来集约效应，显著提升效率，并节省人力成本。除上述典型场景外，在财务共享服务中心单据填报、往来款核对、付款自动化、数据分析等诸多业务中均有财务机器人和 OCR 可以应用的场景。

如付款业务，首先，业务部门根据资金计划，提交相关票据，并登录资金管理系统，在业务付款申请界面录入关键信息，包括经办人、经办部门、付款金额、付款原因、收款银行账户、收款单位等，发起付款申请。财务机器人根据输入的关键信息从往来单位数据库中自动匹配相关数据项，采用 OCR 等技术核对信息，同时采集其他核心数据，自动生成付款申请单。

其次，付款申请单及相关单据会根据事先设定好的任务管理路径流转到区域财务共享服务中心审核岗。审核岗接收相关票据后，使用高速扫描仪将票据转化为电子影像，利用外接的 OCR 以及图像纠偏、图像分色、图像方向检测等图像辅助处理功能，提取票据影像中的关键业务数据，并由财务机器人将抽取的信息自动导入至资金管理系统中。

同时，通过增值税发票智能 OCR 模块，自动从票据中分离出增值税发票，由财务机器人进行后续查重验真。查重时，利用图像识别技术避免发票重复报销。验真时，财务机器人可识别发票代码，与国家发票查验库中提取的增值税发票票面信息进行比对，实现发票批量真伪查验。

最后，经过人工审核后的票据自动流转到财务共享服务中心核算岗，财务机器人通过大数据处理技术自动进行账务处理，生成记账凭证并进行分析处理。

知识框架

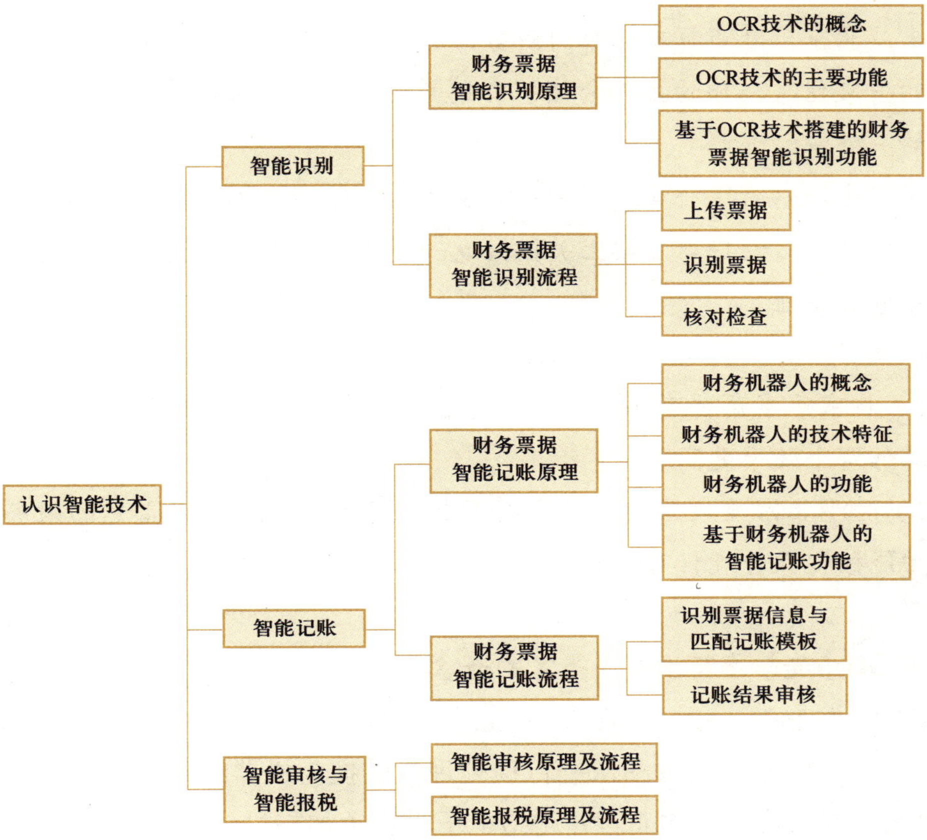
认识智能技术
智能识别
财务票据智能识别原理
OCR技术的概念
OCR技术的主要功能
基于OCR技术搭建的财务票据智能识别功能
财务票据智能识别流程
上传票据
识别票据
核对检查
智能记账
财务票据智能记账原理
财务机器人的概念
财务机器人的技术特征
财务机器人的功能
基于财务机器人的智能记账功能
财务票据智能记账流程
识别票据信息与匹配记账模板
记账结果审核
智能审核与智能报税
智能审核原理及流程
智能报税原理及流程

任务一 智能识别

案例引入

月末，北京乐享商贸有限公司财务工作人员将各类发票按类整理归纳，摘录发票上的关键信息，如物品、金额、日期等重要信息，进而手工输入到计算机中进行存储。

北京佳鱼旅游有限公司采用 OCR 技术，通过“扫描票据→将图片转化为特定格式的文件→自动提取发票上关键信息→进行存储分类”流程，实时进行财务关键数据分类整理。

请根据上述案例，思考以下问题？

（1）北京乐享商贸有限公司和北京佳鱼旅游有限公司财务工作人员数据归集分类工作哪个效率更高？

（2）对于北京佳鱼旅游有限公司而言，基于 OCR 技术搭建的财务票据智能识别功能核心操作流程有哪些？

任务准备

一、OCR（光学字符识别）技术的概念

OCR技术（Optical Character Recognition，光学字符识别）是运用电子设备将电子文档、电子表格或者文本图像进行预处理，转换为机器编码文本（机构化数据）的一种智能识别工具。具体而言，是指电子设备（如扫描仪或数码相机）通过识别纸上打印的字符，通过检测暗、亮的模式确定其形状，然后用字符识别方法将形状翻译成计算机文字的过程。

二、OCR 技术的主要功能

基于纸质的、多种格式、多种形式的文档都可以通过OCR数字化成机器可读的文本。OCR技术的主要功能如下：

（1）去歪斜。如果扫描文档时没有正确对齐，可以通过顺时针或逆时针方向自动倾斜使文字完全水平或垂直。

（2）去斑。去除正负点，平滑边缘。

（3）二值化。二值化是将文本（或任何其他所需的图像成分）与背景分离的简单方法。即将彩色图像或灰度图像转换为黑白图像（由于图像只有两种颜色，因此称为“二进制图像”）。

（4）去除线。清理非字形框和线。

（5）布局分析或“分区”。将列、段落、标题等标识为不同的块。布局分析或“分区”在多列布局和表格中尤其重要。

（6）线和单词检测。建立单词和字符形状的基准，必要时将单词自动分隔。

（7）脚本识别。在多语言文档中，脚本可能会在单词级别发生变化，因此，在调用正确的OCR技术来处理特定脚本之前，必须对脚本进行识别。

（8）字符隔离或“分段”。对于每个字符的OCR技术，由于图像伪影而连接的多个字符必须分开，或必须将由于伪影而分成多个部分的单个字符连接起来。

（9）标准化宽高比和比例。通过基于垂直网格线最不经常与黑色区域相交的位置将图像对齐到均匀网格，可以相对简单地完成固定间距字体的分割。

三、基于 OCR 技术搭建的财务票据智能识别功能

（一）财务票据智能识别功能的原理

财务票据智能识别，主要是在财务工作中将财务机器人技术和OCR技术相结合进行票据扫描并识别处理，提取票据中的关键信息。

1. 图像识别与处理

图像识别与处理功能是指财务机器人依托 OCR 技术对图像进行识别，提取图像中的有效字段信息并输出为能够进行结构化处理的数据，从而进一步对数据进行审查与分析，并输出为对管理、决策有用的信息。

2. OCR识别

财务机器人应用OCR技术对扫描获取的图像进行 OCR 识别预处理，在此基础上对文字图像进行特征提取和降维，从而进行文字分类器设计、训练和实际识别。

3. 数据提取

在完成 OCR 识别后，进一步对分类结果进行优化校正和格式化，最终将提取的图像关键字段信息输出为能够进行结构化处理的数据。

OCR技术在财务工作中目前主要应用于对发票信息的识别，帮助财务人员从发票信息识别和录入的机械操作中解放出来，减少财务人员手工录入的工作，转变成财务机器人的管理者。

基于OCR技术的财务票据智能识别流程如图1-2-1所示。

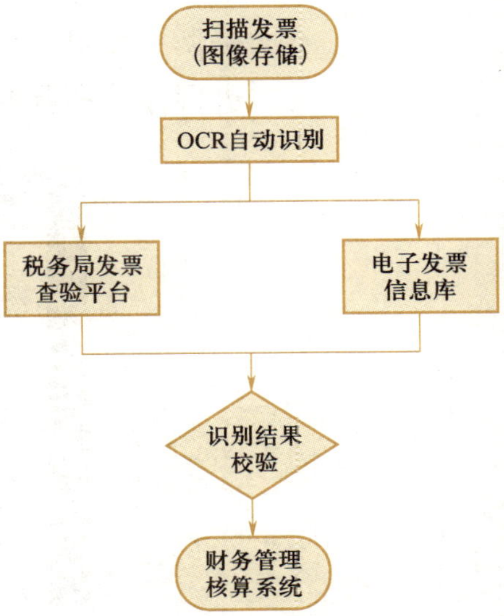

图1-2-1 财务票据智能识别流程

（二）OCR的关键技术

1. 数字化

数字化是OCR的第一步，可以采用拍摄设备或扫描仪将包含手写或机打文本的纸质文件转换成数字图像。

2. 预处理

预处理一般包括二值化、文字定位和倾斜校正等步骤。其目的是减少冗余信息量，加快速度。

3. 文字分隔

文字分隔是将多行字符序列切割为单行字符序列，再分割成单个字符，它是OCR中的一个重要步骤，其效果直接影响OCR的最终结果。

4. 特征提取

特征提取是从单个字符中提取与其他字符相匹配的单个字符特征，是OCR中最重要的步骤。传统的特征提取方法，如模板匹配和结构分析等，面对汉字时并不是非常有效，而且会耗费大量时间。机器深度学习可以轻易完成这项任务，并且只要拥有足够量的数据集，就能提供更精确的识别结果。

任务实施

根据财务票据智能识别功能的原理和OCR关键技术，可以发现北京佳鱼旅游有限公司采用OCR技术进行数据归集分类工作的效率明显高于北京乐享商贸有限公司采用手工输入的效率。

结合北京佳鱼旅游有限公司财务模式的现状，该公司收到纸质票据或电子票据后，通过财务票据智能识别功能提取有用财务信息的核心操作流程如下。

一、上传票据

财务人员收到纸质票据和电子票据后，针对这两种不同形式的票据的处理方式也有所不同。

收到纸质票据后，财务人员利用OCR自动识别功能，将纸质票据转化为电子票据。通过“影像获取”“影像整理”将资料按类别整理上传至财务机器人票据库进行存储和调取使用，如图1–2–2、图1–2–3所示。

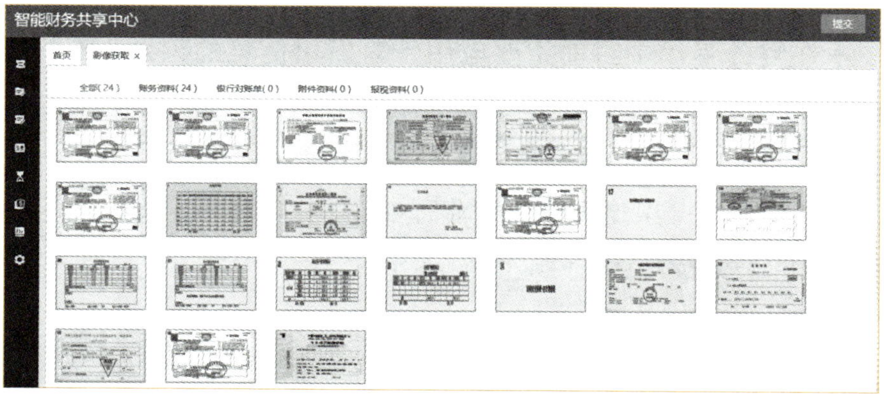

图1–2–2 纸质票据“影像获取”

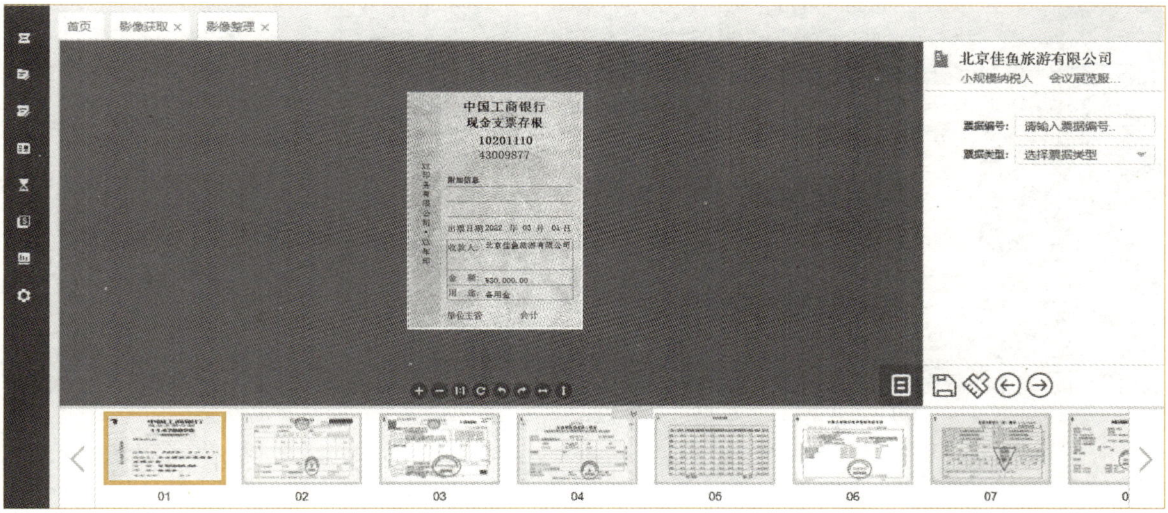

图 1–2–3　纸质票据“影像整理”

如果收到电子票据，可以直接通过“本地上传”将票据分类别进行上传，并保存至财务机器人票据库进行存储和调取使用。

二、识别票据

在识别票据之前，系统会对图片进行降噪、倾斜矫正等预处理，然后对图片进行分割，最后进行文字识别。财务机器人通过上述过程进行识别后将结果显示出来，方便检查核对。

票据识别操作过程如下：

登录平台，单击“识别内容”，财务机器人自动识别出票据内容。使用“识别内容”功能前后财务机器人操作界面如图 1–2–4 和图 1–2–5 所示。

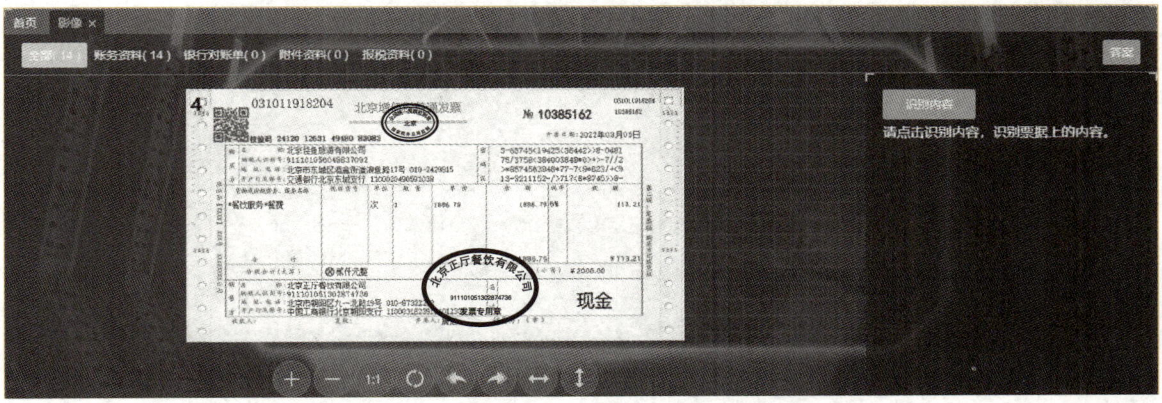

图 1–2–4　“识别内容”前

识别内容完成后，出现“已自动生成该票据凭证”，表明系统已成功识别票据，单击“立即查看”查看票据相关信息，如图 1–2–6 和图 1–2–7 所示。

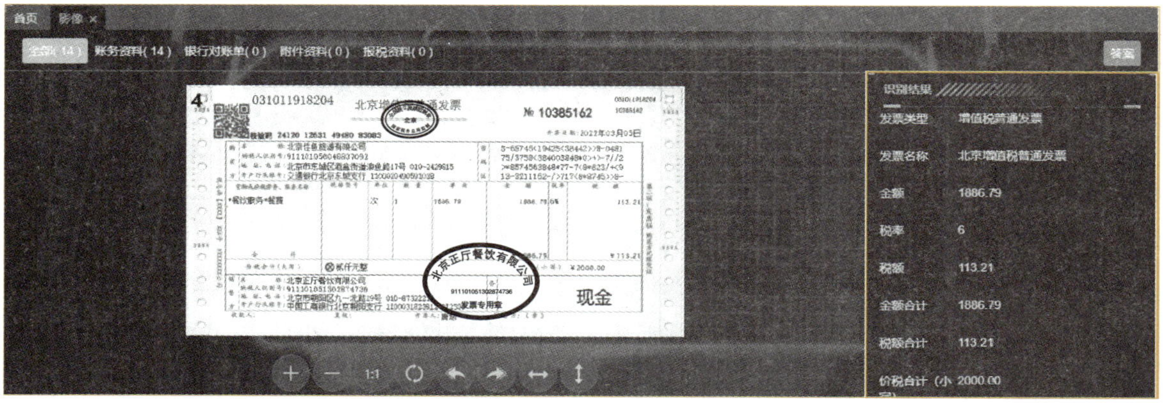

图 1-2-5 “识别内容”后

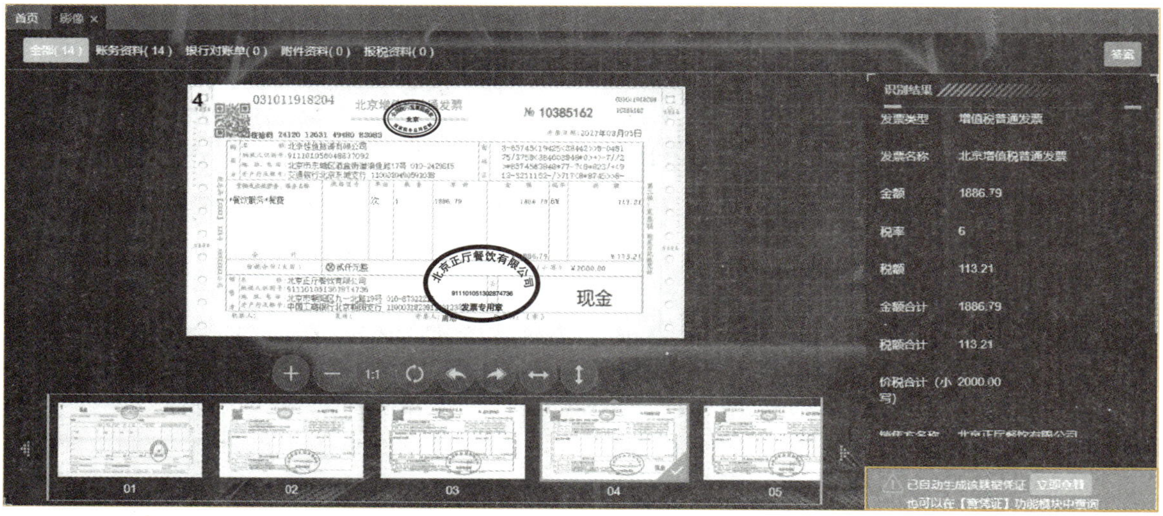

图 1-2-6 识别内容完成

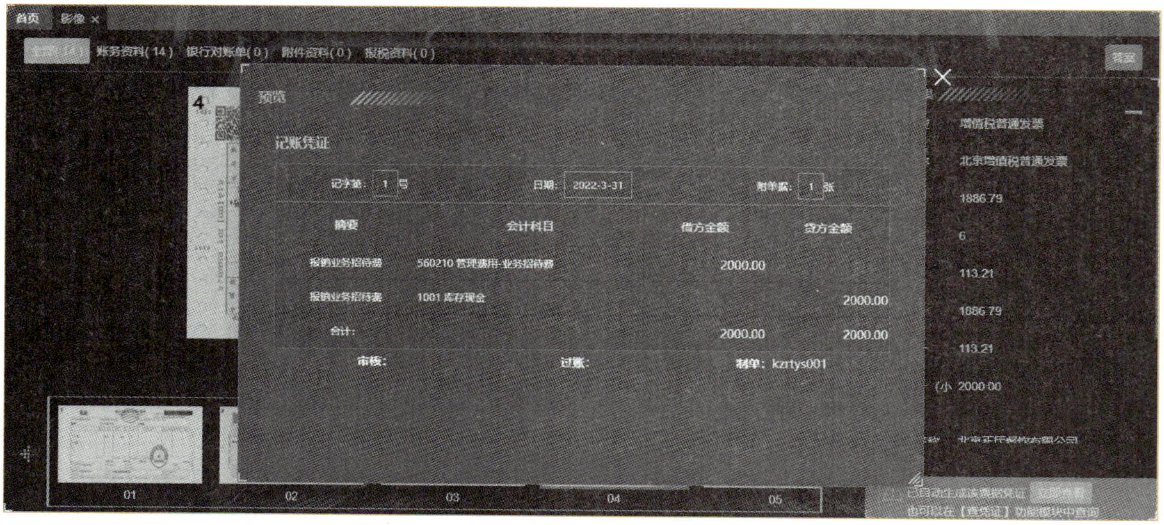

图 1-2-7 查看已识别票据信息

三、核对检查

OCR技术可能会因为票据字符模糊、有折痕等问题出现识别错误的情况，也可能出现识别为形近字等问题，导致票据信息不能准确识别信息。票据智能识别是为了记账使用，当出现识别不准确，无法自动记账的情况时，需要人工及时对票据进行检查并修改。

任务小结

了解OCR技术的概念及其技术功能是进一步学习财务票据智能识别功能的原理和OCR的关键技术的前提。财务票据智能识别功能的原理和OCR的关键技术是支持在实务操作中提取纸质票据或电子票据有用财务信息的理论支撑和行动导向。通过本任务学习，可以掌握财务数据采集及初步处理等基础性工作。

任务二 智能记账

案例引入

北京乐享商贸有限公司财务人员通过人工方式整理经济业务事项并转化为会计语言，手工录入到具有规定格式的电子记账凭证中。财务人员连续工作了一周时间才完成记账工作。

在每笔经济业务发生时，北京博闻会展服务有限公司利用财务机器人进行智能记账，财务人员能够及时处理其他相关的财务工作。财务机器人中内置各行业记账模板，并且还能编制本企业的记账模板。通过财务票据智能识别功能处理票据信息，对信息与记账模板进行匹配，匹配成功后自动生成记账凭证。

请根据上述案例，思考以下问题：

（1）北京博闻会展服务有限公司进行智能记账的关键步骤有哪些？

（2）该公司在进行智能记账时应如何操作？

任务准备

一、财务机器人的概念

（一）RPA的概念

RPA即Robotic Process Automation（机器人流程自动化），是基于人工智能和自动化技术，以机器人为虚拟劳动力，按照预设程序完成预期任务的第三方软件系统。它不需要对现有系统进行改造，独立于第三方软件系统而存在。RPA旨在代替人工处理复杂、高重复性、大量的事务，从而大大降低企业的人力资源成本，提高工作效率，还可以帮助工作流程中的某些环节实现工作流程的自动化。

（二）财务机器人

财务机器人的主要功能是利用RPA技术模拟手工票据录入和账务处理，可以应用于费用报销、采购到付款、资金管理业务、税务管理业务等方面。财务机器人内置适合不同行业不同业务的记账模板，通过OCR识别票据信息字段数据，将有用的字段与记账模板字段高度匹配成功后，自动生成记账凭证，操作人员只需要监控整个操作流程。财务机器人对票据录入、认证和查验的工作流程如图1–2–8所示。

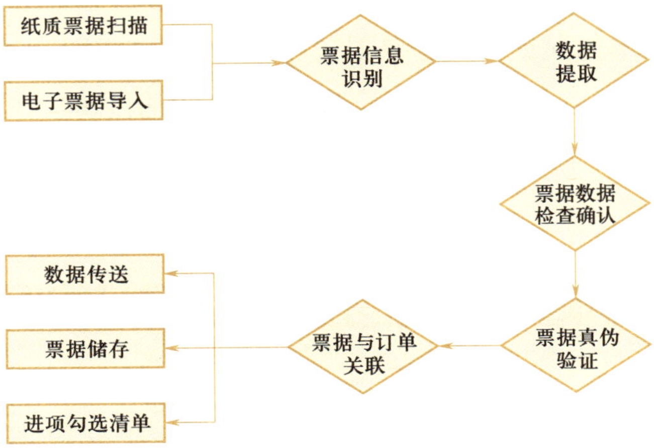

图1–2–8 财务机器人对票据录入、认证和查验的工作流程

二、财务机器人的技术特性

财务工作属于强规则领域，并且在流程中存在大量重复的工作。财务工作的业务特点与RPA技术的应用条件高度匹配，使得RPA技术在财务领域的应用成为可能。与此同时，RPA技术的可用性、可靠性、安全性、可追溯性等可信性特性，使得RPA为其在财务领域的应用拓展（即财务机器人）保驾护航。

（一）可用性

RPA技术适用于大量重复且规则明确的业务流程，可以通过用户界面或脚本语言与系统进行交互，模拟人工对键盘、鼠标、软件等的操作，并根据编写的运行规则来自动执行所需任务。

RPA技术的这种特性与财务工作中许多业务流程的业务特点不谋而合，使得RPA技术在财务领域的应用即财务机器人具有很高的可用性。财务机器人可以代替或辅助财务人员完成重复性高、价值性低的业务流程，减轻财务人员执行手动流程的工作量，实现工作效率和产出的大幅提升。例如，将财务机器人用于应付账款流程、成本分摊流程、对账流程、差旅报销流程、税务申报流程等，可以大幅减少人工操作的时间成本。

（二）可靠性

在传统的财务模式下，财务人员需要手动进行大量重复性操作，而高强度的重复性工作难免会出现操作失误、信息误差等问题，若使用财务机器人完成这些工作，操作的正确率大大提升，极大地保障了财务工作的质量。

再者，财务机器人的运作是基于规则化的流程和任务，这在一定程度上能够消除数据输出的不一致性。明确的规则使操作无差别化，避免人为主观因素的干扰。

此外，财务机器人处理速度更快且可以全天候不间断地工作，可靠性强，工作容忍度高，峰值处理能力强。整体操作过程根据固定规制执行，减少了财务人员的工作量，同时提高财务工作的处理效率，降低企业运营成本。

由于财务机器人的可靠性，财务人员可以将更多的时间转移到更有价值的管理工作当中，可以有效调动财务人员的积极性，实现财务部门的价值增值。

（三）安全性

由于财务领域中的很多业务流程需要涉及财务数据、账号密码、员工信息等高度保密内容，因此在业务流程处理过程中具有一定风险，存在敏感数据的泄露、窃取、销毁或修改的可能性。财务机器人能够通过减少人员与敏感数据的接触，从而防范数据隐瞒、欺骗等问题的发生，提高财务业务流程的安全性。

（四）可追溯性

财务机器人在财务业务流程中的操作可以查询追溯，确保财务业务流程的安全。

一般来说，企业能通过管理平台对财务机器人进行部署调动，查看财务机器人的运行状况、运行时间、业务流程完成与否等情况，确保财务机器人在财务工作中的正常运行。

此外，财务机器人提供录屏、日志追踪、实施监控功能，能够满足企业对财务项目的监管、审计等需求。若财务机器人在业务流程中出现纰漏，管理人员可以通过录屏、日志、监控等功能追溯到业务流程发生疏漏或错误的地方，及时发现财务机器人在运行中存在的问题，并对问题进行持续性跟踪记录，制定相应的解决方案，不断优化流程细节，以便于财务机器人能更好地适应财务工作。

三、财务机器人的功能

财务机器人的适用场景从功能上可以划分为以下5个类型：数据检索记录、图像识别处理、平台上传下载、数据加工分析、信息监控产出，如图1-2-9所示。在实际操作过程中，财务机器人在大部分情况下都是通过多种功能组合来处理事件。

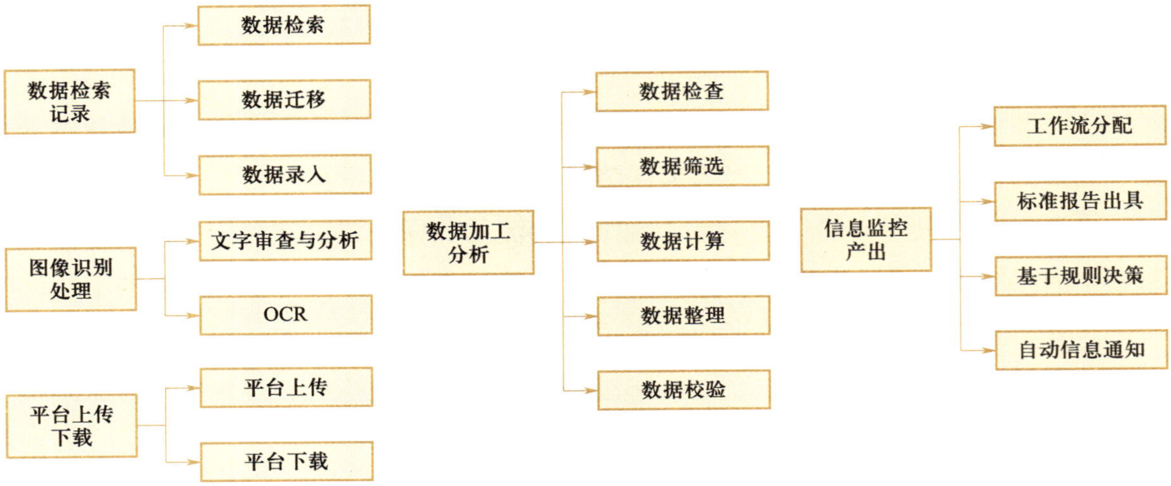

图1-2-9 财务机器人的功能

（一）数据检索记录

数据检索记录是财务机器人最基本的功能。例如使用财务机器人在系统维护数据信息、自主在开票系统录入发票信息等。

（二）图像识别处理

图像识别处理主要是财务机器人利用RPA技术和OCR技术相结合进行扫描图像、识别处理，提取图像中关键信息。主要适用于票据信息识别提取等。

（三）平台上传下载

平台上传下载的情境主要是财务机器人可登录不同系统，自主收取下载邮件并分类归档。

（四）数据加工分析

数据加工分析是在基础的数据搜索记录的基础上，对数据进一步的整理分析，财务机器人会自主检查、计算、整理并按照规则分析数据。例如相关财务指标的计算，业绩金额的排序等。

（五）信息监控产出

信息监控产出功能的代表性例子是财务机器人能够自主根据前端的步骤，基于规则出具标准化的财务数据报表。

四、基于财务机器人的智能记账功能

为提高财务工作的准确性、规范性和效率性，智能记账是财务机器人在账务处理环节的应用。智能记账的应用场景需要满足两大要点：大量重复、规则明确。在引入财务机器人后，可实现自动对账和结账、期末会计分录处理、编制财务报表等功能。

（一）自动对账和结账

期末时，财务机器人自动完成各个项目的对账和结账工作，如现金盘点、银企对账、销售收入确认、应收账款对账、关联方对账、应付账款对账等，如对账中发现异常，将自动发出预警报告，如对账无误，则自动进行结账。

以银企对账为例，财务机器人可自动登录网银平台，下载银行对账单和企业明细账等，再基于一定的对账规则，进行银企智能对账，自动生成银行余额调节表，将单据数据输入到标准模板中，与银行日记账核对，如有不符，则立即发出警告，核对无误后自动发送数据，如图1-2-10所示。全过程高效、准确，不需要人工参与，可大大提高工作效率，降低出错率，也避免了大部分人工操作的风险。

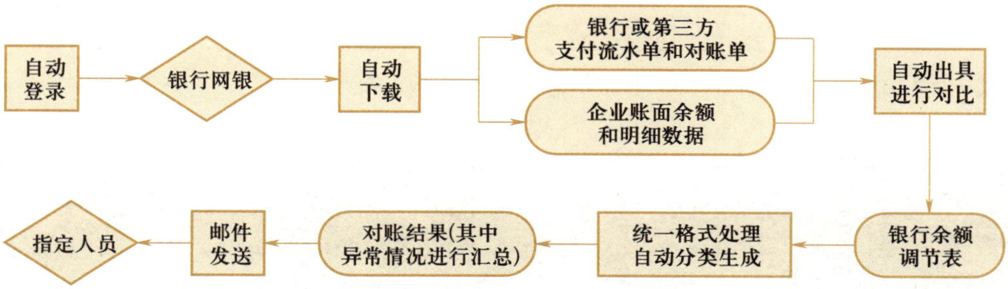

图1-2-10 财务机器人银企对账流程

（二）期末会计分录处理

期末时，财务机器人会对会计分录自动记录并进行结转处理。

（三）编制财务报表

财务机器人可以实现数据汇总和报表编制，并自动生成标准化的对外财务报表；还可以按照合并规则、抵消规则生成合并抵消分录，实现自动编制合并报表。

任务实施

结合北京博闻会展服务有限公司基本情况和财务机器人账务处理流程，该公司进行智能记账的关键步骤包括识别票据信息与匹配记账模板和记账结果审核，其主要操作如下。

一、识别票据信息与匹配记账模板

通过财务机器人中内置的各行业记账模板，以及通过人工输入本企业的记账模板，将OCR智能识别的票据信息与记账模板进行匹配，如图1-2-11所示。

票据信息与记账模板匹配成功后自动生成记账凭证，如图1-2-12所示。

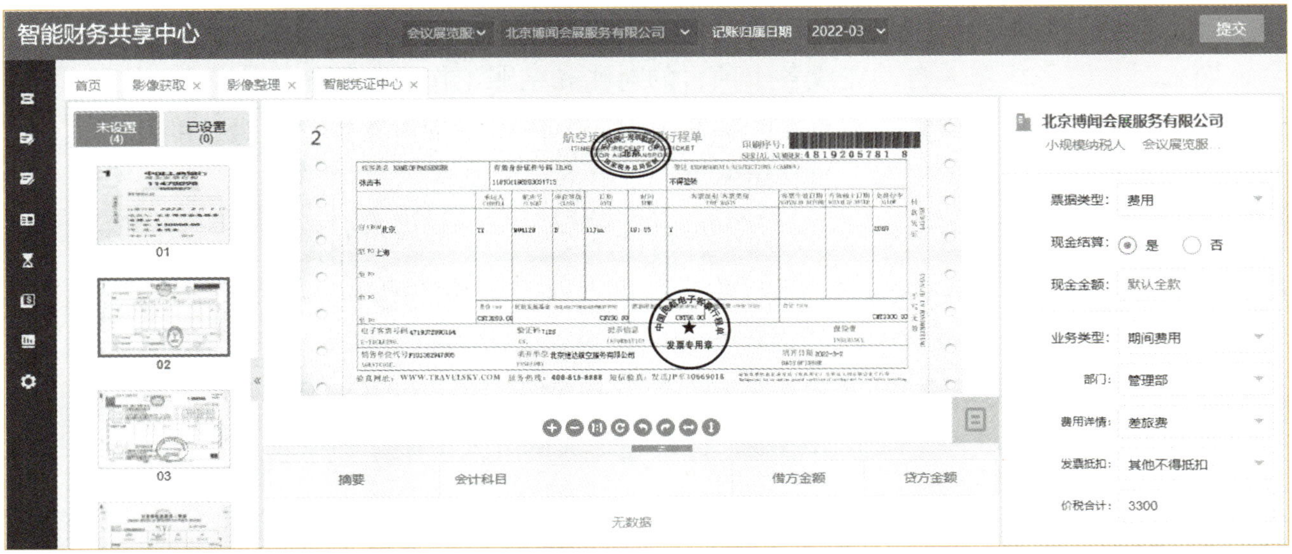

图 1-2-11　票据信息与记账模板匹配

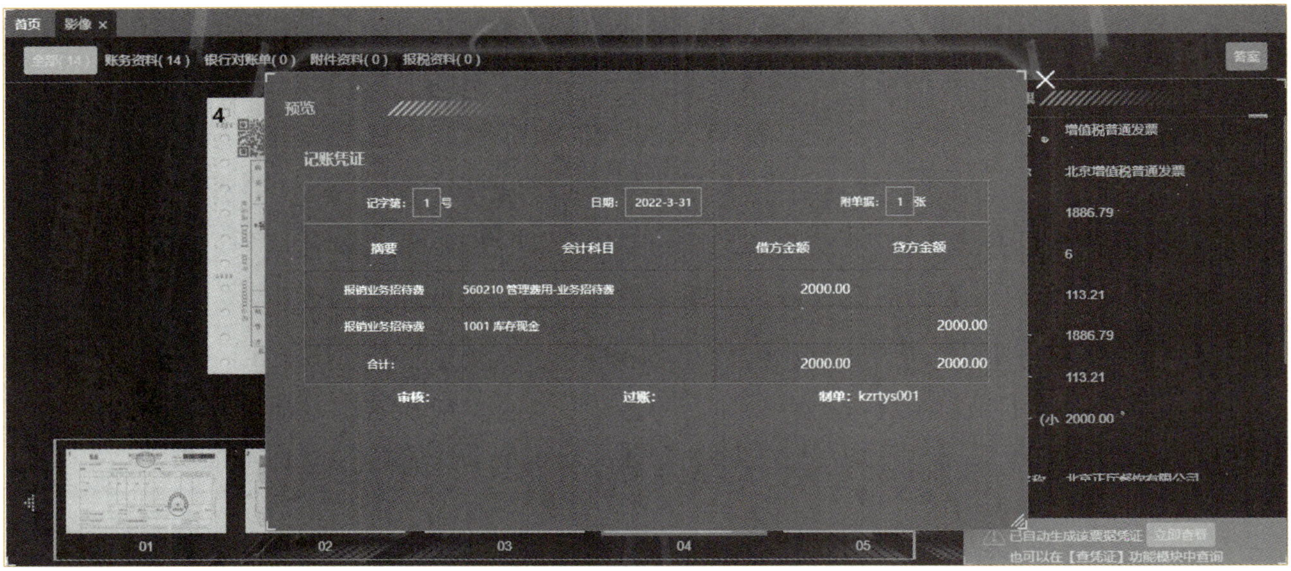

图 1-2-12　自动生成记账凭证

二、记账结果审核

财务人员根据实际需要对自动生成的记账凭证进行审核，通常只要系统中记账模板没有问题，相同的业务处理结果都是一致的。因此，财务人员应该重点关注记账模板中没有的业务类型。

任务小结 了解RPA和财务机器人的概念、技术特性、功能是掌握基于财务机器人技术搭建的财务票据智能识别功能原理的基础，能应用财务机器人技术逐步开展的财务票据智能记账是本任务学习内容的关键点。通过本任务学习，可以初步胜任智能记账审核岗等基础性工作。

任务三　智能审核与智能报税

案例引入

北京佳鱼旅游有限公司发现一笔经济业务有误，财务人员立即利用财务机器人对相应的经济业务进行审核，很快便发现了问题所在，及时进行修改，避免了公司的损失。月末，该公司通过智能财税共享服务中心进行智能报税。

财务机器人根据预设的审核规则，对共享平台系统里的费用报销类申请单据，如通信费单据、差旅费单据进行审核，识别数据填写是否与影像附件一致，报销金额是否超标等，审核通过自动生成会计凭证，单据流转至下一环节；审核不通过则进行报错提醒，有助于会计核算人员准确识别不合规单据。

请根据上述案例，思考以下问题：

（1）财务机器人对财务信息如何进行智能审核的？

（2）财务机器人是如何实现智能报税的？

任务准备

企业数字化转型的基石之一是建立企业财务共享服务中心，它通过建立共享池，集中处理财务业务，具有很强的规则性，业务重复性高且量大，非常适合财务机器人应用场景。智能审核与智能报税是财务机器人在账务处理环节的应用。

一、智能审核

费用报销业务占据了企业业务的很大一部分，涉及企业的各个部门，费用报销流程是目前财务机器人应用最广泛的任务场景。一般企业费用报销业务流程是经办人员整理纸质单据后，在办公自动化系统中填写报销单，再将纸质单据送达到财务部门，由财务人员整理、审核和报销。

在引入财务机器人后，财务人员或财务共享服务中心会对费用报销标准、审核要点、会计科目进行统一、标准化的制度规定，这为使用财务机器人审核单据提供了基础依据。财务机器人根据预设的审核规则，对系统内的费用报销类申请单据，如通信费单据、差旅费单据进行审核，识别数据填写是否与影像附件一致，报销金额是否超标等，审核通过自动生成会计凭证，将单据流转至下一环节；审核不通过则进行报错提醒，有助于会计核算人员准确识别不合规的单据。其具体功能及流程如下：

（一）智能识别

将相关票据和文件传输至系统后，财务机器人可以自动识别和汇总这些文件，申请授权并进入下一阶段传输。

（二）智能审核

在报销系统中提前手动设置成本报销程序；财务机器人自动执行报销账户检查和验证、预算控制和报销标准验证的程序；按照既定的逻辑规则记录和报告测试结果。

（三）自动付款

文件批准后，应编制付款文件并自动转移至付款中心，财务机器人将根据付款计划付款。

（四）账务处理和出具报告

根据财务人员制定的会计规则自动生成会计凭证。完成归档和发布流程后，编制财务会计报告并上传至系统。

财务机器人费用报销流程如图1–2–13所示。

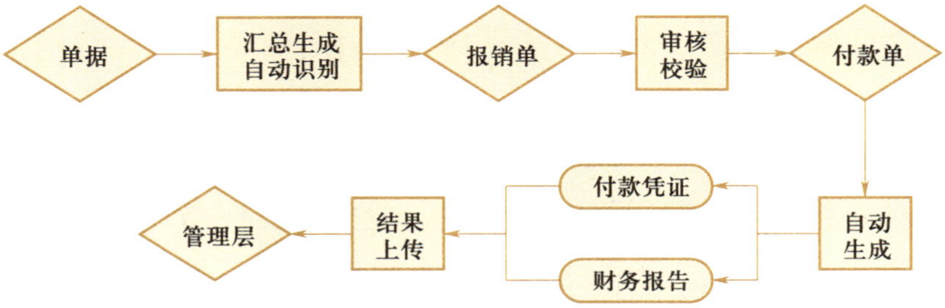

图1–2–13 财务机器人费用报销流程

二、智能报税

在智能报税工作中，财务机器人通过预设的脚本登录核算系统，提取固定资产账目、试算平衡表，对其中数据加以分析，在系统内批量导出增值税认证数据和财务数据，为纳税申报做好准备工作。财务机器人可完成自动计税、申报数据生成、批量报税、申报结果采集、申报结果分析等一站式自动化纳税申报工作。同时，针对增值税、企业所得税、个人所得税等若干税种的不同纳税申报要求，形成不同税种的执行脚本。相比于人工报税往往申报时间过于集中，税务局网站访问过载，导致页面加载慢，申报效率低的情形，财务机器人全天候的工作模式，可有效避开网站访问高峰，能够大幅减轻报税人员数据导入导出和核对的时间，使报税工作效率大大提高，而且可以根据每月报税日历提前预设工作日期，减少税款逾期的风险。

智能报税功能包括自动纳税申报、涉税信息核对、增值税发票查验等任务场景。

（一）自动纳税申报

财务机器人自动登录账务系统，下载导出财务数据、进项税认证数据等，并根据这些信息在电子税务局系统中自动完成纳税申报主表和附表的填报。

（二）涉税信息核对

财务机器人基于纳税和缴税信息可自动化完成系统内涉税的会计分录编制工作，并计算递延所得税资产或递延所得税负债，完成相关的账务处理，最后将结果反馈给相关责任人。

（三）增值税发票查验

财务机器人根据已有的待开增值税发票信息登录增值税发票开具软件，并根据业务智能识别待开增值税发票的类型，完成开票任务。财务机器人自动登录税务机关发票验证平台，通过OCR技术获取发票信息填入平台，批量自动校验发票真伪，其流程如图1–2–14所示。

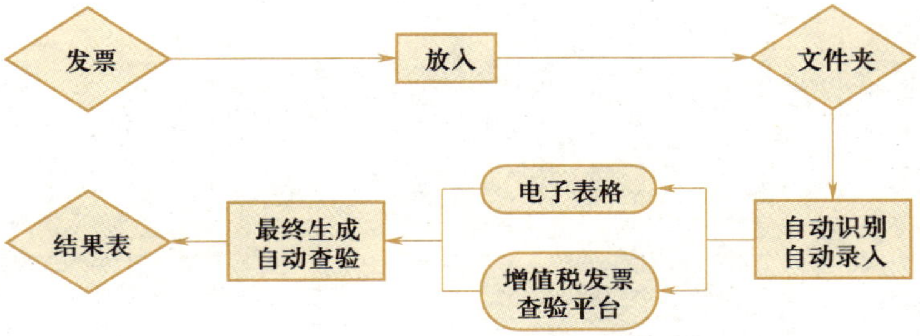

图1–2–14 财务机器人增值税发票查验流程

任务实施

结合北京佳鱼旅游有限公司基本情况和财务机器人智能审核和智能报税原理及流程，该公司日常财务信息智能审核和智能报税的关键步骤如下。

一、智能审核

智能审核是在票据处理过程中自动实现的，如果在智能审核过程中发现票据信息有误，如大小写金额不符、日期错误等，系统会弹出提示框，需核对更正后再进行自动记账。

二、凭证审核

除了审核凭证，还需要对重要会计科目进行审核。在审核过程中若发现问题应及时检查相关业务是否发生错误。

财务人员单击“查凭证”选项后，勾选未审核的业务，如图1-2-15所示。单击“审核”即能完成智能审核的工作，如图1-2-16所示 。单击“预览”可以查看凭证审核情况，如图1-2-17所示。

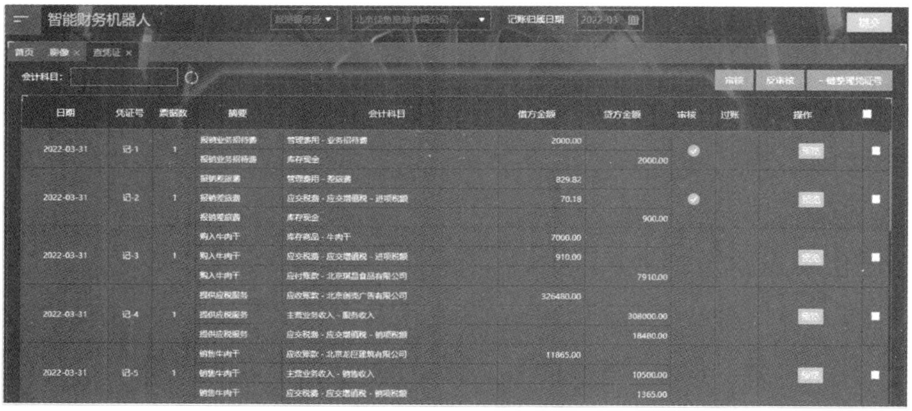

图1-2-15　勾选需要审核的业务

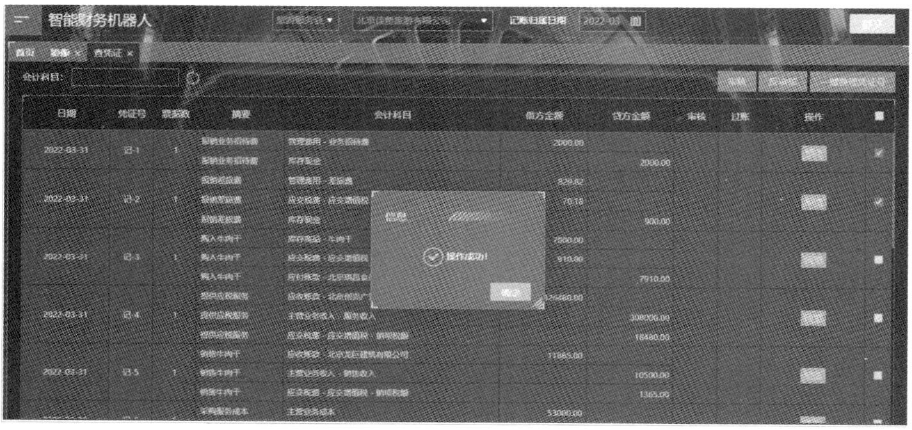

图1-2-16　进行智能审核

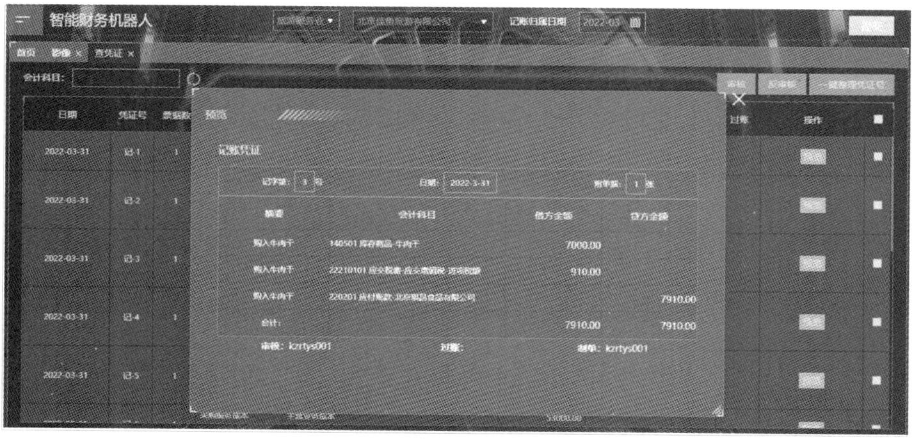

图1-2-17　查看凭证审核情况

三、智能报税

单击智能报税平台中任务办理类别中“电子税务局”功能，如图1-2-18所示。输入企业账号、密码和系统随机码，登录电子税务局。

图1-2-18 智能报税平台

在电子税务局界面，单击需申报税费申报表并依据企业实际经济业务通过财务机器人导入相关数据，检查无误后确认申报。如选择“增值税及附加税纳税申报表”，财务机器人可自动核对并导入相关数据进行填写，如图1-2-19所示。

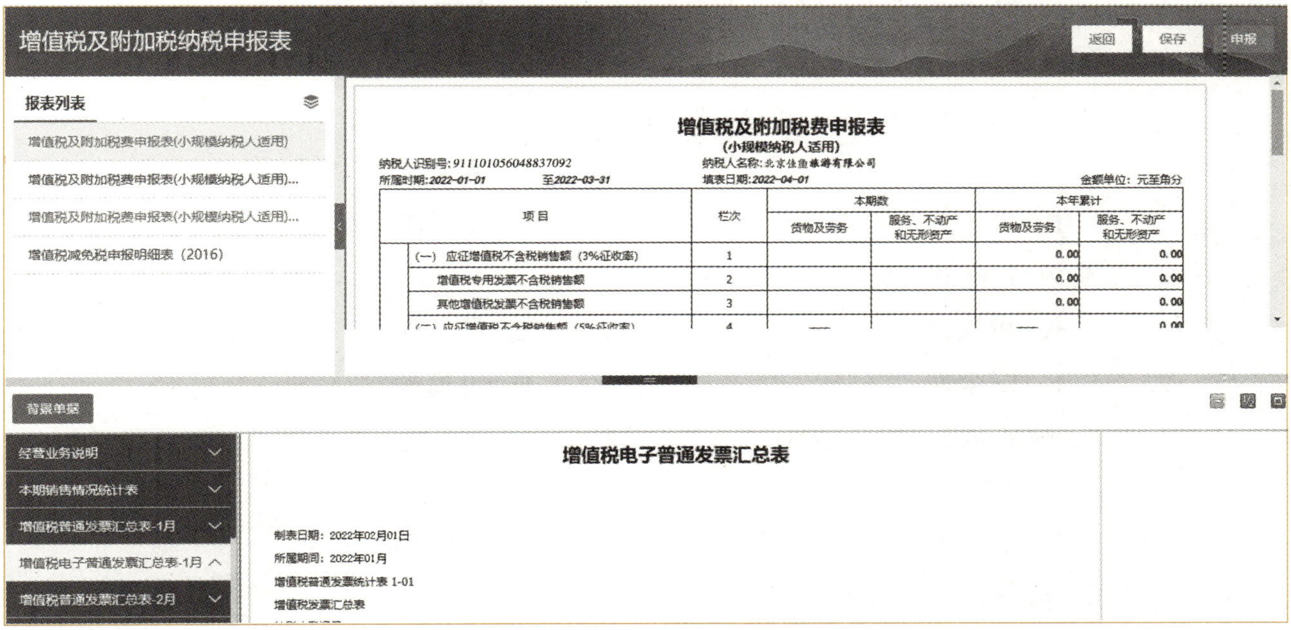

图1-2-19 根据企业背景单据填写“增值税及附加税申报表”

完成税费申报表填写后，点击“保存”选项。检查无误后，点击“申报”选项。

任务小结 掌握财务票据智能审核和报税功能原理，可以为后续从事智能记账等财务工作打下坚实的理论基础，能应用基于财务机器人技术逐步开展的财务票据智能审核和智能报税是今后从事财务共享服务中心相关工作岗位基本技能。通过本任务学习，可以完成智能记账审核岗等基础性工作。

同步测评

一、不定项选择题

1. 下列选项中，对OCR描述正确的是（　　　　）。
   A. 光学字符识别
   B. 应用电子设备识别纸上打印字符的智能识别工具
   C. 扫描仪器
   D. 财务机器人

2. OCR技术的主要功能有（　　　　）。
   A. 去歪斜与去斑　　B. 二值化与去除线
   C. 脚本识别　　D. 账务处理

3. OCR的关键技术有（　　　　）。
   A. 数字化　　B. 预处理
   C. 文字分隔　　D. 特征提取

4. 下列选项中，对OCR描述不正确的有（　　　　）。
   A. 财务机器人　　B. 光学字符识别
   C. 机器人流程自动化　　D. 提供工作效率

5. 财务机器人的特征有（　　　　）。
   A. 可用性　　B. 可靠性
   C. 安全性　　D. 可追溯性

6. 财务机器人的功能有（　　　　）。
   A. 数据检索记录　　B. 图像识别处理
   C. 平台上传下载　　D. 数据加工分析

7. 财务机器人的智能记账功能有（　　　　）。
   A. 自动对账和结账　　B. 期末会计分录处理
   C. 编制财务报表　　D. 单据等档案管理

8. 对于费用报销类单据，智能审核的主要流程有（　　　　）。

A. 智能识别　　B. 智能审核
C. 自动付款　　D. 财务报告

9. 智能报税的功能主要有（　　）。
A. 自动纳税申报　　B. 涉税信息核对
C. 增值税发票查验　　D. 银行转账

10. 下列选项中，关于智能记账描述正确的有（　　）。
A. 智能记账提高了财务工作的准确性、规范性与效率性
B. 智能记账是财务机器人在账务处理环节的应用
C. 智能记账的应用场景必须大量重复、规则明确
D. 财务机器人可以实现自动对账与结转、期末会计分录处理、编制财务报表

二、判断题

1. 通过智能识别技术获取财务数据是主要且唯一的方式。（　　）
2. RPA能代替人工处理的复杂的事务，但不能降低企业人力资源成本。（　　）
3. 财务机器人财务处理的安全性不如传统财务处理。（　　）
4. 基于财务机器人的智能记账不能实现会计分录自动记录与结转处理。（　　）
5. 财务机器人可以实现数据汇总和报表编制，并自动生成标准化对外财务报表。（　　）
6. 财务机器人不可以按照合并报表规则生成抵消分录，实现合并报表自动编制。（　　）
7. 在账务处理环节中，财务机器人不能实现智能审核与报税。（　　）
8. 一般情况下，只要系统中记账模板没有问题，相同业务的处理结果都一致。（　　）
9. 财务机器人可以为纳税申报做好准备工作，但不能完全实现智能报税。（　　）
10. 费用报销类申请单据智能审核是财务机器人重要的审核内容之一。（　　）

三、讨论题

1. 请简述财务机器人的技术特点，并思考财务机器人可以应用在哪些财务工作中？
2. 请简述智能审核的具体功能及流程？
3. 请简述智能报税的应用场景？

四、思考与操作

1. 使用智能终端OCR技术，识别表1-2-1和图1-2-20中的财务信息。
2. 如何从上一题中识别的财务信息里提取关键数据信息？

表1-2-1 2023年6月北京盛耀纺织有限公司管理人员工资表 单位：元

序号	部门及职位	基本工资	绩效工资	工资总额	企业代扣	实发工资
1	总经理	12 000	21 000	33 000	8 500	24 500.00
2	副总经理甲	9 500	15 000	24 500	5 200	19 300.00
3	副总经理乙	9 500	15 000	24 500	5 200	19 300.00
4	公司办主任	8 000	6 500	14 500	3 200	11 300.00
5	公司办职员	6 000	3 000	9 000	2 100	6 900.00
6	财务部部长	8 000	6 000	14 000	3 200	10 800.00
7	财务部会计	6 000	3 000	9 000	2 100	6 900.00
8	财务部出纳	4 000	2 000	6 000	1 500	4 500.00
合计		63 000	71 500	134 500	31 000	103 500.00

5000191130 重庆增值税专用发票 № 24068975 5000191130 24068975
发票联
机器编号：982888812388 开票日期：2023年11月19日

购买方 名称：重庆康愉食品批发有限公司
纳税人识别号：91500106m687637963
地址、电话：沙坪坝区嘉陵路891号023-49477150
开户行及账号：中国建设银行沙坪坝区恒昌路支行3149849997736050201

密码区 64*-68*66-%-8240459288-%>>88
1*8-2-8315>25250->737458-012
366%453267>072>286-78*-938*0
7>-%*8-79095-800652568810-14

货物或应税劳务、服务名称	规格型号	单位	数量	单价	金额	税率	税额
*运输服务*运输费					6,238.53	9%	561.47
合计					¥6,238.53		¥561.47

价税合计（大写） ⊗陆仟捌佰元整 （小写）¥6,800.00

销售方 名称：重庆迅捷运输服务有限公司
纳税人识别号：91500106M287706678
地址、电话：沙坪坝区佳志路236号023-97112383
开户行及账号：中国建设银行沙坪坝区悦涂路支行9130646037877146757

备注 校验码 52118 02817 08248 65195

收款人：李明 复核：李梓涵 开票人：张英 销售方：（章）

第三联：发票联 购买方记账凭证

图1-2-20 增值税专用发票

模块二
社会财务共享服务

社会财务共享服务，是指社会财务共享服务中心为代理记账公司、企业主体等提供的基础性财务类共享服务。社会财务共享服务中心是提供财务共享服务的业务单位，依据会计准则、税法要求，通过流程再造构建内控体系，实现财务共享服务日常处理的流程化、标准化。本模块通过学习期初建账、录入与审核票据和处理期末事项来认识财税共享服务环境下的社会财务共享服务。

项目一
期初建账

项目目标

- 了解企业建立账套的资料准备及流程、企业期初建账的基本规则和基础档案对于企业建立账套的重要性；
- 掌握基础档案的整理方法和总账科目、明细科目的设置方法；
- 能够根据会计科目的设置原则，合理选用会计科目；
- 能够完成期初建账、期初余额录入及试算平衡；
- 养成期初建账工作中的规范操作意识。

岗课融通

在社会财务共享服务中心或企业集团财务共享服务中心，从事数据采集与录入岗位的基础工作领域涉及期初建账。能够完成建立账套、设置会计科目和录入期初数据，既是本项目学习的重点，也是财务共享服务中心数据采集与录入岗位的技术基础。

在财务共享服务中心进行期初建账，应根据收集的资料，正确选择所属行业、纳税人制度、会计制度等。科学合理地设置和应用会计科目，对于提高财务数据的准确性和可靠性具有重要意义。通过初始化动态数据，可以快速建立企业会计信息化系统的基础数据，为后续的业务处理提供支持和依据。同时，还可以避免重复录入数据和数据不一致的问题，提高数据的准确性和可靠性。

知识框架

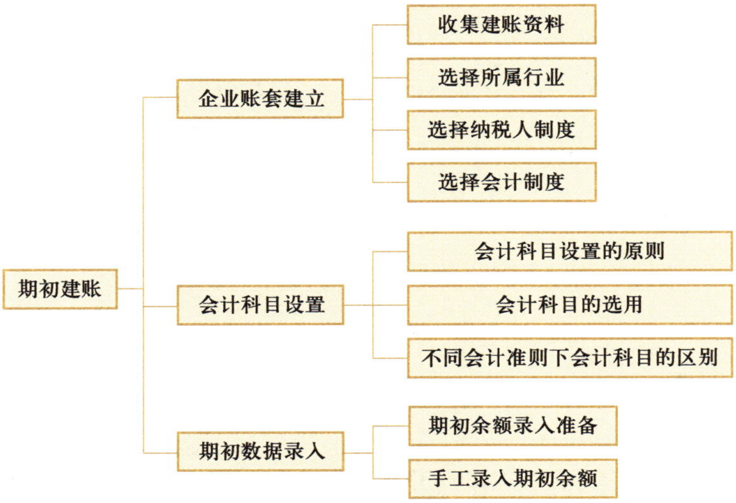
期初建账
企业账套建立
收集建账资料
选择所属行业
选择纳税人制度
选择会计制度
会计科目设置
会计科目设置的原则
会计科目的选用
不同会计准则下会计科目的区别
期初数据录入
期初余额录入准备
手工录入期初余额

任务一　企业账套建立

案例引入

北京盛耀纺织有限公司是一家制造业企业，属于一般纳税人，适用《小企业会计准则》，主要从事纺织品、家纺用品、服装的研发、生产和销售。在财务共享服务中心进行建账操作，相关资料如图2-1-1所示：

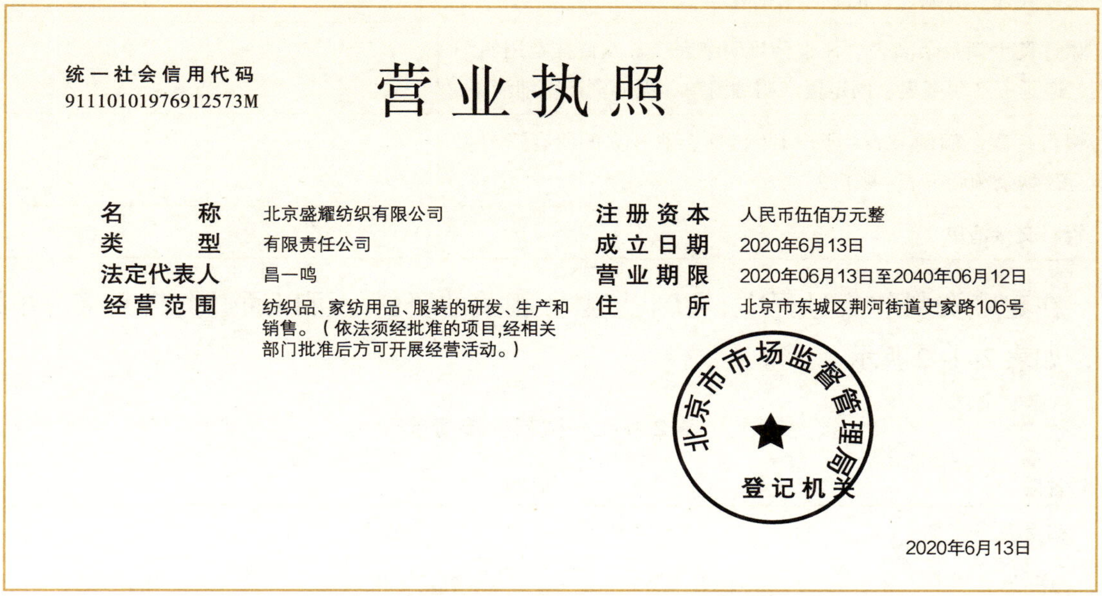
统一社会信用代码
91110101976912573M

营业执照

名　　称　北京盛耀纺织有限公司
类　　型　有限责任公司
法定代表人　昌一鸣
经营范围　纺织品、家纺用品、服装的研发、生产和销售。（依法须经批准的项目,经相关部门批准后方可开展经营活动。）
注册资本　人民币伍佰万元整
成立日期　2020年6月13日
营业期限　2020年06月13日至2040年06月12日
住　　所　北京市东城区荆河街道史家路106号

2020年6月13日

图2-1-1　北京盛耀纺织有限公司营业执照

请根据上述案例，思考以下问题：

（1）财务共享服务中心建账操作时，需要完成哪些信息的填列？

（2）该公司在财务共享服务中心建账时，需要完成哪几步操作？

任务准备

一、收集建账资料

无论是新设企业建账，还是持续经营期间的企业建账，都应提供健全的财务资料，包括企业的银行账户开户信息、税务账户密码等，以便开展建账工作。

实务中，根据不同情况下的企业，建账资料清单如表2-1-1所示。

表2-1-1　建账资料清单

相关财务资料	新设企业	持续经营期间企业
银行账户开户信息复印件	√	√
税务账号密码或直接取得CA证书	√	√

续表

相关财务资料	新设企业	持续经营期间企业
企业员工名单及身份证号码相关信息	√	√
社保、工资表相关信息	—	√
财务报表	—	√
当年各税种纳税申报表	—	√
上年度企业所得税汇算申报表	—	√
记账凭证、总账、日记账、明细账	—	√
累计发生额及余额表、往来科目明细表、长期待摊费用明细表、递延资产明细表、固定资产明细清单、无形资产明细清单	—	√
银行存款余额调节表－账户1（包括企业开立的所有账户）、银行存款余额调节表－账户2	—	√
资料交接清单	√	√

在建账资料收集过程中，以上与财务相关的资料，可以通过资料交接清单汇总，如表2–1–2所示。

表2–1–2 资料交接清单

公司名称： 时间：

移交人		接收人	
序号	摘要	数量（张/本）	备注
1	营业执照复印件		
2	法定代表人身份证复印件		
3	银行账户开户信息表复印件		
4	税务账号密码或直接取得CA证书		
5	员工名单及身份证号码相关信息		
6	社保、工资表相关信息		
7	财务报表		
8	当年各税种纳税申报表		
9	上年度企业所得税汇算申报表		
10	记账凭证、总账、日记账、明细账		
11	累计发生额及余额表、各明细表		
12	固定资产、无形资产清单		
13	银行存款余额调节表		

实务工作中，应对收集到的企业信息资料进行审查，确保其合法、真实、完整、有效。如果发现企业提供的资料不全，应及时做好沟通工作，补全所需资料。

二、选择所属行业

实务工作中，常见的行业类型包括商品流通行业、服务行业、建筑行业、餐饮行业、货运代理行业、培训服务业、会务业、广告业、物流业、制造业等，会计需要通过查看企业营业执照中的经营范围，到建账模块中选择所属行业。

常见行业划分标准

三、选择纳税人制度

纳税人分类的基本依据是纳税人经营规模的大小以及会计核算是否健全。衡量经营规模的大小一般以年应税销售额为依据。年应征增值税销售额在500万元及以下认定为小规模纳税人，年应征增值税销售额在500万元以上认定为一般纳税人。特殊规定除外。

四、选择会计制度

企业初次建账时，选择合适的会计制度很关键，会计制度的选择主要是根据企业的规模、业务量、业务特点，可供选择的企业会计制度包括《企业会计准则》和《小企业会计准则》。《小企业会计准则》适用经营规模较小的企业，会计科目设置和会计核算都较为简化。一般小企业的经济业务相对简单，会计制度选择《小企业会计准则》即可，有特殊要求的企业除外。企业会计制度的选择，会直接影响到后续会计科目的设置以及会计核算的方法。

任务实施

结合北京盛耀纺织有限公司相关资料，登录财务共享服务中心，进行建账操作以及相关信息的填列。

第一步：根据企业营业执照标明的经营范围，选择所属行业，如图2-1-2所示。

第二步：在纳税人制度设置下拉选项中，选择“一般纳税人”，如图2-1-3所示。

第三步：财务共享服务中心会计制度设置下拉选项中，选择“小企业会计准则”，如图2-1-4所示。

最后，填写建账期间，完成建账操作，如图2-1-5所示。

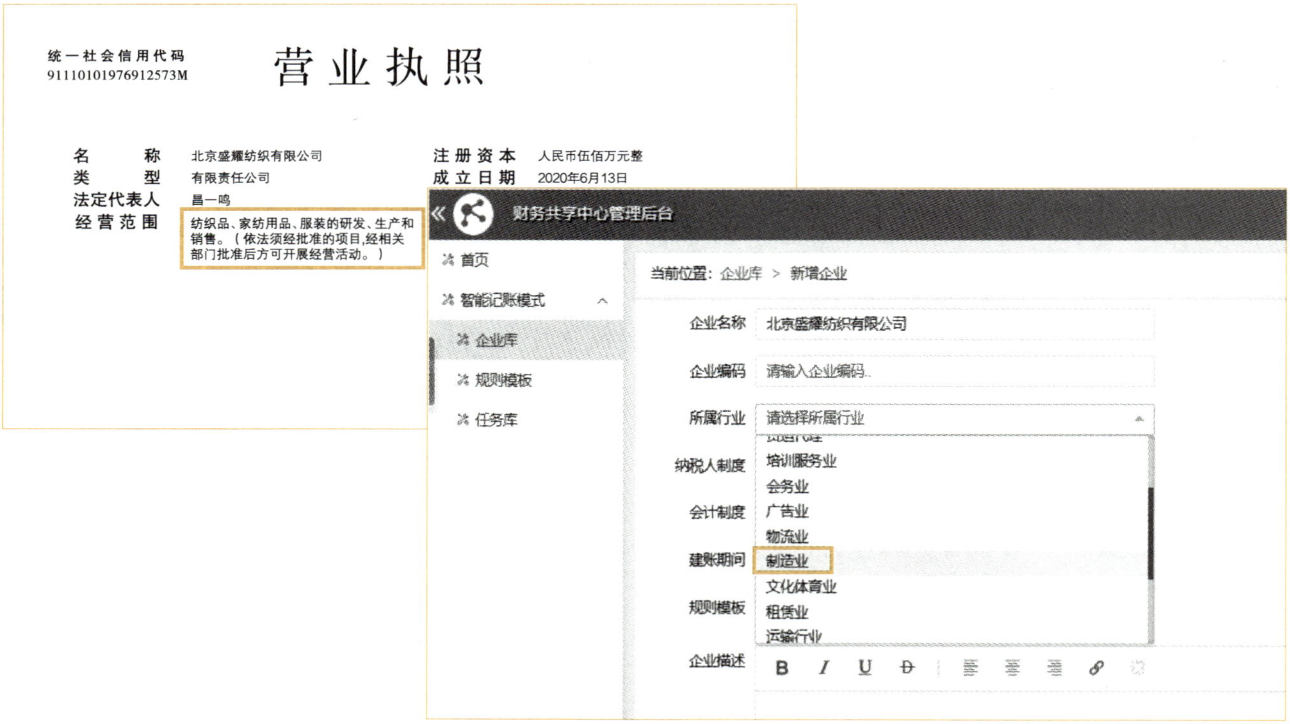

图2–1–2　建账所属行业选择

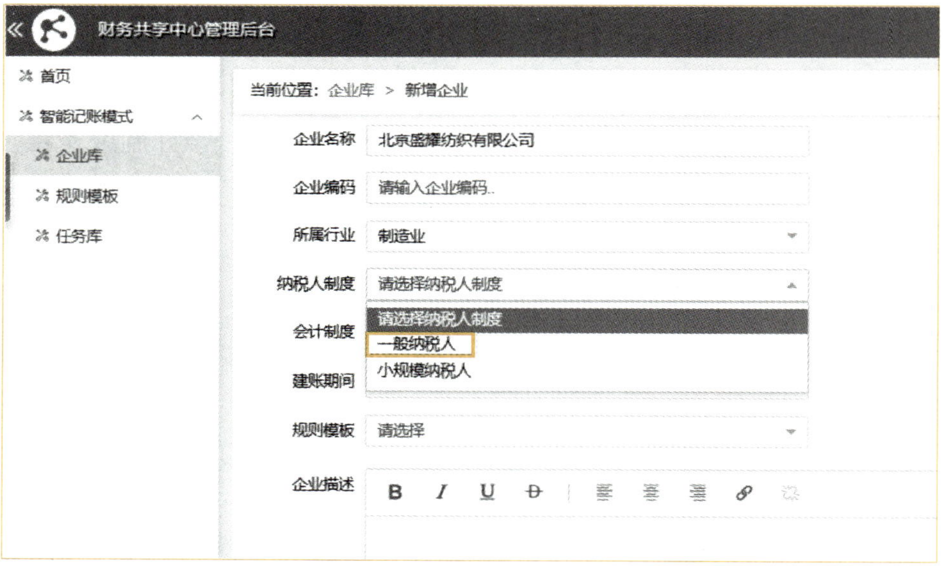

图2–1–3　建账纳税人制度选择

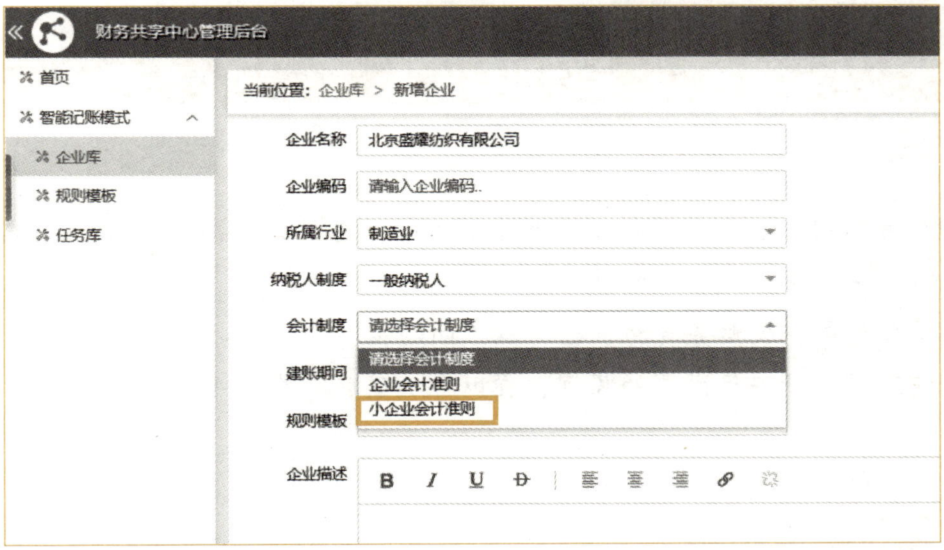

图 2–1–4　建账会计制度选择

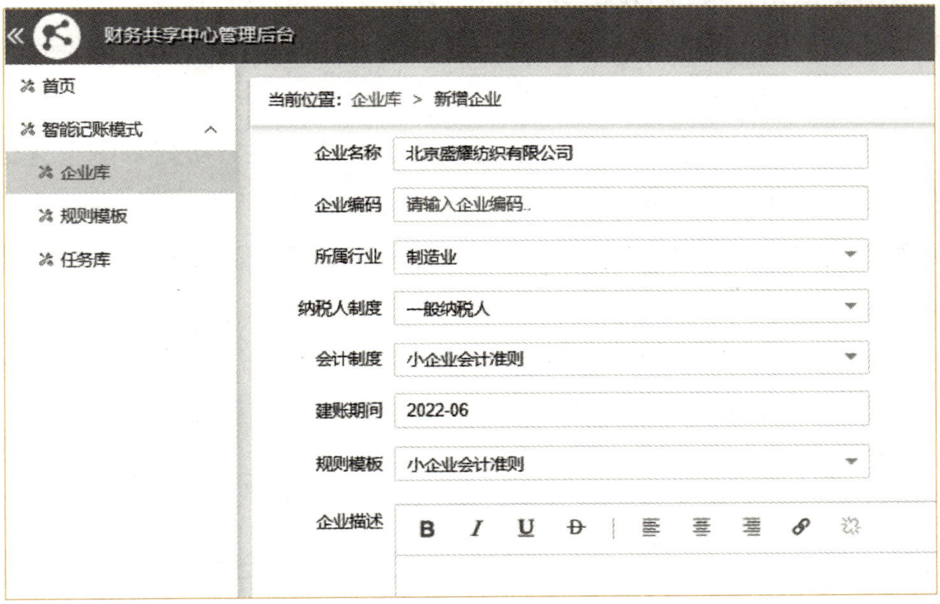

图 2–1–5　填写建账期间

任务小结

期初建账是建立财务共享服务中心的起始环节，通过期初建账可以梳理运行中的公司业务，了解本企业的运营环境和规则，熟悉岗位业务流程和对象。

在财务共享中心进行期初建账，应根据收集的资料，正确选择所属行业、纳税人制度、会计制度等。

任务二　会计科目设置

案例引入

2022 年 6 月，财务人员编制了北京盛耀纺织有限公司期初余额表，准备在财务共享服务中心平台上进行会计科目设置。

请结合公司相关财务资料，思考以下问题：

如何遵循会计科目设置的原则，在财务共享服务中心平台上合理设置企业会计科目？

期初余额表

任务准备

一、会计科目设置的原则

会计科目指对会计要素具体内容进行分类核算的项目，是进行会计核算和提供会计信息的基本依据，应遵循以下原则进行设置：

（1）合法性原则，即为了保证会计信息的可比性，企业所设置的会计科目应当符合国家统一会计制度的规定。

（2）相关性原则，即企业的会计科目应以提供有关各方所需要的会计信息服务为基础进行设置，并需要满足对外报告和对内管理的要求。

（3）简要实用原则，即企业所设置的会计科目应符合企业自身特点及满足企业的实际需要。

（4）全面性原则，即会计科目的设置应能保证对各会计要素做全面地反映。

（5）清晰性原则，即会计科目的设置应当简单明确和通俗易懂。

二、会计科目的选用

在财务工作中，应根据企业规模的大小、业务量的大小以及分工的复杂程度，合理选用会计科目。

选用会计科目具体操作如下：

（1）将现有的票据进行分类整理，按照费用项目归集。

（2）按照发生的业务设立会计科目记账，没有发生的科目暂时不用建立，待实际发生后再做增加。

（3）期初建账时的所有数据要根据企业所发生每一笔经济业务入账。

（4）为了连续、系统、全面地核算和监督经济活动所引起的各项会计要素的增减变化，就有必要对会计对象的具体内容按照其不同的特点和经济管理要求进行科学的分类，并事先确定分类核算的项目名称，规定其核算内容。

三、不同会计准则下会计科目的区别

《企业会计准则》和《小企业会计准则》下的会计科目存在一定程度的区别。

由于小企业经济业务相对简单，会计核算相对简化，因此可将《企业会计准则》中的部分科目进行归并，减少《小企业会计准则》下的会计科目设置数量。例如，坏账准备、存货跌价准备、投资性房地产、长期应收款、应付债券、劳务成本等会计科目在《小企业会计准则》中均没有体现，而在《企业会计准则》中均有所体现。

个别会计科目的名称在不同的会计准则下也是不同的。例如，资产类科目“交易性金融资产”，在《小企业会计准则》中通过“短期投资”科目核算；负债类科目“应付股利”，在《小企业会计准则》中通过“应付利润”科目核算。

《小企业会计准则》与《企业会计准则》会计科目设置的区别如表2-1-3所示。

表2-1-3 《小企业会计准则》与《企业会计准则》会计科目对比

企业会计准则	小企业会计准则	企业会计准则	小企业会计准则
一、资产类		二、负债类	
交易性金融资产	短期投资	交易性金融负债	—
坏账准备	—	应收票据	—
发出商品	—	应付账款	—
合同资产	—	预收账款	—
合同资产减值准备	—	合同负债	—
合同履约成本	—	应付职工薪酬	—
合同履约成本减值准备	—	应交税费	—
持有待售资产	—	应付股利	应付利润
持有待售资产减值准备	—	三、所有者权益类	
债券投资	—	其他综合收益	—
固定资产减值准备	—	四、成本类	
无形资产减值准备	—	劳务成本	—
商誉	—	五、损益类	
递延所得税资产	—	资产减值损失	—
		以前年度损益调整	—

任务实施

结合北京盛耀纺织有限公司期初余额表，登录财务共享服务中心平台，设置会计科目。

第一步：单击系统左侧“设置”—“会计科目”，进行明细科目的设置，如图2–1–6所示。

图2–1–6　设置—会计科目

第二步：单击“附件下载”，下载该公司期初余额表，根据期初余额表的会计科目，新增明细科目，如图2–1–7所示。

图2–1–7　下载期初余额表

第三步：根据需要单击“新增”增加会计科目，对已设置好的会计科目可进行修改或删除，最后单击“保存”即可，如图2–1–8所示。

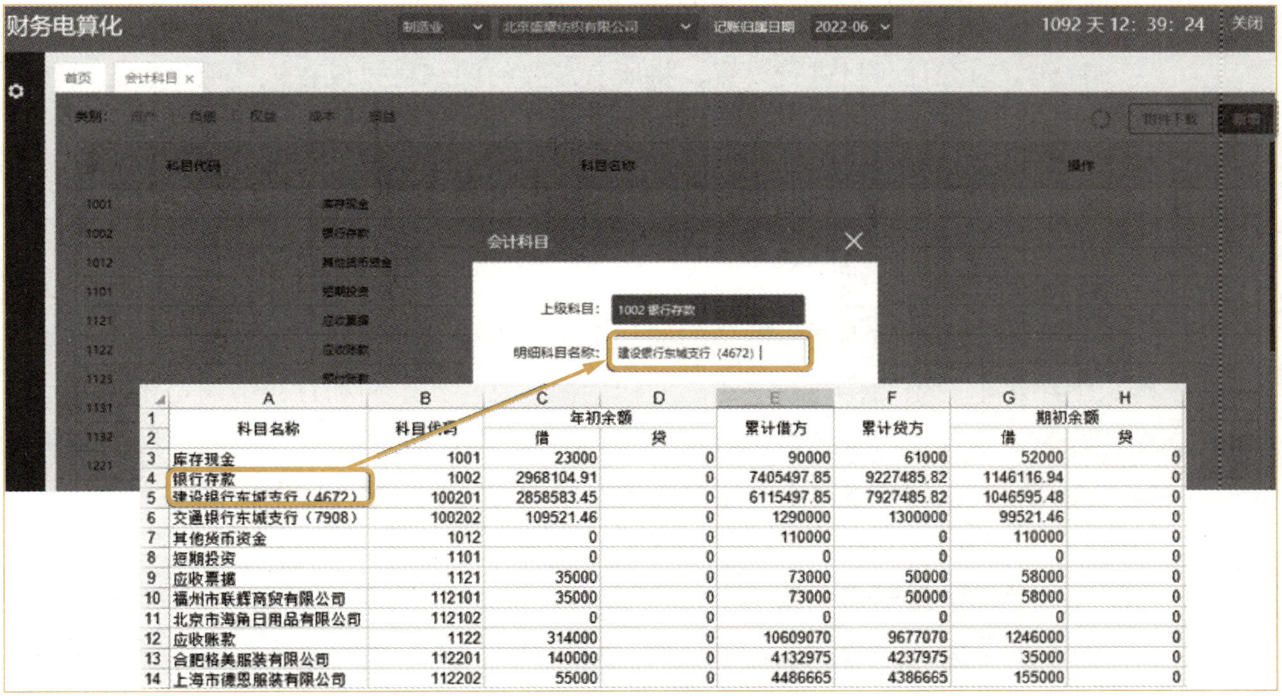

	科目名称	科目代码	年初余额		累计借方	累计贷方	期初余额	
			借	贷			借	贷
3	库存现金	1001	23000	0	90000	61000	52000	0
4	银行存款	1002	2968104.91	0	7405497.85	9227485.82	1146116.94	0
5	建设银行东城支行（4672）	100201	2858583.45	0	6115497.85	7927485.82	1046595.48	0
6	交通银行东城支行（7908）	100202	109521.46	0	1290000	1300000	99521.46	0
7	其他货币资金	1012	0	0	110000	0	110000	0
8	短期投资	1101	0	0	0	0	0	0
9	应收票据	1121	35000	0	73000	50000	58000	0
10	福州市联辉商贸有限公司	112101	35000	0	73000	50000	58000	0
11	北京市海角日用品有限公司	112102	0	0	0	0	0	0
12	应收账款	1122	314000	0	10609070	9677070	1246000	0
13	合肥格美服装有限公司	112201	140000	0	4132975	4237975	35000	0
14	上海市德恩服装有限公司	112202	55000	0	4486665	4386665	155000	0

图2-1-8　新增会计科目

任务小结

会计科目是对会计要素对象的具体内容进行分类核算的类目。设置会计科目是对会计对象的具体内容加以科学归类，是进行分类核算与监督的一种方法。

为了连续、系统、全面地核算和监督经济活动所引起的各项会计要素的增减变化，就有必要对会计要素的具体内容按照其不同的特点和经济管理要求进行科学的分类，并事先确定分类核算的项目名称，规定其核算内容。科学合理地设置和应用会计科目，对于提高财务数据的准确性和可靠性具有重要意义。

任务三　期初数据录入

案例引入

在完成期初建账和会计科目设置后，结合前一任务提供的北京盛耀纺织有限公司期初余额表，完成期初数据录入工作。

请根据该公司财务资料，思考以下问题：

期初数据录入工作具体有哪些步骤？

任务准备

新设企业无期初数据，完成会计科目设置后，即完成了期初建账完整的操作流程。而对于持续经营期的企业，则需根据提供的期初余额表，录入期初数据。

一、期初余额录入准备

首先，对会计科目进行设置，将所有需要的明细科目或者核算项目事先设置定义好。

其次，收集整理账套启用期间的初始数据。包括客户（应收及预收）的往来账余额、供应商（应付及预付）的往来账余额、物料（库存商品、原材料、在产品等）的库存数量及金额。

最后，建账时间不同，准备的期初余额也不相同。年初建账时，只需要准备各账户上年年末的余额作为新一年的期初余额，且年初余额和月初余额是相同的；年中建账时，不仅要准备各账户启用会计期间上一期的期末余额作为启用期的期初余额，而且还要整理自本年度开始截止到启用期的各账户累计发生数据。

二、手工录入期初余额

根据收集到的期初数据，手工录入期初余额，若总账科目下无明细科目则直接录入，若有明细科目，则直接录入明细科目的期初余额，系统会自动累计算出总账科目（一级科目）的金额。

除了手工录入方式外，平台中录入期初余额还可以采用电子表格导入方式，下载财务共享服务中心平台中的期初余额表模板，与原来的期初余额表的格式对比是否一致。如果一致则可直接将原来的期初余额表导入上传；如果不一致，则需要按下载的模板调整一致后再导入上传系统。

运用手工录入期初余额，能更好地掌握原理性知识要点。电子表格导入方式若出现模板不符的情况，还需要手动调整格式，耗费的时间较多。

（一）总账科目直接录入

若总账科目下无明细科目，可直接根据期初余额表内的总账金额，填写到财务共享服务中心平台中期初余额的借贷方，系统会自动填入期初余额的借贷方金额。

（二）明细账科目累计录入

若总账科目下有明细科目，直接手工输入末级科目的期初余额，上级科目会自动累加金额，红字金额应以负数表示。

任务实施

结合北京盛耀纺织有限公司期初余额表，期初数据的录入操作步骤如下。

第一步：登录财务共享服务中心平台，单击“设置”—“期初余额”，如图2-1-9所示。

图2-1-9　设置—期初余额

第二步：单击“修改账套”—“确定”，进行期初数据的手工录入操作，如图2-1-10所示。

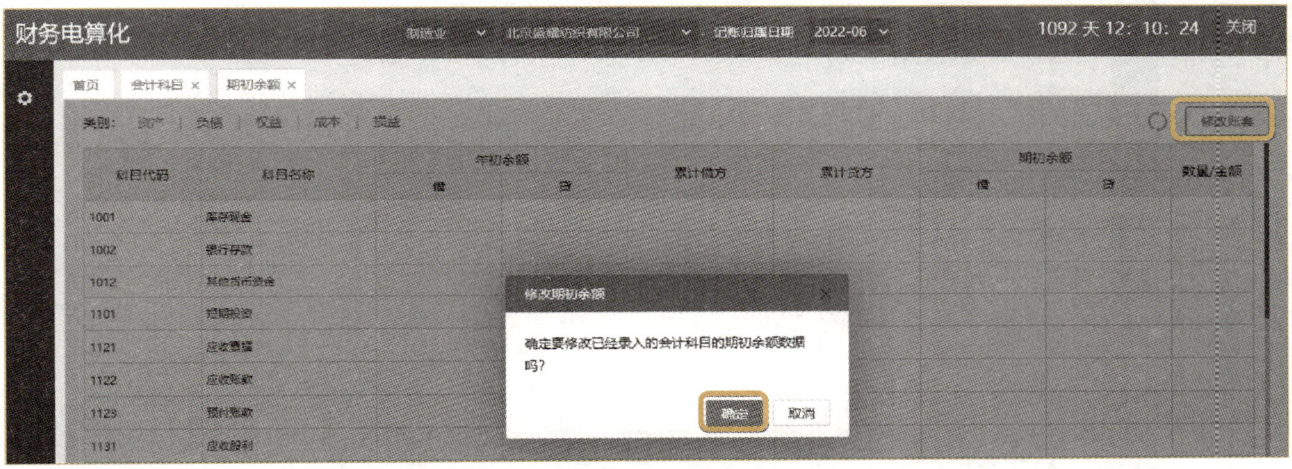

图2-1-10　修改账套

第三步：根据北京盛耀纺织有限公司期初余额表，依次录入会计科目对应的金额，因为总账科目没有下设明细科目，所以可直接录入金额；如果总账科目下设有明细科目，需录入明细科目对应的金额，系统会自动汇总出总账科目的金额。如图2-1-11所示。

第四步：录入全部的期初余额数据后，单击“试算平衡”，如图2-1-12所示。

第五步：试算平衡后，单击“保存”—“确定”，完成期初余额数据录入操作，如图2-1-13所示。

图 2–1–11 录入期初各科目余额

图 2–1–12 进行试算平衡

图 2–1–13 完成期初余额数据录入

第六步：如果出现试算不平衡的情况，应仔细核对各科目的期初余额数据是否录入正确，找出错误之处并进行修改，直到试算平衡后，单击“启用账套”—“启用”，如图2-1-14所示。

图2-1-14　启用账套

第七步：单击“确定”，完成期初建账工作，如图2-1-15所示。

图2-1-15　完成期初建账

期初余额数据录入目的在于建立企业会计信息化系统的基础数据，为后续的业务处理提供支持和依据。具体包括以下几个方面：

任务小结

（1）建立企业基础数据：包括企业的基本信息、组织机构、部门设置、人员信息等，以及会计科目、账户、核算项目等基础数据。

（2）建立期初数据：包括资产负债表、利润表、现金流量表等会计报表的期初数据，以及财务凭证、应付应收账款、库存商品等动态数据的期初余额。

（3）建立业务数据：包括采购、销售、资产购置、费用报销等各类业务数据，以及相关的凭证、发票、单据等。

通过初始化动态数据，可以快速建立企业会计信息化系统的基础数据，为后续的业务处理提供支持和依据。同时，还可以避免重复录入数据和数据不一致的问题，提高数据的准确性和可靠性。此外，动态数据的初始化还可以帮助企业快速掌握当前的财务状况和经营情况，为管理决策提供支持和参考。

同步测评

一、不定项选择题

1. 期初建账的时间，可以发生在（　　）。

A. 年初　B. 年中　C. 年末　D. 以上都可以

2. 根据《中华人民共和国企业所得税法实施条例》，固定资产分类中的机器设备的最低折旧年限是（　　）。

A. 20年　B. 10年　C. 5年　D. 3年

3. 通常情况下，会计核算健全，年应征增值税销售额超过（　　）万元的企业被认定为一般纳税人。

A. 300　B. 400　C. 500　D. 1 000

4. “本年利润”科目的贷方余额反映（　　）。

A. 本月末止累计实现的利润

B. 历年累计发生的亏损

C. 历年累计实现的利润

D. 自年初起至本月末止累计发生的亏损

5. 在财务共享服务中心平台中，录入会计科目期初余额时，应录入的列是（　　）。

A. 年初余额　B. 累计借方　C. 累计贷方　D. 期初余额

6. 期初余额试算不平衡时，查找错误的顺序为（　　）。

① 分别核对资产类、负债类、损益类的合计数与期初余额是否一致② 查看一

级科目余额是否与期初余额一致③ 查看明细科目余额录入是否正确④ 查看科目余额的录入方向是否正确

A. ③①②④　　B. ④③②①　　C. ②①③④　　D. ①②③④

7. 在财务共享服务中心平台中，录入资产类科目期初余额时，库存现金科目余额为贷方2 000.00元，则（　　）。

A. 应在贷方录入2 000.00　　B. 应在借方录入–2 000.00

C. 不需要录入　　D. 以上都不对

8. 新设企业在建账时，可不提供的建档资料是（　　）。

A. 银行账户开户信息复印件　　B. 税务账号密码

C. 企业职工名单　　D. 企业财务报表

9. 主营空运进出口货物的国际运输代理业务的企业属于（　　）。

A. 广告业　　B. 制造业

C. 货运代理行业　　D. 运输行业

10. 根据相关规定，纳税人转登记日前连续12个月或连续4个季度累计销售额未超过（　　）的一般纳税人，在2019年12月31日前，可选择转登记为小规模纳税人。

A. 100万元　　B. 300万元　　C. 500万元　　D. 600万元

11. 在财务共享服务中心平台上，涉及期初建账的工作步骤有（　　）。

A. 收集建账资料　　B. 新建企业账套

C. 设置会计科目　　D. 录入期初数据

12. 2023年1月1日，郑悠雪和刘然冉共同出资成立“北京悠然云教育科技有限公司”，注册资本为1 000万元，各占50%的股份。公司成立后郑悠雪和刘然冉各实际出资250万元，款项已存入银行，下面说法正确的有（　　）。

A. 确认的“实收资本”金额为250万元

B. 确认的“实收资本”金额为500万元

C. 印花税通过“税金及附加”科目核算

D. 确认的“实收资本”金额为1 000万元

13. 在财务共享服务中心平台中，涉及期初建账的工作步骤有（　　）。

A. 收集建账资料　　B. 新建企业账套

C. 设置会计科目　　D. 录入期初数据

14. 需要录入期初余额的科目类别有（　　）。

A. 资产类科目　　B. 负债类科目

C. 所有者权益类科目　　D. 损益类科目

15. 在财务共享服务中心平台进行期初建账时，需要收集的企业建档资料有（　　）。

A. 营业执照复印件　　B. 法定代表人身份证复印件

C. 企业财务制度　　D. 公司章程

16. 会计科目在设置过程中，应遵循的原则包括（　　）。

A. 合法性　　B. 相关性　　C. 实用性　　D. 实务性

17. 适用于《小企业会计准则》的会计科目包括（　　）。

A. 交易性金融资产　　B. 短期投资

C. 长期债券投资　　D. 应付利润

18. 银行结算账户按用途的不同，可以分为（　　）。

A. 基本存款账户　　B. 一般存款账户

C. 专用存款账户　　D. 临时存款账户

19. 执行《小企业会计准则》的企业，对于应收账款，下列说法正确的有（　　）。

A. 发生坏账损失时，借记“营业外支出”，贷记“应收账款”

B. 提取坏账准备时，借记“信用减值损失”账户，贷记“应收账款”账户

C. 已确认并转销的坏账又收回时，借记“应收账款”科目，贷记“营业外收入”科目；同时借记“银行存款”科目，贷记“应收账款”科目

D. 已确认并转销的坏账又收回时，借记“银行存款”账户，贷记“坏账准备”账户

二、判断题

1. 企业设置会计科目时，二级科目均按企业实际要求设置，不必按照国家统一规定的标准设置二级科目。（　　）

2. 在财务共享服务中心平台新建账套后，如果是新设企业，可以直接启用账套进行账务处理，无需录入期初数据。（　　）

3. 在财务共享服务中心收集建账资料时，新设企业和持续经营期企业所需的建账资料完全相同。（　　）

4. 期初余额表下载后，不可以直接导入财务共享服务中心期初余额表。（　　）

5. 期初余额导入完毕，如果试算平衡，可以直接启用账套做账。（　　）

6. 在财务共享服务中心平台进行期初余额录入时，应该从末级明细科目开始录入。（　　）

7. 在财务共享服务中心平台进行期初建账时，年应征增值税销售额在500万元

以上的企业其纳税制度应选择一般纳税人。（　　）

8. 纳税人如果会计核算健全，即使年应征增值税销售额未超过小规模纳税人标准，也可申请认定为一般纳税人。（　　）

9. 在财务共享服务中心，收集建账资料时，新设企业和持续经营期企业收集的建账资料完全相同。（　　）

10. 在财务共享服务中心平台上新建企业账套，如果是新设企业，可以直接启用做账。（　　）

11. 无论是新设企业建账，还是持续经营期间的企业建账，都应提供健全的财务资料。（　　）

项目二
录入与审核票据

项目目标

- 了解日常经济业务账务处理操作的基本功能；
- 熟悉日常经济业务账务处理的完整工作流程；
- 能进行电子票据扫描，并将扫描后的票据按照单据类型进行整理分类并修改完善；
- 掌握各种经济业务的录入与审核；
- 树立不断提高技能，使用新技术做好日常业务核算流程基础工作的意识。

岗课融通

在社会财务共享服务中心或企业集团财务共享服务中心，从事会计核算与稽核岗位涉及录入与审核票据等工作领域。处理销售与收款共享业务、采购与付款共享业务、成本与费用业务、薪酬业务和其他业务，既是本项目学习的重点，也是财务共享服务中心会计核算与稽核岗位的典型工作任务。

根据财务共享服务中心记账规则，整理扫描会计可将收到的经济业务票据分为九类，分别是销售类票据、收款类票据、采购类票据、付款类票据、费用类票据、工资类票据、成本类票据、转款类票据和其他类票据。除了归属于八大类业务的票据之外，其他类票据需根据票面信息编制会计分录。常见的其他类票据业务主要包括固定资产相关业务、无形资产相关业务、存货清查业务、税费计提与缴纳业务。录入会计应重点关注票据关键信息并做好录入工作。

知识框架

录入与审核票据
销售与收款业务录入与审核
销售业务处理
收款业务处理
采购与付款业务录入与审核
采购业务处理
付款业务处理
转款业务录入与审核
转款业务账务处理
转款业务票据录入
转款业务审核
成本与费用业务录入与审核
成本业务处理
费用业务处理
工资业务录入与审核
工资业务账务处理
工资业务票据录入
工资业务审核
其他业务录入与审核
其他业务账务处理
其他业务票据录入
其他业务审核

任务一 销售与收款业务录入与审核

2022 年 6 月 4 日，北京盛耀纺织有限公司销售胚布，财务人员已开具增值税专用发票但尚未收到货款，发票信息如图 2-2-1 所示。

《 案例引入

2 1101203130 **北京增值税专用发票** № 76650479 1101203130 76650479

北京

此联不作报销、扣税凭证使用

开票日期:2022-06-04

购买方 名称:天津市河西布料批发有限公司
纳税人识别号:91120010993588721A
地址、电话:天津河西区关东路120号022-7763272
开户行及账号:交通银行天津市河西区支行6112010344568104

密码区 854**+/76+-/310-03*4446++-1
3>537-46--4*6780486-2/1/><7
112+<03*<22**75*1+/-05-5>-8
>6/2-23+41>5-1864/78>102*4/

货物或应税劳务、服务名称	规格型号	单位	数量	单价	金额	税率	税额
*纺织产品*胚布	A01	吨	6	66500.00	399000.00	13%	51870.00
合计					¥399000.00		¥51870.00
价税合计（大写）	⊗肆拾伍万零捌佰柒拾元整				（小写）¥450870.00		

销售方 名称:北京盛耀纺织有限公司
纳税人识别号:91110101976912573M
地址、电话:北京市东城区荆河街道史家路106号010-81035572
开户行及账号:中国建设银行北京市东城区支行6111010163504672

备注

收款人: 复核:赵驰鉴 开票人:范瑞弘 销售方:（章）

第一联:记账联 销售方记账凭证

图2-2-1 增值税专用发票

录入与审核票据的准备工作

2022 年 6 月 8 日，北京盛耀纺织有限公司财务人员收到银行电子回单凭证，如图 2-2-2 所示。

9

中国建设银行电子回单凭证

回单编号：118422674433 回单类型：网银业务 业务名称：
凭证种类： 凭证号码： 借贷标志：贷记 回单格式码：S
账号：6111010163504672 开户行名称：中国建设银行北京市东城区支行
户名：北京盛耀纺织有限公司
对方账号：6112010344568104 开户行名称：交通银行天津市河西区支行
对方户名：天津市河西布料批发有限公司
币种：CNY 金额：450870.00 金额大写：肆拾伍万零捌佰柒拾元整
兑换信息： 币种： 金额： 币种： 金额：
摘要：货款
附加信息：

中国建设银行 北京市东城区支行 业务受理章

打印次数：1 记账日期：20220608 会计流水号：EBD0001000644697
记账机构：301180007691 经办柜员：EBQ001 记账柜员：ABH000 复核柜员： 授权柜员：
打印机构：301180007691 打印柜员：301180224368922 批次号：

图2-2-2 银行电子回单凭证

请根据上述案例，思考以下问题：

（1）两笔经济业务所涉及的会计科目有哪些？

（2）在财务共享服务中心平台中，销售业务和收款业务的票据录入操作步骤是什么？

任务准备

一、销售业务处理

（一）销售业务账务处理

销售是企业经济利益的直接来源，因此在企业中销售是最受关注的业务领域。销售业务处理主要包括订货、销售发货、销售出库、开具发票等销售业务全过程的管理。企业可以根据实际业务情况，对销售业务流程在财务共享服务中心平台上进行可选配置。不同类型的销售业务其账务处理方式也是不同的。

1. 普通销售业务

普通销售业务涉及的业务内容和相关会计分录如表2–2–1所示。

表2–2–1 普通销售业务账务处理

业务内容	会计分录
开出销售发票	借：应收账款——往来单位明细 贷：主营业务收入 应交税费——应交增值税（销项税额）
发出货物	借：主营业务成本 贷：库存商品——商品明细
收到销售款项	借：库存现金/银行存款等 贷：应收账款——往来单位明细
发票、货物同时发出，销售货款现结	借：主营业务成本 贷：库存商品——商品明细 借：库存现金/银行存款等 贷：主营业务收入 应交税费——应交增值税（销项税额）

2. 产品销售运费业务

产品销售运费业务涉及的业务内容和相关会计分录如表2–2–2所示。

表2–2–2 产品销售运费业务账务处理

业务内容	会计分录
销售方自身负担运费	借：销售费用——运费 贷：应交税费——应交增值税（进项税额） 库存现金/银行存款等

续表

业务内容	会计分录
销售方代垫运费	借：应收账款——往来单位明细 　　贷：库存现金/银行存款等
收回代垫运费款项	借：库存现金/银行存款等 　　贷：应收账款——往来单位明细

3. 销售现金折扣业务

销售时发生现金折扣所涉及的业务内容和相关会计分录如表2-2-3所示。

表2-2-3　销售现金折扣业务账务处理

业务内容	会计分录
发生现金折扣时	借：库存现金/银行存款等 　　财务费用——现金折扣 　　贷：应收账款——往来单位明细

4. 销售退货业务

销售退货业务涉及的业务内容和相关会计分录如表2-2-4所示。

表2-2-4　销售退货业务账务处理

业务内容	会计分录
已购货物退回处理要根据退货单和销售红字发票生成会计分录	借：主营业务成本（红字） 　　贷：库存商品（红字） 借：应收账款（红字） 　　贷：主营业务收入（红字） 　　　　应交税费——应交增值税（销项税额）（红字） 借：库存现金/银行存款等（红字） 　　贷：应收账款（红字）

（二）销售业务票据录入

企业发生销售业务，需向客户开具发票，确认销售收入。常见的销售类业务票据包括增值税专用发票、增值税普通发票、增值税电子普通发票、税务局代开的增值税专用发票、发货清单（无票收入统计表）等，如图2-2-3所示。

根据《国家税务总局关于增值税发票管理等有关事项的公告》规定，自2020年2月1日起，增值税小规模纳税人（其他个人除外）发生增值税应税行为，需要开具增值税专用发票的，可以自愿使用增值税发票管理系统自行开具。选择自行开具增值税专用发票的小规模纳税人，税务机关不再为其代开增值税专用发票。

增值税专用发票

增值税普通发票

南京弘峰纸塑制品有限公司

发货清单

日期：2019-05-15

收货单位：顾客

产品名称	数量/箱	单价	送货金额/元	备注
奶茶纸杯	25	210	5250	
合计			5250	

供货单位：南京弘峰纸塑制品有限公司

出货地址：江苏省南京市江宁区湖熟镇盛达路28号

发货人：陈英

发货清单

税务局代开的增值税专用发票

图2-2-3　常见销售类业务票据

发票上有“代开”字样的增值税专用发票，尽管“销售方”填写的是税务机关，但也属于销售类单据。这是因为企业销售业务发生后，采购方需要增值税专用发票，而纳税人若无资格开具，只能申请通过税务机关代为其开具。需要注意的是，销售免税商品不能开具增值税专用发票。

在财务共享服务中心（云核算）平台智能化系统录入规则下，录入销售业务时，应关注以下业务信息：票据编号、票据类型、现金结算、现金金额、业务类型、往来单位、业务特征、未税金额、税率、税额、价税合计。

（三）销售业务审核

销售业务的审核是针对销售产品、材料和提供劳务等经济活动进行的。

首先，需要审核企业的销售业务是否合理、合法，是否严格执行党和国家的方针、政策，遵守财经纪律，在销售过程中有无发生贪污侵占、营私舞弊等违法犯罪行为。

其次，需要审核销售业务是否认真执行了销售计划，是否遵守销售合同，合同的标的、数量、金额、税额以及结算方式是否正确。

第三，需要审核企业销售收入、销售成本和相关应缴税款的真实性和正确性，以及是否及时足额缴纳应缴税款。

最后，需要审查销售费用的计算及其分配是否合理，销售费用支出的控制措施是否有效，销售发票等是否据实入账，包括应收账款的明细账、现金日记账、银行存款日记账、折扣明细账和坏账准备等。

二、收款业务处理

（一）收款业务账务处理

应收业务处理可以实现销售方与购买方资金的结算，具体包括应收、现收、预收等方式。购买方在支付货款时的支付工具除常用的货币现金、网银转账和支票外，还可以使用商业汇票和银行本票等，常见收款业务的账务处理如表2-2-5所示。

表2-2-5　收款业务账务处理

业务内容	会计分录
收到商业汇票支付货款	（1）收到商业汇票时： 借：应收票据——往来单位明细 　　贷：应收账款——往来单位明细 （2）商业汇票到期时： 借：银行存款 　　贷：应收票据——往来单位明细 （3）商业汇票贴现支取时： 借：银行存款 　　财务费用/贴现息 　　贷：应收票据——往来单位明细
预收货款业务	（1）收到预收货款时： 借：库存现金/银行存款等 　　贷：预收账款——往来单位明细 （2）收到剩余款项时： 借：库存现金/银行存款等 　　贷：应收账款——往来单位明细

（二）收款业务票据录入

企业发生收款业务，会收到银行收款回单。常见的收款类票据包括银行电子回单、借款借据（收账通知）、证券交易对账单、收款收据等，如图2-2-4所示。

在收款类业务中，国家法律、法规对企业收到股东投资款做了相关规定。根据《中华人民共和国公司法》的规定，新成立公司的注册资本由实缴登记制变为认缴登记制，股东可以自主约定认缴出资额、出资方式、出资期限。认缴注册登记时，不做账务处理。

财务共享服务中心录入会计收到收款类票据时，应重点关注付款人的信息、金额、摘要附言用途。以便明确资金的来源，判断该来源的资金属于何种收款业务。

在财务共享服务中心（云核算）平台智能化系统录入规则下，录入收款业务时，应关注以下业务信息：票据类型、资金账户、业务类型、往来单位、收款金额、银行手续费。

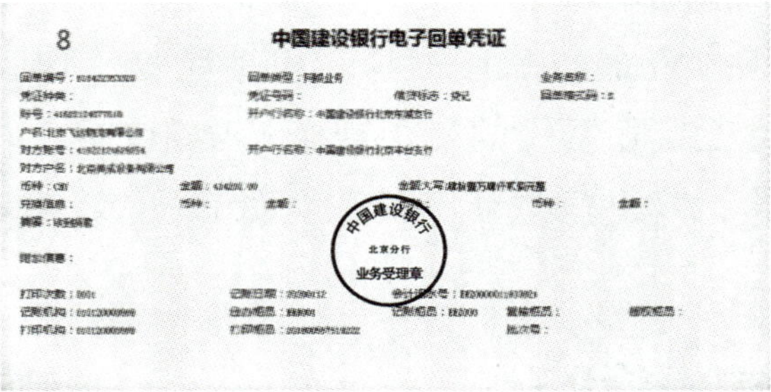
8
中国建设银行电子回单凭证

银行电子回单

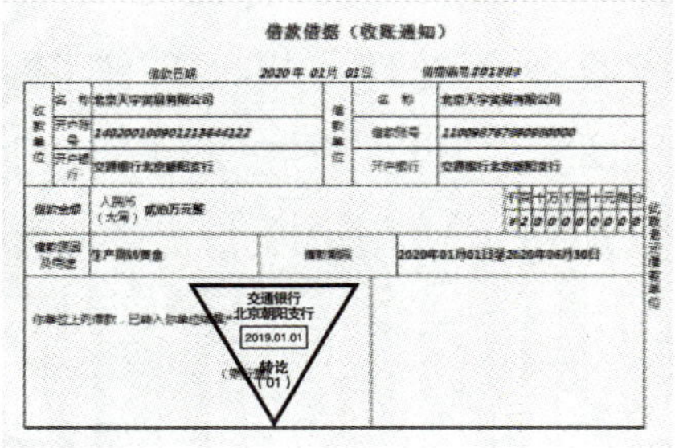
借款借据（收账通知）

借款借据(收账通知)

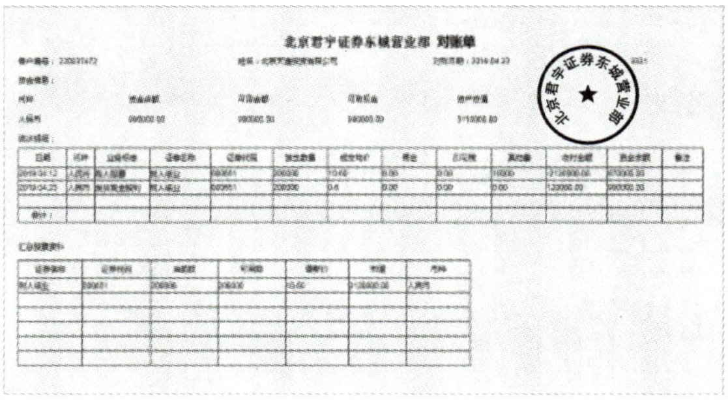
北京君宇证券东城营业部 对账单

证券交易对账单

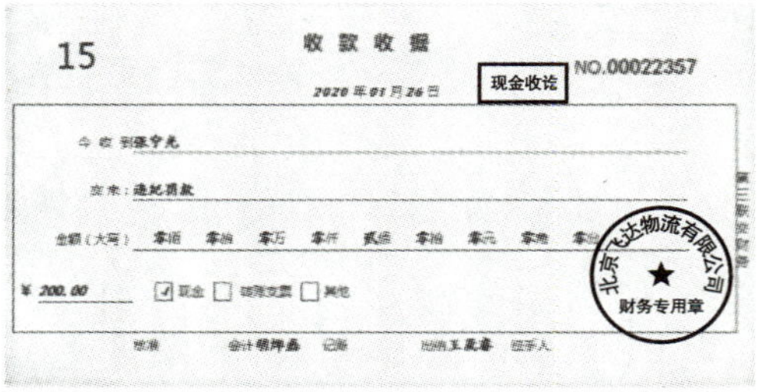
15
收 款 收 据
NO.00022357
现金收讫

收款收据

图2–2–4　收款类票据

（三）收款业务审核

不同形式的收款业务，都应该对其真实性、合法性、及时性做好审核工作。

1. 应收账款的审核

审核每笔应收账款业务的可靠性和合法性；审核应收账款收回后是否及时销账，是否存在长期挂账不销账的情况；审核坏账准备的计提方法是否正确。

2. 应收票据的审核

审核票据的贴现是否有严格的审批手续；审核应收票据的收款日期、金额与实际收款日期和金额是否相符；对于内容、数额有虚的票据和金额较大的票据，应查明出票人的经营状况，以了解款项收回的可能性。

任务实施

结合北京盛耀纺织有限公司相关业务资料，该公司销售胚布业务，已开具增值税专用发票未收到货款，会计人员根据发票填制记账凭证，涉及的会计科目及填制操作如图2–2–5所示。

记账凭证

记字第：1 号 日期：2022-06-01 附单据：1 张

摘要	会计科目	借方金额	贷方金额
销售应税产品	112201 应收账款——天津市河西布料批发有限公	450870.00	
销售应税产品	600101 主营业务收入——销售收入		399000.00
销售应税产品	22210107 应交税费——应交增值税（销项税额）		51870.00
合计：		450870.00	450870.00

审核： 过账： 出纳： 制单：

图2-2-5　记账凭证

在财务共享服务中心中，录入会计录入北京盛耀纺织有限公司销售业务的操作如下：

第一步：单击系统左侧“影像管理系统”—“影像整理”，如图2-2-6所示。

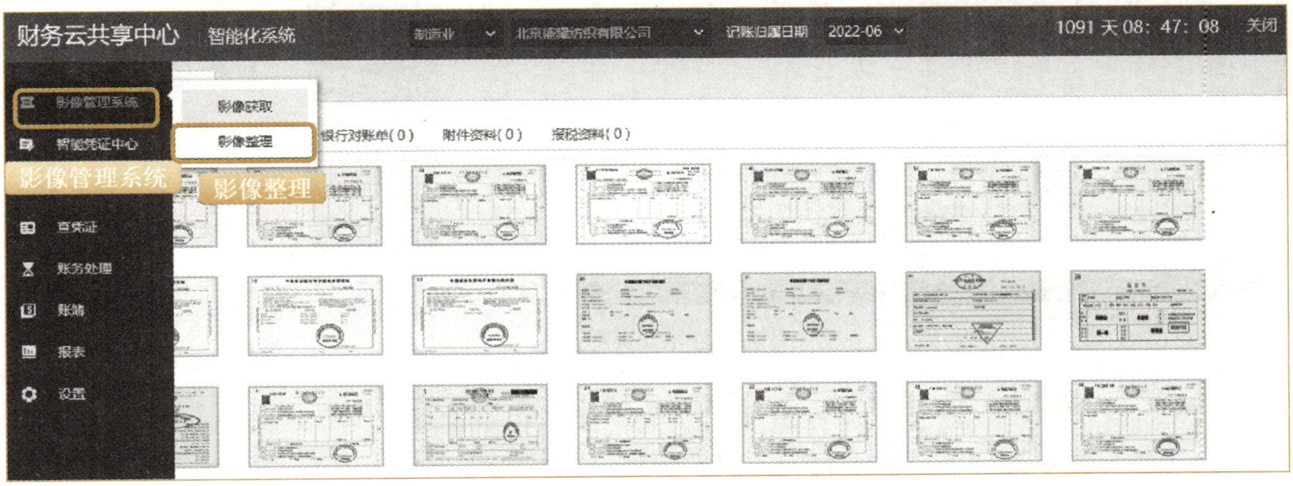

图2-2-6　影像整理

第二步：根据增值税专用发票上的编号，填写右侧票据编号；该张发票是记账联，说明发生销售业务，票据类型下拉单击“销售”，系统会自动跳转出“现金结算”“现金金额”项目。

查看发票上是否有“现金”字样备注。如果发票上出现“现金”字样，说明该笔销售业务采用现金方式收款，需输入相应的现金金额。如果发票上未出现“现金”字样，在“现金结算”中选择“否”，系统默认现金金额为0，如图2–2–7所示。

第三步：输入以上内容后，单击“保存”按钮，如图2–2–8所示。

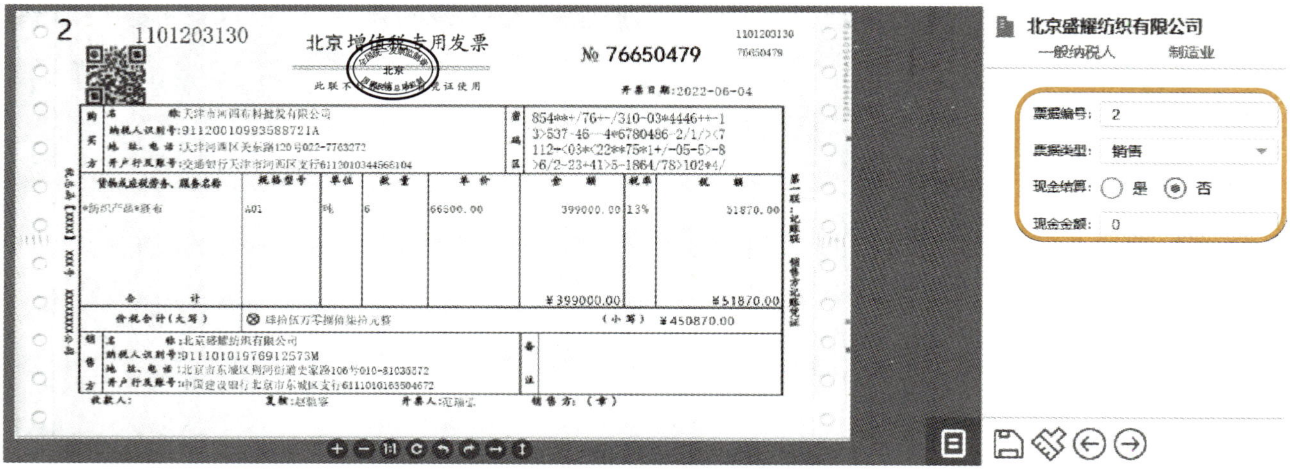

图2–2–7　选择结算方式

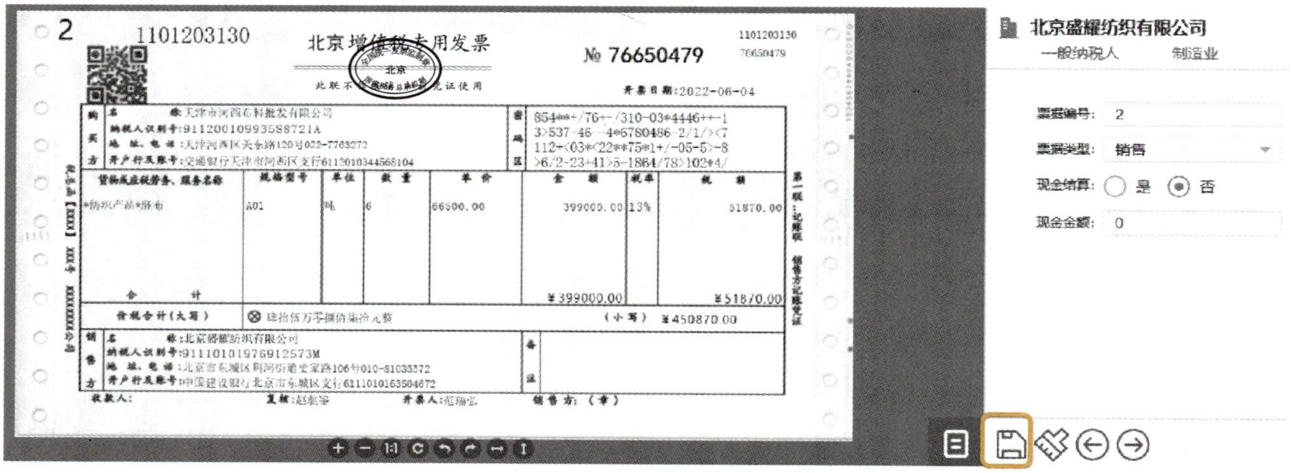

图2–2–8　保存信息

第四步：单击“智能凭证中心”，如图2–2–9所示。

第五步：单击系统右侧“业务类型”下拉菜单，根据发票上的税率栏，判断选择应税收入或者免税收入，系统会自动弹出往来单位、业务特征、未税金额、税率、税额、价税合计等项目。

相对于销售方来说，“往来单位”就是购买方，即企业的客户。企业发生赊销业务时，登记“应收账款”，在“往来单位”中需要输入客户全称。因此，需根据发票上购货方信息，单击系统右侧“往来单位”下拉菜单，选择客户信息。

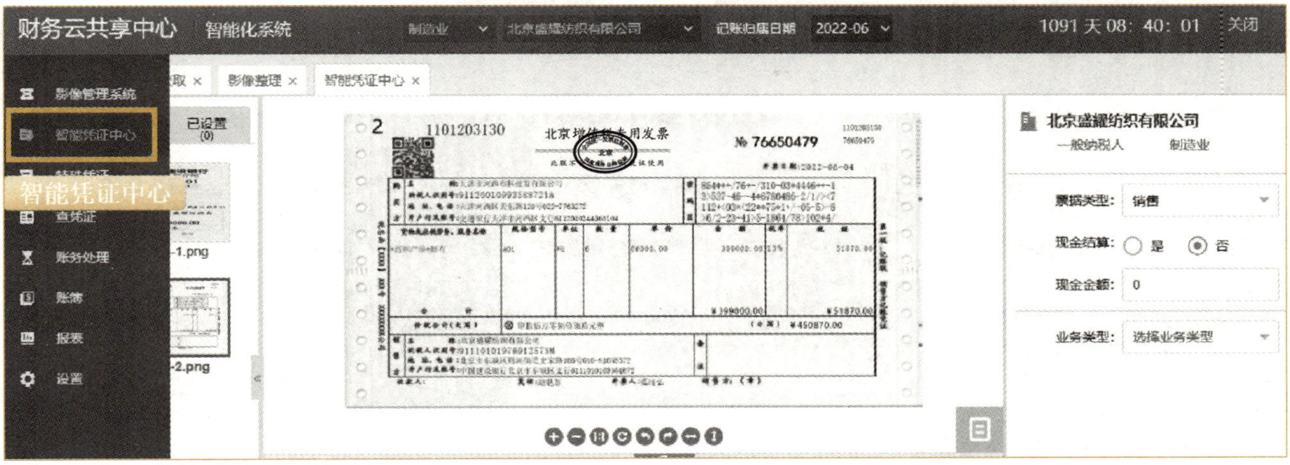

图2-2-9　进入智能凭证中心

销售类业务特征分为“服务收入”和“货物及劳务”。该业务特征属于“货物及劳务”，根据发票上的金额，录入“未税金额”“税率”“税额”“价税合计”，如图2-2-10所示。

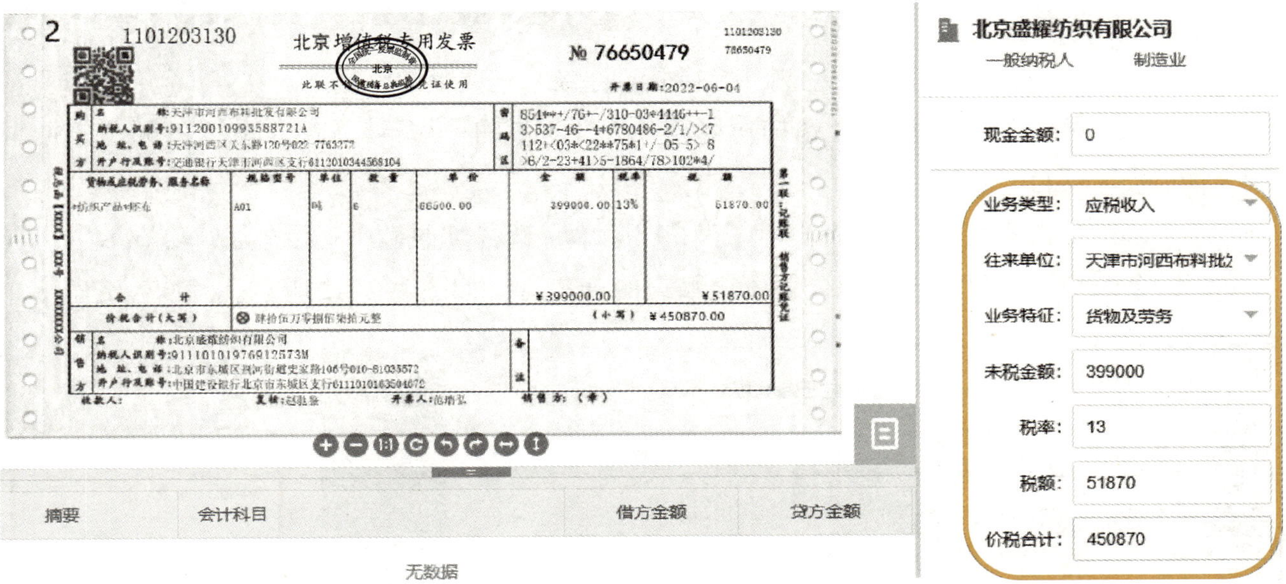

图2-2-10　填写业务特征等信息

结合北京盛耀纺织有限公司销售胚布业务收到货款的相关业务资料，会计人员根据银行电子回单凭证填制记账凭证，涉及的会计科目及填制操作如图2-2-11所示。

在财务共享服务中心中，录入会计录入北京盛耀纺织有限公司收款业务的操作如下：

记账凭证

记字第：1 号　　日期：2022-06-10　　附单据：1 张

摘要	会计科目	借方金额	贷方金额
销售收款	100201 银行存款——建设银行东城支行（4672）	450870.00	
销售收款	112201 应收账款——天津市河西布科批发有限公		450870.00
合计：		450870.00	450870.00

审核：　　过账：　　出纳：　　制单：

图2-2-11　记账凭证

第一步：单击系统左侧“影像管理系统”—“影像整理”。

第二步：根据整理扫描每张票据左上角的手写编号，录入系统右侧“票据编号”项目。

单击系统右侧“票据类型”下拉菜单，选择“收款”，系统会自动显示出“资金账户”项目，选择该公司资金账户的开户行。如图2-2-12所示。

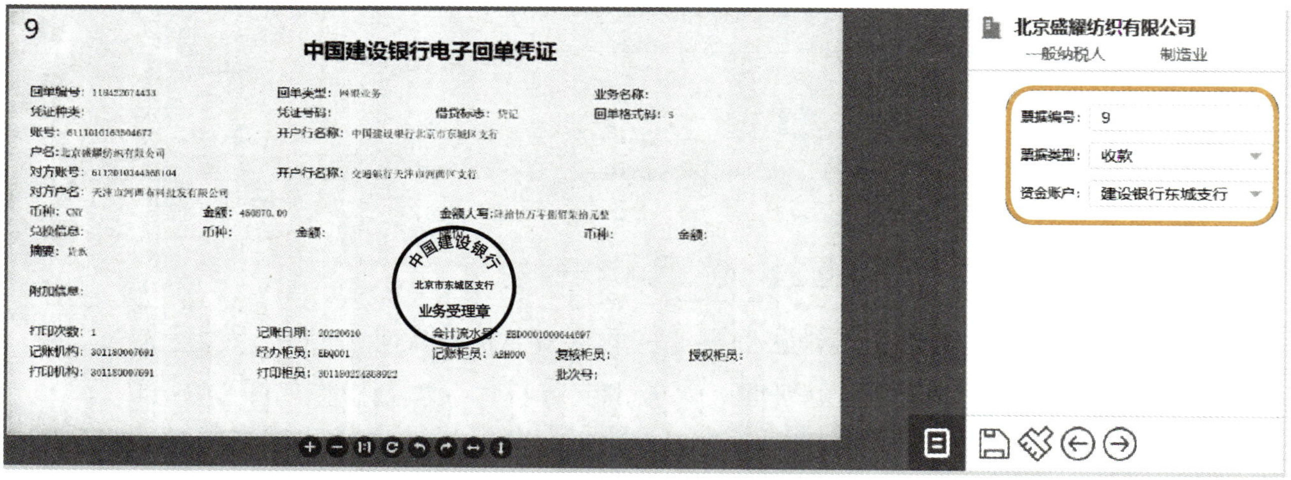

图2-2-12　填写资金账户信息

第三步：单击“智能凭证中心”。

第四步：单击系统右侧“业务类型”下拉菜单，根据收款票据上载明的用途，判断选择业务类型。系统内置的业务类型包括销售收款、营业外收入、其他收款、收到出口退税、收回借款、股东投资款、借入款、利息收入、收到退款、生育/医疗险、政府补助、保证金/押金、银行退手续费、不征税项目收入、短期借款，本业务属于销售收款业务，选择“销售收款”，系统自动显示“往来单位”“收款金额”“银行手续费”项目，在“往来单位”的下拉菜单中选择客户的企业名称，如图2–2–13所示。

图2–2–13　填写业务类型等信息

如果企业收到员工归还一笔前期预借款，单击“业务类型”下拉菜单，选择“收回借款”，则系统会自动显示“往来单位”“收款金额”项目，在下拉菜单中选择往来单位并手动输入票据金额，如图2–2–14所示。

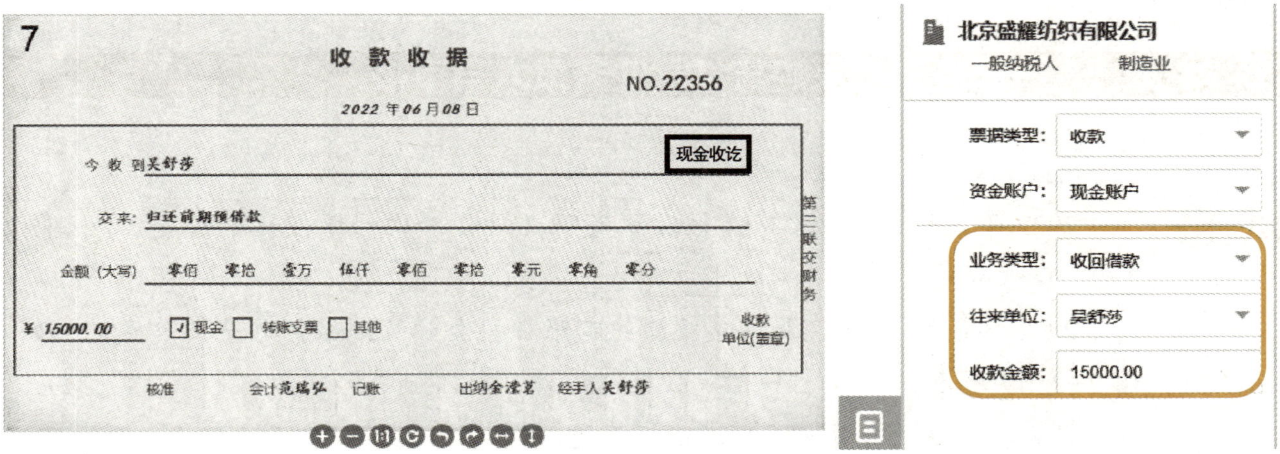

图2–2–14　收回借款业务相关信息填写

对于销售收款业务，根据银行收款回单中的金额，录入“收款金额”。若票据上载明银行手续费，则需录入“银行手续费”的金额。若未发生银行手续费，录入“银行手续费”的金额为“0”。如图2–2–15所示。

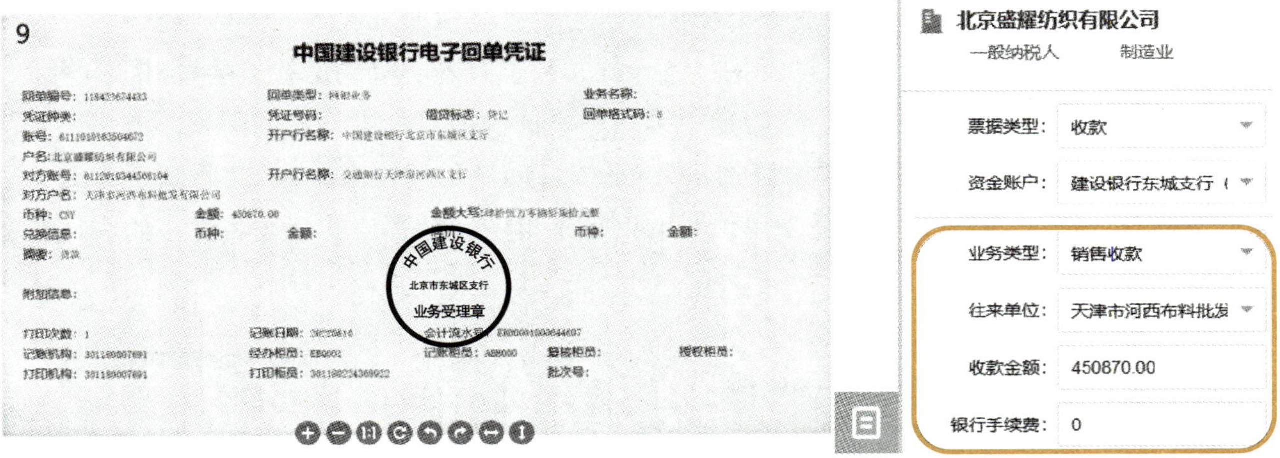

图 2-2-15 销售收款业务相关信息填写

任务小结

销售与收款业务主要是指企业销售商品并取得货款的行为，是由企业交换商品或劳务，收到银行存款和现金等有关业务活动组成的。在这个环节中，企业的主要目的是销售产品，取得销售收入。

销售与收款业务的环节包括接受顾客订单、批准销售折扣和赊销信用、填制销货发票、发运商品、核算销售收入与应收账款、办理和记录销货退回及销货折让、处理坏账等内容。加强对销售与收款业务会计制度的设计，有利于规范销售与收款业务活动，全面与系统地记录销售过程，监督和控制商品的发出和货款收回，提高企业营业收入的质量。

任务二 采购与付款业务录入与审核

案例引入

2022 年 6 月 5 日，北京盛耀纺织有限公司会计收到增值税专用发票，如图 2-2-16 所示。

2022 年 6 月 13 日，北京盛耀纺织有限公司会计收到银行电子回单凭证，如图 2-2-17 所示。

请根据上述业务资料，思考以下问题：

（1）两笔经济业务所涉及的会计科目有哪些？

（2）在财务共享服务中心平台中，采购业务和付款业务的票据录入操作步骤是什么？

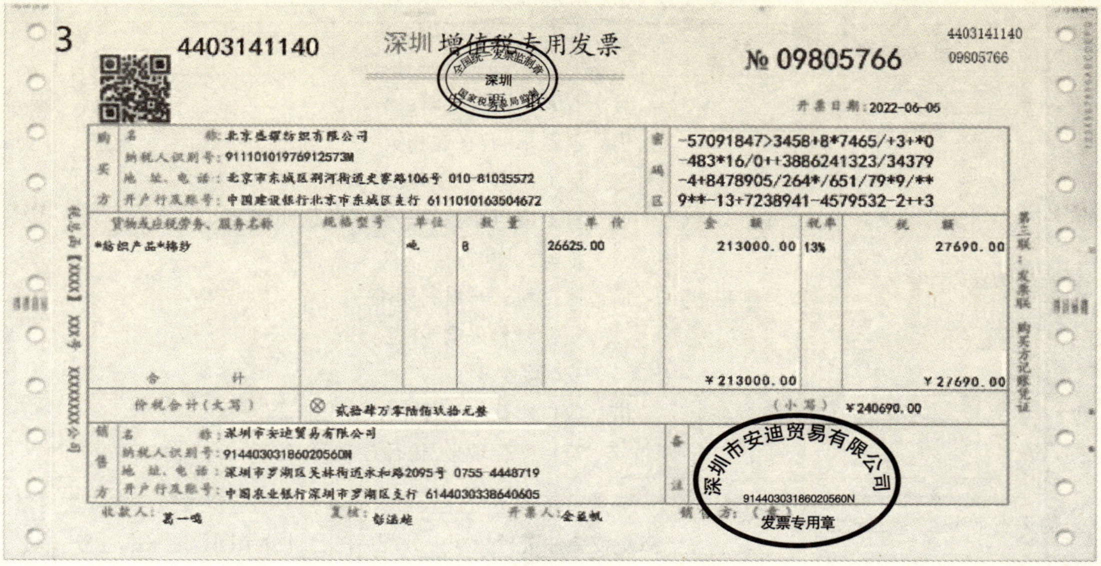
3

4403141140　深圳增值税专用发票　№ 09805766　4403141140 09805766

开票日期：2022-06-05

购买方　名　　称：北京盛耀纺织有限公司
纳税人识别号：91110101976912573M
地 址、电 话：北京市东城区荆河街道史家路106号 010-81035572
开户行及账号：中国建设银行北京市东城区支行 6111010163504672

密码区：
-57091847>3458+8*7465/+3+*0
-483*16/0++3886241323/34379
-4+8478905/264*/651/79*9/**
9**-13+7238941-4579532-2++3

货物或应税劳务、服务名称	规格型号	单位	数量	单价	金额	税率	税额
*纺织产品*棉纱		吨	8	26625.00	213000.00	13%	27690.00
合　计					¥213000.00		¥27690.00

价税合计（大写）⊗贰拾肆万零陆佰玖拾元整　（小写）¥240690.00

销售方　名　　称：深圳市安迪贸易有限公司
纳税人识别号：91440303186020560N
地 址、电 话：深圳市罗湖区吴林街道永和路2095号 0755-4448719
开户行及账号：中国农业银行深圳市罗湖区支行 6144030338640605

备注

收款人：葛一鸣　复核：邹洁旋　开票人：金益帆　销售方：（章）

第三联：发票联　购买方记账凭证

图2-2-16　增值税专用发票

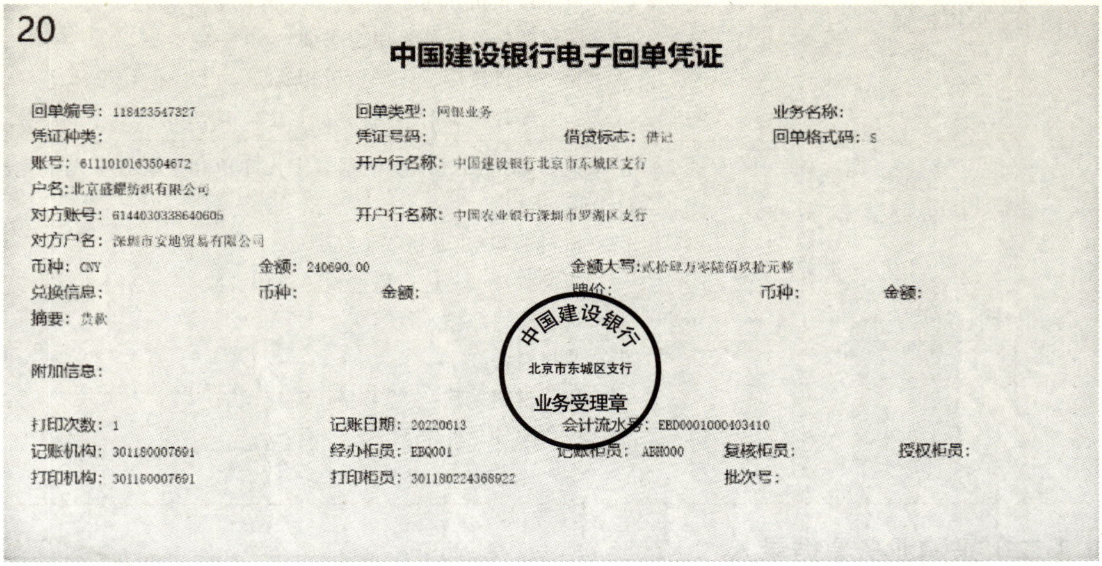
20

中国建设银行电子回单凭证

回单编号：118423547327　回单类型：网银业务　业务名称：
凭证种类：　凭证号码：　借贷标志：借记　回单格式码：S
账号：6111010163504672　开户行名称：中国建设银行北京市东城区支行
户名：北京盛耀纺织有限公司
对方账号：6144030338640605　开户行名称：中国农业银行深圳市罗湖区支行
对方户名：深圳市安迪贸易有限公司
币种：CNY　金额：240690.00　金额大写：贰拾肆万零陆佰玖拾元整
兑换信息：　币种：　金额：　牌价：　币种：　金额：
摘要：货款
附加信息：
打印次数：1　记账日期：20220613　会计流水号：EBD0001000403410
记账机构：301180007691　经办柜员：EBQ001　记账柜员：ABH000　复核柜员：　授权柜员：
打印机构：301180007691　打印柜员：301180224368922　批次号：

图2-2-17　银行电子回单凭证

一、采购业务处理

《《 任务准备

（一）采购业务账务处理

采购业务主要包括订货、入库、取得采购发票和采购结算等采购业务全过程的管理，一般分为普通采购业务、采购运费业务、采购现金折扣业务、采购退货业务等。企业可以根据实际业务情况，对采购业务的流程在软件中进行可选的配置处理。一般情况下的采购业务的账务处理如表2-2-6所示。

表2-2-6　采购业务账务处理

业务内容	会计分录
普通采购业务	（1）收到采购发票时： 借：材料采购/在途物资 　　应交税费——应交增值税（进项税额） 　　贷：应付账款——往来单位明细 （2）采购入库时： 借：原材料——材料明细 　　贷：材料采购/在途物资 （3）支付货款时： 借：应付账款——往来单位明细 　　贷：库存现金/银行存款等
采购运费业务	一般将采购运费计入采购成本，采购运费按照购进货物材料的数量或金额进行分配，分配后的会计分录同普通采购业务一致
采购现金折扣业务	（1）收到采购发票和收到材料货物同普通采购业务的会计分录 （2）发生现金折扣时： 借：应付账款——往来单位明细 　　贷：财务费用——现金折扣 　　　　库存现金/银行存款
采购退货业务	已采购货物退回处理要根据红字入库单和采购红字发票生成会计分录 借：材料采购/在途物资（红字） 　　应交税费——应交增值税（进项税额）（红字） 　　贷：应付账款（红字） 借：原材料（红字） 　　贷：材料采购/在途物资（红字） 借：应付账款（红字） 　　贷：库存现金/银行存款等（红字）

（二）采购业务票据录入

企业发生采购业务，需要向客户索取发票，确认采购支出。常见的采购业务票据包括增值税专用发票、增值税普通发票、采购合同、入库单等，如图2-2-18所示。

采购类发票抵扣分为“专用发票抵扣”和“待认证发票”“其他不得抵扣”。

一般纳税人收到增值税专用发票时选择“专用发票抵扣”；收到增值税专用发票上面备注“待认证”时，选择“待认证发票”；遇到增值税普通发票，通用机打发票及发票名称为“税控设备及维护费”的发票均选择“其他不得抵扣”；小规模纳税人不论收到何种形式的发票，均选择“其他不得抵扣”。

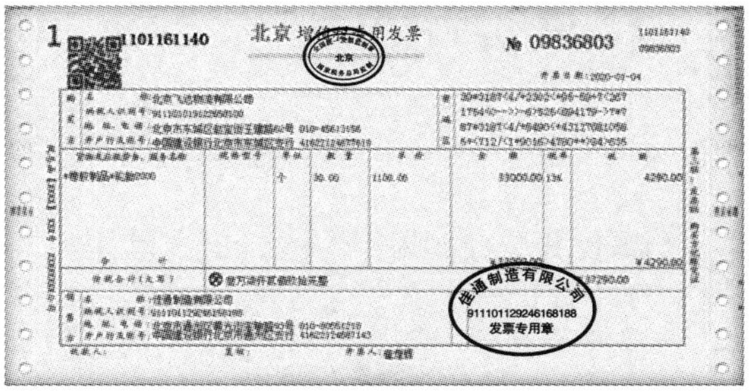

增值税专用发票

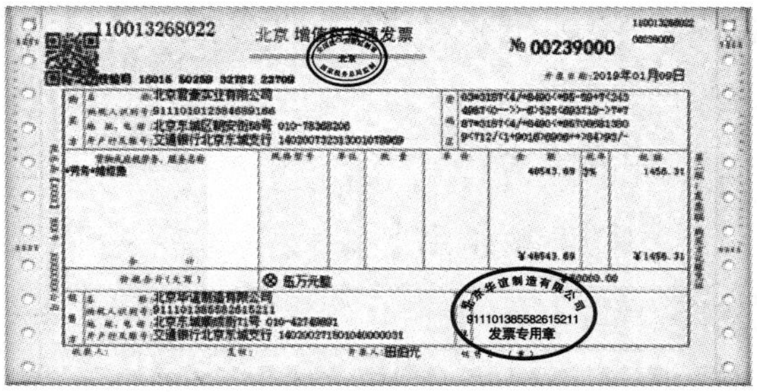

增值税普通发票

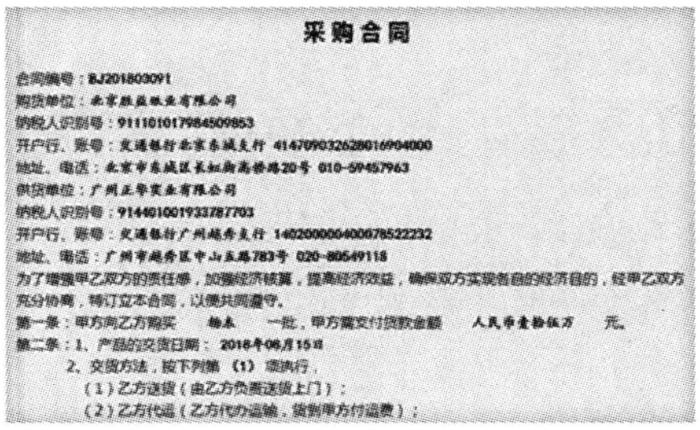

采购合同

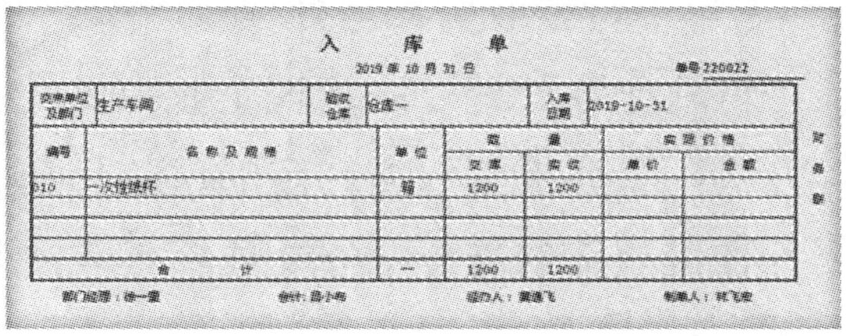

入库单

图2-2-18　采购类业务票据

在财务共享服务中心平台录入规则下，录入采购业务时，应关注以下业务信息：票据编号、票据类型、现金结算、现金金额、往来单位、未税金额、税率、税额、价税合计，采购业务与销售业务的票据录入操作类似，区别在于业务类型、发票抵扣的录入操作。

需要注意的是，特殊采购业务的账务处理，财务共享服务中心平台将此类业务归为其他类票据，需手动编制记账凭证，操作和电算化环境类似。

（三）采购业务审核

财务共享中心采购类业务票据，需重点审核录入信息与票面信息是否一致，主要审核往来单位信息、商品信息（单价、数量、金额）、税率、税额、是否现金结算等。除此之外，还需要对采购业务事前、事中、事后进行审核监督。

1. 审核采购计划

企业采购部门是否根据年度发展计划、销售目标、库存情况等编制采购计划；采购计划是否经过审批后严格执行。

2. 审核采购预算

采购计划是否纳入采购年度预算管理；是否根据审批的采购计划编制年度采购预算；预算是否分解至各具体项目；采购预算是否经过审批严格执行。

3. 审核执行与调整情况

采购部门是否制定采购计划、预算控制方案和措施；是否定期对采购计划与预算执行情况进行分析；对采购计划与预算执行过程中出现的偏差，是否及时申报调整。

4. 审核其他相关信息

采购业务还需要审核供应商、采购合同、采购标的、采购发票票面信息以及税款抵扣情况等。

二、付款业务处理

（一）付款业务账务处理

付款业务处理可以实现企业与供货方资金的结算，具体包括预付、现付、应付等方式。企业根据双方约定的付款日期、付款方式和付款条件向供应商付款，并根据各种付款单据进行账务处理。一般情况下的账务处理如表2-2-7所示。

表2-2-7 付款业务账务处理

业务内容	会计分录
商业汇票支付货款	（1）发出商业汇票支付货款时： 借：应付账款——往来单位明细 贷：应付票据——往来单位明细 （2）商业汇票到期支付时： 借：应付票据——往来单位明细 贷：银行存款
银行本票支付货款	（1）将款项存到银行，取得银行本票时： 借：其他货币资金——银行本票 贷：银行存款 （2）使用银行本票支付货款时： 借：应付账款——往来单位明细 贷：其他货币资金——银行本票 （3）有剩余款项或超过付款期而退回的款项时： 借：银行存款 贷：其他货币资金——银行本票
预付货款	（1）发出预付货款时： 借：预付账款——往来单位明细 贷：库存现金/银行存款等 （2）支付剩余款项时： 借：应付账款——往来单位明细 贷：库存现金/银行存款等 （3）冲销预付账款时： 借：应付账款 贷：预付账款

（二）付款业务票据录入

企业发生付款业务，财务人员收到的付款类票据有银行电子缴税付款凭证、住房公积金汇（补）缴书、转账支票存根、银行还款凭证等，如图2-2-19所示。

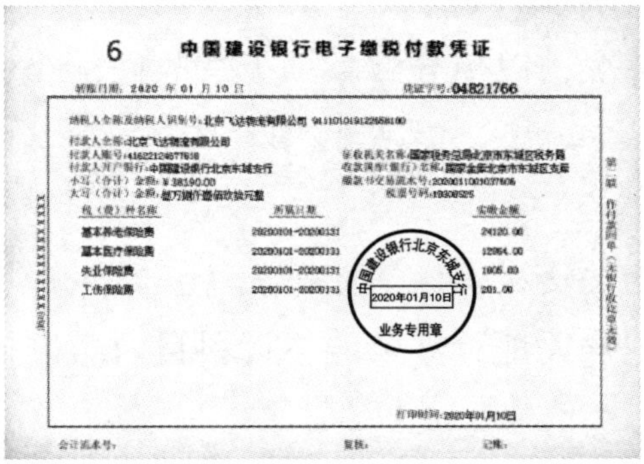

6 中国建设银行电子缴税付款凭证

转账日期：2020 年 01 月 10 日 凭证字号：04821766

付款人全称：北京飞达物流有限公司

小写（合计）金额：¥38190.00

税（费）种名称	所属日期	实缴金额
基本养老保险费	20200101-20200131	24120.00
基本医疗保险费	20200101-20200131	12864.00
失业保险费	20200101-20200131	1005.00
工伤保险费	20200101-20200131	201.00

打印时间：2020年01月10日

银行电子缴税付款凭证

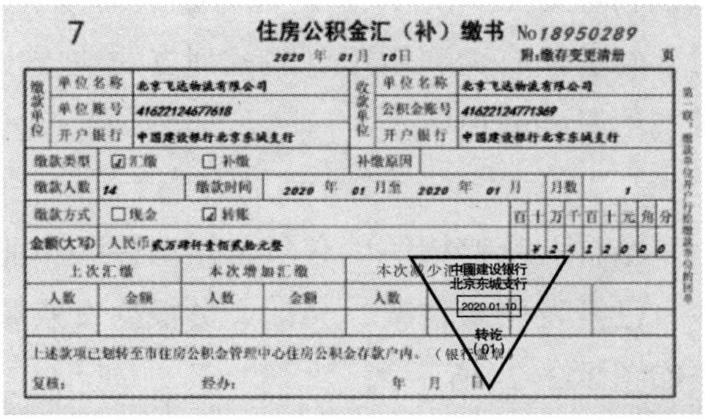

7 住房公积金汇（补）缴书 No18950289

2020 年 01 月 10 日

单位名称	北京飞达物流有限公司	单位名称	北京飞达物流有限公司
单位账号	41622124677618	公积金账号	41622124771369
开户银行	中国建设银行北京东城支行	开户银行	中国建设银行北京东城支行

缴款人数 14 缴款时间 2020 年 01 月至 2020 年 01 月 月数 1

缴款方式 ☑转账

金额（大写）人民币贰万肆仟壹佰贰拾元整 ¥24120.00

上述款项已划转至市住房公积金管理中心住房公积金存款户内。

住房公积金汇（补）缴书

交通银行

转账支票存根

30194890

00295897

附加信息

出票日期 2020年 01月 29日

收款人：宏叶制造厂

金额：¥78000.00

用途：支付货款

单位主管 会计

转账支票存根

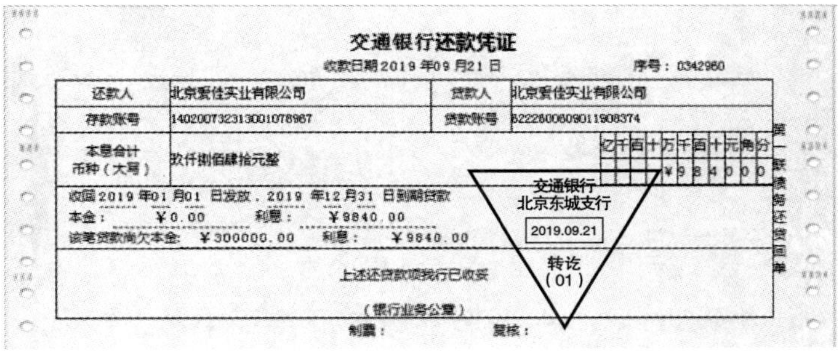

交通银行还款凭证

收款日期 2019 年 09 月 21 日 序号：0342980

还款人	北京爱佳实业有限公司	贷款人	北京爱佳实业有限公司
存款账号	140200732313001078967	贷款账号	6222600609011908374

本息合计 币种（大写） 玖仟捌佰肆拾元整 ¥984000

收回 2019 年 01 月 01 日发放，2019 年 12 月 31 日到期贷款

本金：¥0.00 利息：¥9840.00

该笔贷款尚欠本金：¥300000.00 利息：¥9840.00

上述还贷款项我行已收妥

（银行业务公章）

制票： 复核：

银行还款凭证

图2-2-19 付款类票据

目前，企业款项结算方式中，普遍采用网银转账。除此之外，中小微企业费用报销以及一般企业小额款项支付，也经常采用现金结算；零售业、服务业针对个人业务，也采用支付宝、微信结算；而转账支票现在使用较少。

实务中，企业常见的付款类业务有采购付款、支付各项税费、支付职工薪酬、归还借款、利息支出、支付手续费等。

在财务共享服务中心平台录入规则下，录入付款业务时，票据编号、票据类型、资金账户、发生金额、手续费与前面几类票据的录入操作类似，此处不再赘述。而业务类型、往来单位等录入略有区别。

（三）付款业务审核

财务共享服务中心付款业务需重点审核以下几点：

（1）对付款业务先进行财务往来账上余额的核实；审核付款账户的资金是否充足。

（2）审核需要付款的相关单据及附件是否合规，填写是否正确；发票填写项目是否完整正确；是否符合公司规定的签批手续；与合同要求的付款条件是否相符；资料是否完备等。

（3）将预付账款与购货合同进行核对，以检查经济业务的真实性、可靠性；审核预付账款的期限，看是否有拖欠时间长和占用资金大的预付款项；审核明细账时，要关注有无利用预付账款列支非法支出的情况，以免导致款项无法收回给企业带来不必要的损失。

任务实施

结合北京盛耀纺织有限公司销售胚布业务相关资料，该笔业务属于正常采购棉纱，已开发票未付款，会计人员根据发票填制记账凭证，涉及的会计科目及填制操作如图2-2-20所示：

记账凭证

记字第：1 号　　日期：2022-06-05　　附单据：1 张

摘要	会计科目	借方金额	贷方金额
采购原材料	1403 原材料	213000.00	
采购原材料	22210101 应交税费——应交增值税（进项税额）	27690.00	
采购原材料	220201 应付账款——深圳市安迪贸易有限公司		240690.00
合计：		240690.00	240690.00

审核：　　过账：　　出纳：　　制单：

图2-2-20　记账凭证

在财务共享服务中心中，录入会计录入北京盛耀纺织有限公司采购业务的操作如下：

第一步：单击系统左侧“影像管理系统”—“影像整理”，录入票据编号，在票据类型下拉菜单中选择“采购”，系统会自动显示“现金结算”“现金金额”项目，如图2-2-21所示。

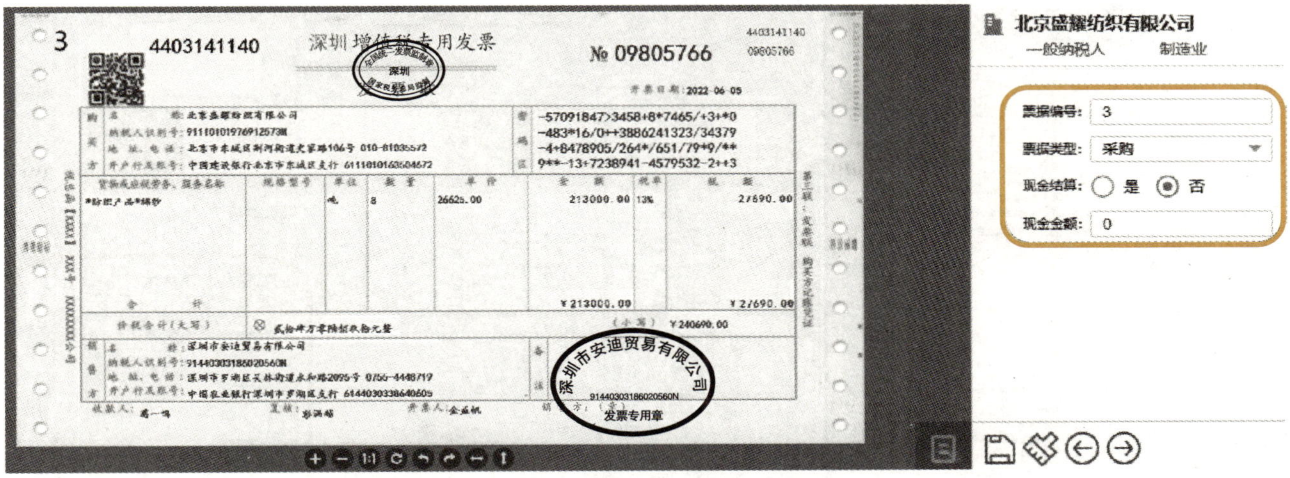

图2-2-21　填写票据类型信息

第二步：输入以上内容后，单击保存按钮。单击“智能凭证中心”，单击系统右侧“业务类型”下拉菜单，根据发票上的货物或应税劳务、服务名称栏，判断选择商品、原材料、固定资产、低值易耗品、税控设备（及维护费）、无形资产、服务成本，业务类型的划分标准如表2-2-8所示。

表2-2-8　业务类型划分标准

业务类型	行业
原材料	工业
	餐饮业
库存商品	商品流通业、服务业、一般餐饮业（烟酒饮料）
服务成本	物流、网络服务、科技等服务业
固定资产	发票上会用铅笔备注
无形资产	
低值易耗品	
税控设备（及维护费）	发票上“货物、应税劳务及服务”栏会清楚说明

本业务属于采购原材料，单击“原材料”，系统会自动显示“往来单位”“发票抵扣”“未税金额”“税率”“税额”“价税合计”等项目。如图2-2-22所示。

第三步：相对于采购方来说，“往来单位”就是销售方。企业发生赊购业务时，登记“应付账款”，在“往来单位”中需要输入销售方全称。因此，需根据发票上销售方信息，单击系统右侧“往来单位”下拉菜单进行选择。根据增值税专用发票且发票上无备注信息，单击“发票抵扣”下拉菜单，选择“专用发票抵扣”，最后，根据发票上的金额，录入“未税金额”，系统会自动计算出“税额”“价税合计”，如图2–2–23所示。

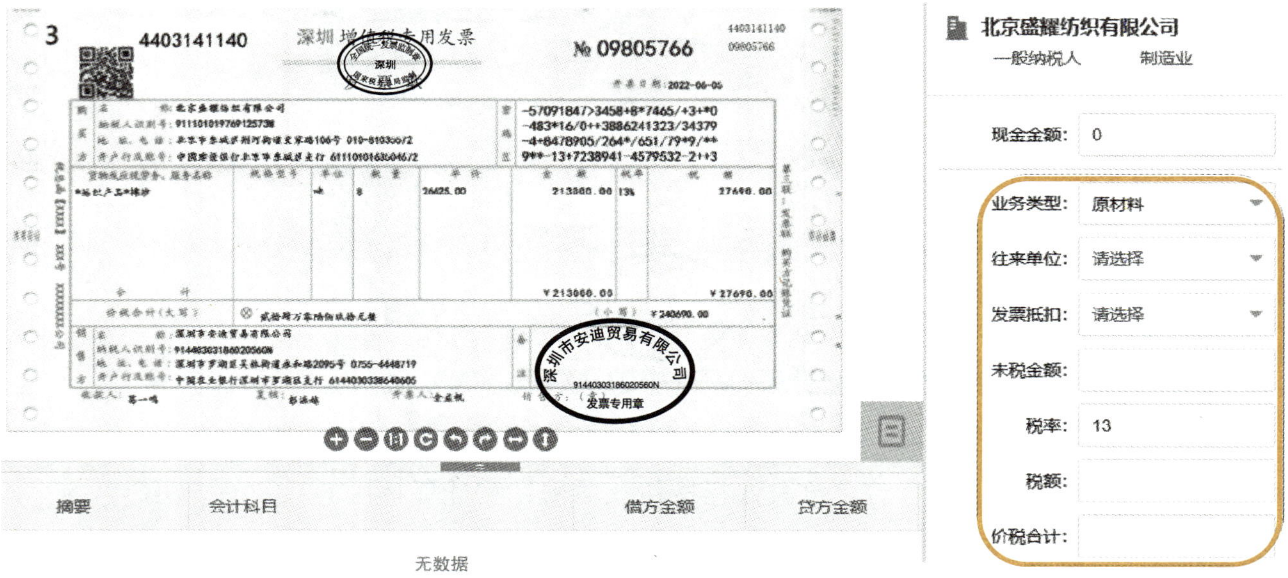

图2–2–22 选择原材料选项

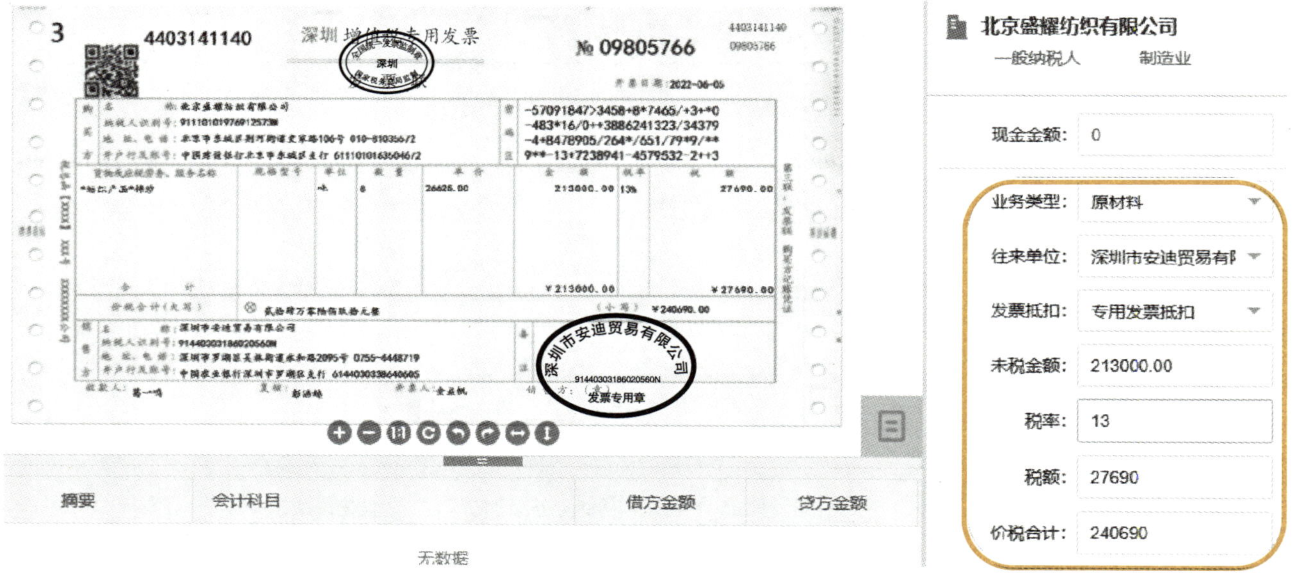

图2–2–23 完善往来单位相关信息

结合北京盛耀纺织有限公司会计收到银行电子回单凭证相关资料，该笔业务属于企业支付货款的账务处理，会计人员根据银行电子回单凭证填制记账凭证，涉及的会计科目及填制操作如图2–2–24所示。

在财务共享服务中心中，录入会计录入北京盛耀纺织有限公司付款业务的操作如下：

记账凭证

记字第：1 号　　日期：2022-06-13　　附单据：1 张

摘要	会计科目	借方金额	贷方金额
采购（费用）付款	220201 应付账款——深圳市安迪贸易有限公司	240690.00	
采购（费用）付款	100201 银行存款——建设银行东城支行（4672）		240690.00
合计：		240690.00	240690.00

审核：　　过账：　　出纳：　　制单：

图 2-2-24　记账凭证

第一步：单击系统左侧“影像管理系统”—“影像整理”，录入票据编号，在票据类型下拉单击“付款”，选择“资金账户”，如图2-2-25所示：

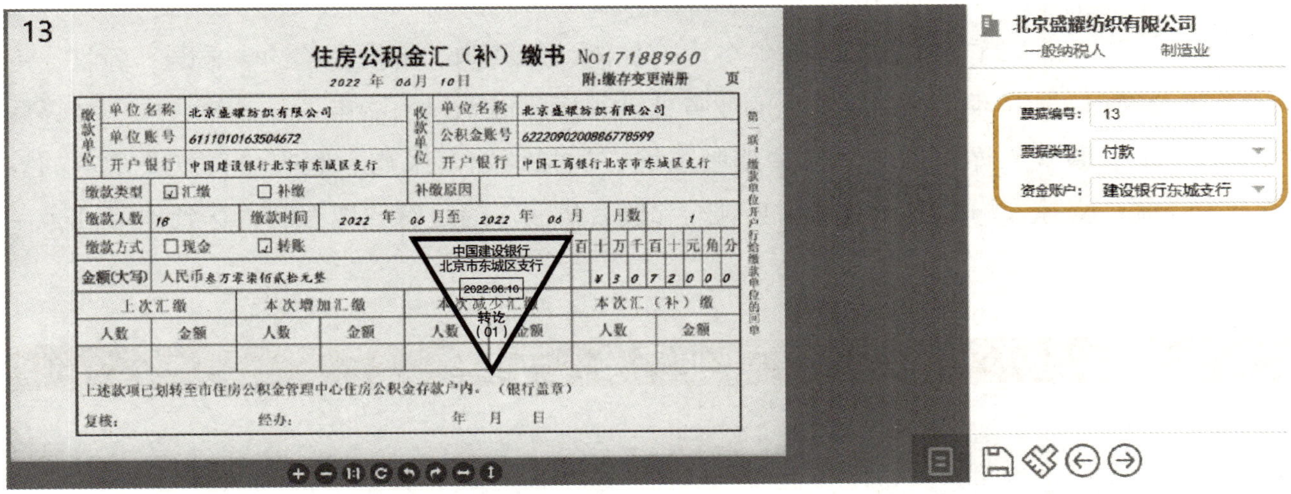

图 2-2-25　选择付款和资金账户信息

第二步：单击系统右侧“业务类型”下拉菜单，根据付款票据上载明的用途，判断选择业务类型。系统内置的业务类型包括采购（费用）付款、支付税款滞纳金、支付工资、银行手续费、支付个人所得税、缴纳城建税及附加、缴纳增值税、缴纳住房公积金等。

“业务类型”的选择，会影响自动显示的选项。例如，企业支付一笔公积金，单击“业务类型”下拉菜单，单击“缴纳公积金”，则系统会自动显示“个人承担部分”“公司承担部分”，根据住房公积金汇（补）缴书的金额手动输入“个人承担部分”“公司承担部分”。如图2-2-26所示。

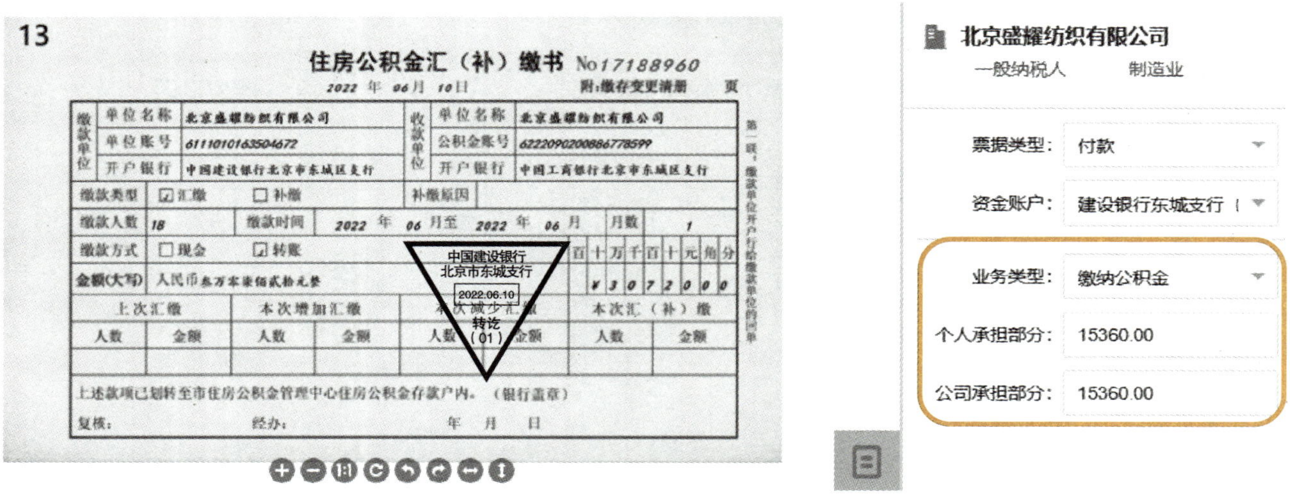

图2-2-26 选择业务类型并输入金额

任务小结 》》 采购与付款业务是指企业支付银行存款或现金等，取得物品或劳务的过程，是企业生产经营管理中的一个主要环节。

企业应实施采购与付款业务内部控制，对请购、审批、签约、采购、验收，审核和付款等环节建立标准化的业务处理程序；健全以采购申请、经济合同、结算凭证、验收入库单据为载体的控制系统，加强请购、采购、验收、付款关键点的控制；实施采购决策环节的相互制约和监督机制。通过有效地控制，达到预定目标。

任务三 转款业务录入与审核

案例引入 》》 2022年6月3日，北京盛耀纺织有限公司会计收到现金支票存根，涉及的转款业务信息如图2-2-27所示。

请根据上述业务资料，思考以下问题：

（1）该笔经济业务发生所涉及的会计科目有哪些？

（2）在财务共享服务中心平台中，转款业务的票据录入操作步骤是什么？

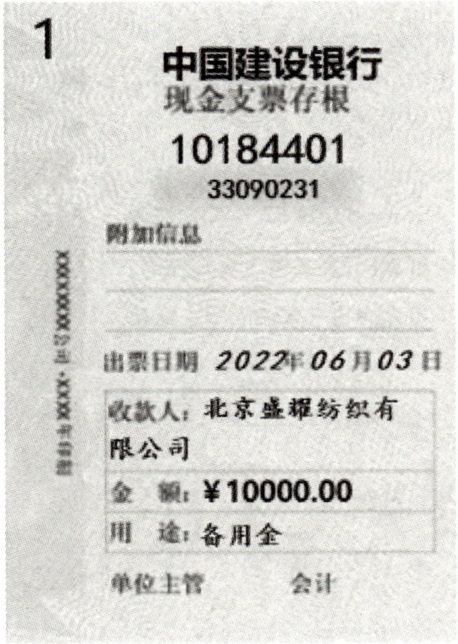
1
中国建设银行
现金支票存根
10184401
33090231
附加信息
出票日期 2022年06月03日
收款人：北京盛耀纺织有限公司
金　额：¥10000.00
用　途：备用金
单位主管　　会计

图2-2-27　现金支票存根

任务准备

一、转款业务账务处理

由于在企业的日常业务中，经常要使用支票和电子银行进行转账，进行收付结算的一般账务处理如表2-2-9所示。

表2-2-9　转款业务账务处理

业务内容	会计分录
支票业务	收到现金支票或提取现金时： 借：库存现金 　贷：银行存款——现金支票
电子转款业务	企业内部账户互转时： 借：银行存款——账户明细 　贷：银行存款——账户明细

二、转款业务票据录入

财务共享服务中心平台将提现、存现、公司内部账户之间转账，定义为转款业务。企业发生转款业务，会收到银行回单凭证。常见的转款类票据有银行回单凭证（电子回单凭证）、现金支票存根等，如图2-2-28所示。

如果该笔业务是属于公司内部账户之间的转账，则取得的银行回单凭证，收款方和付款方都是做账主体，或者收款方（付款方）一方为空。如图2-2-29所示。

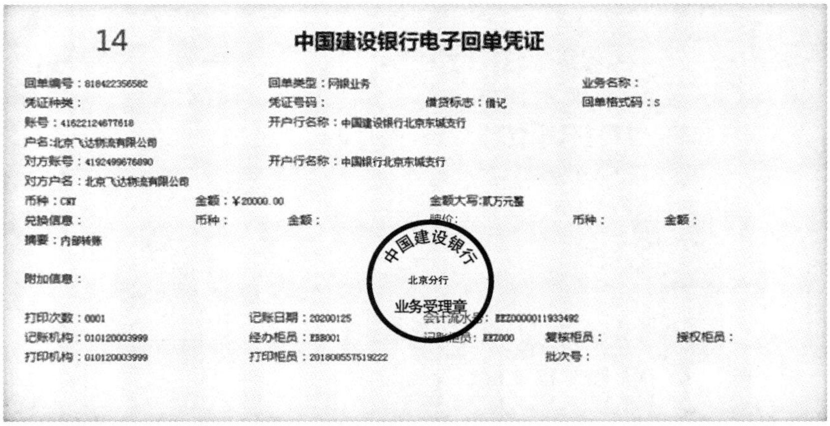

14

中国建设银行电子回单凭证

回单编号：818422356582　回单类型：网银业务　业务名称：
凭证种类：　凭证号码：　借贷标志：借记　回单格式码：S
账号：41622124677618　开户行名称：中国建设银行北京东城支行
户名：北京飞达物流有限公司
对方账号：41924996768090　开户行名称：中国银行北京东城支行
对方户名：北京飞达物流有限公司
币种：CNY　金额：¥20000.00　金额大写：贰万元整
兑换信息：　币种：　金额：　牌价：　币种：　金额：
摘要：内部转账
附加信息：
打印次数：0001　记账日期：20200125　会计流水号：EEZ0000011933492
记账机构：010120003999　经办柜员：EBB001　记账柜员：EEZ000　复核柜员：　授权柜员：
打印机构：010120003999　打印柜员：2018008557519222　批次号：

银行回单

10

中国建设银行
现金支票存根
10501115
89790980
附加信息
出票日期 2020年01月19日
收款人：北京飞达物流有限公司
金　额：¥8000.00
用　途：备用金
单位主管　会计

现金支票存根

图2-2-28　转款类票据

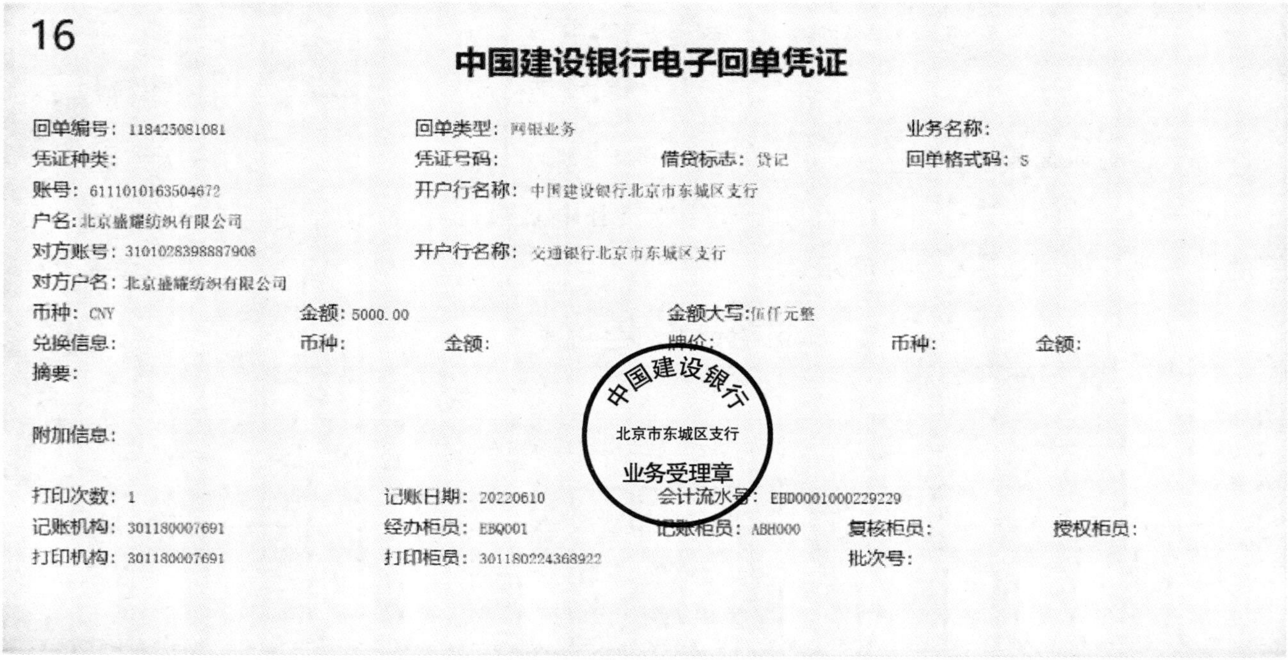

16

中国建设银行电子回单凭证

回单编号：118425081081　回单类型：网银业务　业务名称：
凭证种类：　凭证号码：　借贷标志：贷记　回单格式码：S
账号：6111010163504672　开户行名称：中国建设银行北京市东城区支行
户名：北京盛耀纺织有限公司
对方账号：3101028398887908　开户行名称：交通银行北京市东城区支行
对方户名：北京盛耀纺织有限公司
币种：CNY　金额：5000.00　金额大写：伍仟元整
兑换信息：　币种：　金额：　牌价：　币种：　金额：
摘要：
附加信息：
打印次数：1　记账日期：20220610　会计流水号：EBD0001000229229
记账机构：301180007691　经办柜员：EBQ001　记账柜员：ABH000　复核柜员：　授权柜员：
打印机构：301180007691　打印柜员：301180224368922　批次号：

图2-2-29　公司内部转账银行回单

企业提取备用金时，一般按照单位3～5天日常零星开支所需确定。边远地区和交通不便地区的开户单位的库存现金限额，可按多于5天、但不得超过15天的日常零星开支的需要确定。

企业取得现金后，其使用范围的相关规定如下：

（1）职工工资、津贴。

（2）个人劳务报酬。

（3）根据国家规定颁发给个人的科学技术、文化艺术、体育比赛等各种奖金。

（4）各种劳保、福利费用以及国家规定的对个人的其他支出。

（5）向个人收购农副产品和其他物资的价款。

（6）出差人员必须随身携带的差旅费。

（7）结算起点（1 000元）以下的零星支出。

（8）中国人民银行确定需要支付现金的其他支出。

在判别转款类业务时，应认清收款方和付款方的信息，明确资金的流向。

在财务共享服务中心平台录入规则下，录入转款业务时，应关注以下业务信息：票据编号、票据类型、收款账户、付款账户、业务类型、转款金额。

三、转款业务审核

财务共享服务中心转款业务的审核，需要重点审核以下几点：

（一）取现审核

确保企业账户中有一定金额的库存现金；审核现金支票是否认真填写支票的有关内容，如款项用途、取款金额、签发单位账号、收款人名称；审核是否加盖财务章和法定代表人名章；审核现金支票的收款人和签发人名称。

（二）存现审核

审核库存现金数额与现金日记账余额是否一致；审核现金账实、账账是否相符；审核有无白条顶库现象，有无超过银行所核定的库存现金限额；审核收款账户的户名、账号、开户行及转款金额是否正确。

（三）银行对银行账户转款审核

审核企业转款的内容、目的、金额、频次及合理性；审核收款账户、付款账户和转款金额。

任务实施

结合北京盛耀纺织有限公司会计收到现金支票存根的业务相关资料，该笔业务属于企业取现的账务处理，会计人员根据现金支票存根填制记账凭证，涉及的会计科目及填制操作如图2-2-30所示。

在财务共享服务中心中，录入会计录入北京盛耀纺织有限公司转款业务的操作如下：

第一步：单击系统左侧“影像管理系统”—“影像整理”，录入票据编号，在票据类型下拉菜单中选择“转款”，系统会自动显示“收款账户”“付款账户”项目，根据票据信息正确选择收、付款账户信息，如图2-2-31所示。

记账凭证

记字第：1 号　　日期：2022-06-03　　附单据：1 张

摘要	会计科目	借方金额	贷方金额
取现	1001 库存现金	10000.00	
取现	100201 银行存款 ------ 建设银行东城支行（4672）		10000.00
合计：		10000.00	10000.00

审核：　　过账：　　出纳：　　制单：

图 2-2-30　记账凭证

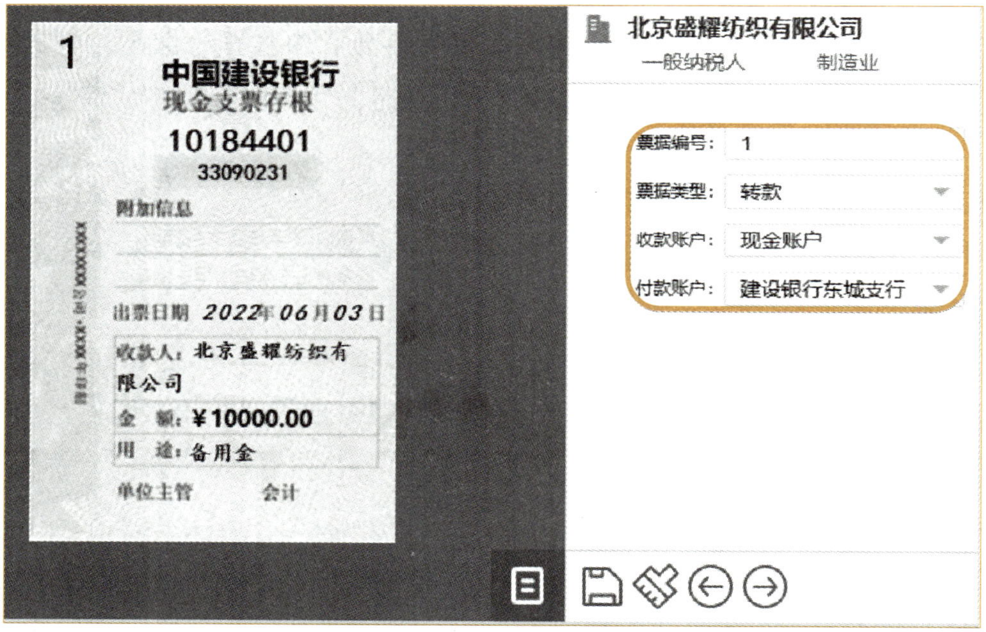

图 2-2-31　选择票据编号等信息

第二步：完成“影像整理”模块的录入工作后，单击系统左侧“智能凭证中心”。财务共享服务中心平台转款类票据的业务类型包括三种，分别是“银行转银行”“存现”“取现”。通常情况下，现金支票涉及“存/取现”业务，银行回单涉及

“银行转银行”业务。最后，根据票据上的金额，填写“转款金额”，即完成转款类票据录入的操作。如图2-2-32所示。

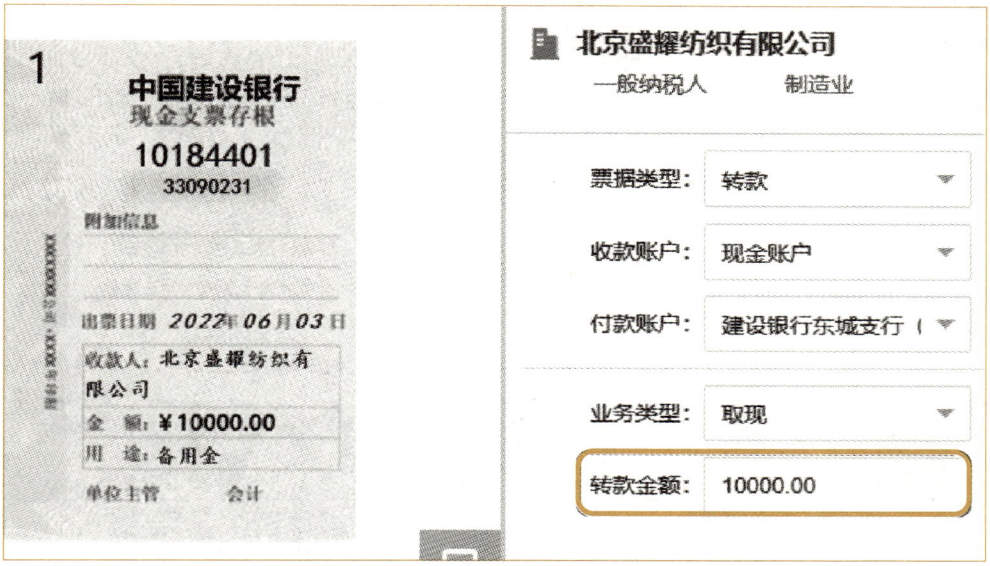

图2-2-32　填写转款金额

任务小结

存现是指企业将除核定的库存现金限额外的现金存入银行账户。

提现是企业、机关、事业单位或其他经济组织等向银行提取现金，拨付给内部单位或工作人员备作差旅费、零星采购、零星开支等用途的款项。

转账是指不直接使用现金，而是通过银行将款项从付款账户划转到收款账户完成货币收付的一种银行货币结算方式。当结算金额大、空间距离远时，使用转账结算，更安全、更快捷。

任务四　成本与费用业务录入与审核

案例引入

2022年2月28日，北京盛耀纺织有限公司业务往来单位北京同创广告有限公司会计编制销售成本计算表，如表2-2-10所示。

2022年6月15日，北京盛耀纺织有限公司会计收到增值税专用发票（现金结算），如图2-2-33所示。

表2-2-10　销售成本计算表

2022年2月28日　　　　金额单位：元

产品名称	期初结存		本期购入		本期领用		期末结存	
	数量	金额	数量	金额	数量	金额	数量	金额
雕塑	300	9 000	400	12 000	500	15 000	200	6 000
合计								

审核：黎铁心　　　　制单：唐博熊

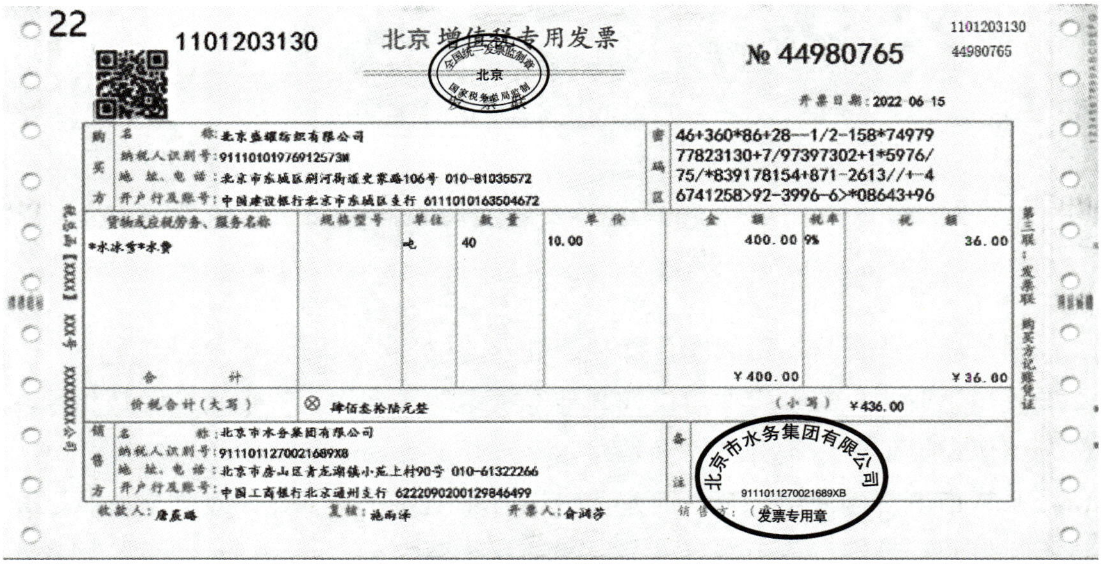

22　1101203130　北京增值税专用发票　№ 44980765　1101203130　44980765

开票日期：2022 06 15

购买方　名称：北京盛耀纺织有限公司
纳税人识别号：91110101976912573M
地址、电话：北京市东城区刷河街道史家路106号 010-81035572
开户行及账号：中国建设银行北京市东城区支行 6111010163504672

密码区：46+360*86+28--1/2-158*74979 77823130+7/97397302+1*5976/ 75/*839178154+871-2613//+-4 6741258>92-3996-6>*08643+96

货物或应税劳务、服务名称	规格型号	单位	数量	单价	金额	税率	税额
*水冰雪*水费		吨	40	10.00	400.00	9%	36.00
合计					¥400.00		¥36.00

价税合计（大写）⊗肆佰叁拾陆元整　（小写）¥436.00

销售方　名称：北京市水务集团有限公司
纳税人识别号：911101127002l689X8
地址、电话：北京市房山区青龙湖镇小苑上村90号 010-61322266
开户行及账号：中国工商银行北京通州支行 6222090200129846499

备注

收款人：詹辰璐　复核：施雨泽　开票人：俞润芬　销售方：（章）

第三联：发票联　购买方记账凭证

图2-2-33　增值税专用发票

根据以上业务资料，思考以下问题：

（1）该笔经济业务发生所涉及的会计科目有哪些？

（2）在财务共享服务中心平台中，成本费用业务的票据录入操作步骤是什么？

任务准备》》

一、成本业务处理

（一）成本业务账务处理

企业日常经营中离不开成本核算，特别是制造业企业更需要对料、工、费进行计算。一般成本业务的账务处理如表2-2-11所示。

表 2-2-11　成本业务账务处理

业务内容	会计分录
生成部门领用原材料和其他材料	借：生产成本——基本生产成本 　　　　　——辅助生产成本 　　制造费用 　贷：原材料——材料明细
职工薪酬归集分配	借：生产成本——基本生产成本 　　　　　——辅助生产成本 　　制造费用 　贷：应付职工薪酬
结转完工入库产品	借：库存商品——商品明细 　贷：生产成本
结转销售成本	借：主营业务成本 　贷：库存商品——商品明细

（二）成本业务票据录入

产品成本是为生产产品而发生的各种耗费的总和，通常是企业存货的主要构成内容。成本着重于按产品进行归集，一般以成本计算单、成本汇总表、产品入库单等为计算依据，如图 2-2-34 所示。

材料费用分配表

2019年10月31日　　金额单位：元

分配对象		成本或费用明细项目	直接计入金额	分配计入：定额耗用量	分配计入：分配率	分配计入：分配额	材料费用合计
基本生产成本	A产品	直接材料	2000.00	6.00	120.00000	720.00	2720.00
	B产品	直接材料	4500.00	5.20	120.00000	624.00	5124.00
	C产品	直接材料	3500.00	4.80	120.00000	576.00	4076.00
	小计		10000.00	16.00	——	1920.00	11920.00
辅助生产成本	修理车间	机物料消耗	750.00				750.00
	运输车间	机物料消耗	1250.00				1250.00
	小计		2000.00		——		2000.00
制造费用		机物料消耗	200.00				200.00
管理费用		机物料消耗	350.00				350.00
合　计			12550.00	——	——	1920.00	14470.00

会计主管：　　审核：　　制表：[illegible]

制造费用分配表

车间：基本生产车间　　2019年10月31日　　金额单位：元

分配对象	分配标准（工人工资）	分配率	分配金额
C1车床	201500.00	0.35500	71532.50
H1铣床	129000.00	0.35500	45795.00
合　计	330500.00	——	117327.50

会计主管：刘媛媛　　审核：李一清　　制表：吕小娟

材料费用分配表　　制造费用分配表

产品成本计算表

2019年10月31日

产品名称：C1车床　　完工产品200台　　金额单位：元

项目	直接材料	直接人工	制造费用	合　计
月初在产品成本				
本月生产费用	265000.00	201500.00	111200.00	577700.00
生产费用合计	265000.00	201500.00	111200.00	577700.00
月末在产品成本				
完工产品成本	265000.00	201500.00	111200.00	577700.00
完工产品单位成本	1325.00	1007.50	556.00	2888.50

会计主管：　　审核：　　制表：吕小娟

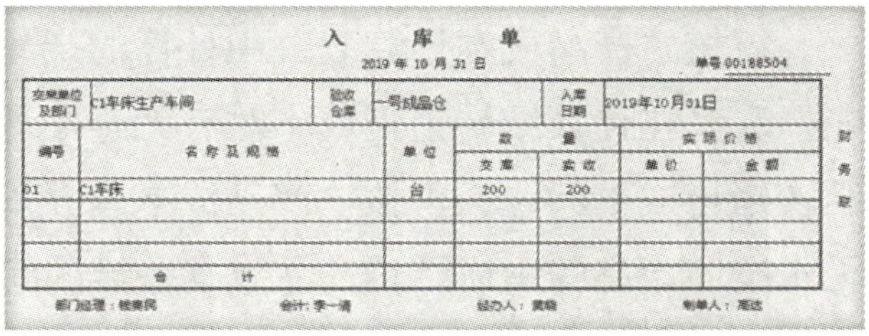

入　库　单

2019 年 10 月 31 日　　单号 00188504

交库单位及部门	C1车床生产车间	验收仓库	一号成品仓	入库日期	2019年10月31日	
编号	名称及规格	单位	数量：交库	数量：实收	实际价格：单价	实际价格：金额
01	C1车床	台	200	200		
合　计						

财务联

部门经理：[illegible]　　会计：李一清　　经办人：[illegible]　　制单人：[illegible]

产品成本计算表　　入库单

图 2-2-34　成本类票据

不同行业产品的成本核算内容也不尽相同。加工制造业企业的产品成本归集与分配，通过产品成本明细表按照成本项目归集相应的生产费用，将当月发生的生产成本，加上月初在产品成本，在完工产品和月末在产品之间进行分配，以求得本月完工产品成本。

本月完工产品成本＝本月发生生产成本＋月初在产品成本－月末在产品成本

分配生产费用时应结合企业的生产特点、在产品数量的多少、各月在产品数量变化的大小，以及定额管理基础的好坏等具体条件。

而商品流通企业直接依据进销存计算表，结转销售商品成本。大多数小微企业，由于购进商品品种繁多，单位价值又不是很高，所以，一般在“库存商品”总账下不会设置二级明细进行核算。

需要注意的是，部分服务行业不涉及成本结转，而是在成本发生时直接计入“主营业务成本——服务成本”科目，因此，在票据分类上归属于采购类票据。

因此，录入会计在录入成本类票据前，应先判断企业的行业类型以及业务类型，从票据信息获取成本金额。

在财务共享服务中心平台录入规则下，录入成本业务时，应关注以下业务信息：票据编号、票据类型、业务类型、成本金额。

（三）成本业务审核

在实务工作中，成本业务的审核需要重点把握以下两点：

1. 产品制造成本的审核

对于生产费用分配，审核企业采用的分配标准、应分配的金额和分配率等是否正确；对于在产品成本计算审核在产品数量和计算方法；对于产成品成本计算审核生产计划、成本核算的方法、审核生产统计报表和生产成本计算表单等内容；对于产品成本计算审核完工产品的成本是否正确、真实，重点是检查本期发生的成本分配是否合理。

2. 主营业务成本的审核

审核“产品成本计算表”中计算的产品成本是否正确；审核“库存商品”明细账，看其在计算结转销售成本时有无金额计算错误，若出现赤字现象，可能存在多结转销售成本问题；审核“产品成本差异”明细账，看在计算结转销售成本时，有无未按照产品的用途结转产品成本差异的问题。

二、费用业务处理

（一）费用业务账务处理

费用业务主要是企业在生产和经营过程中发生的期间费用，包括销售费用、管理费用和财务费用，其主要账务处理如表2-2-12所示。

表2-2-12　费用业务账务处理

业务内容	会计分录
销售费用，主要包括销售部门的职工薪酬、差旅费、办公费、修理费、折旧费，以及在销售过程中所发生的广告费、展览费、运输费、保险费和不单独计价的包装物成本等	借：销售费用——费用明细 贷：库存现金/银行存款等
管理费用，主要包括管理部门的职工薪酬、差旅费、办公费、折旧费、董事会费，以及筹办期间的开办费和统一负担的诉讼费、咨询费等	借：管理费用——费用明细 贷：库存现金/银行存款等
财务费用，主要包括短期借款的利息支出，不符合资本化条件的长期借款经营期间的利息支出，办理银行承兑汇票等手续费、贴现利息的支出，以及汇兑损失等	借：财务费用——费用明细 贷：应付利息等

（二）费用业务票据录入

费用报销过程中，常见的原始凭证有差旅费报销单、费用报销单、增值税专用发票、增值税普通发票（发票联）、增值税电子普通发票、定额发票等，如图2-2-35所示。

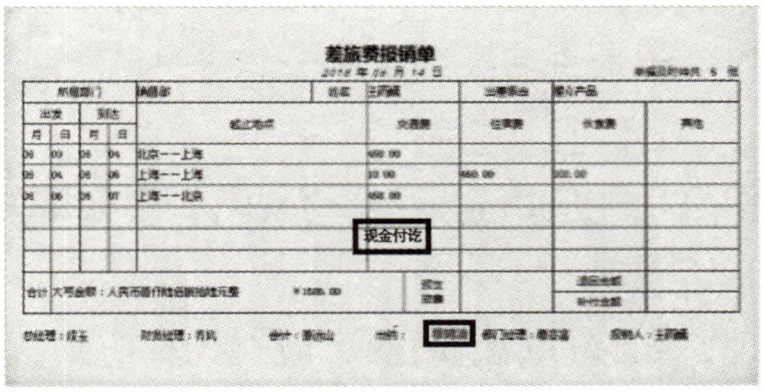
差旅费报销单
现金付讫

差旅费报销单

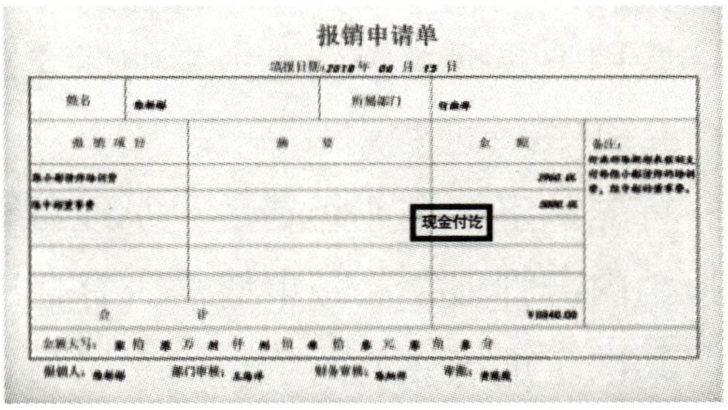
报销申请单
现金付讫

费用报销单

发票代码：211001301109
发票号码：41453472
手写无效

增值税普通发票(发票联)

国家税务总局北京市税务局通用定额发票
发票联
发票代码 132011890120
发票号码 07350587
壹 元 整
（加盖发票专用章有效）
北京智美百货有限公司
911101017802273122
发票专用章

定额发票

图2-2-35　费用类票据

根据《国家税务总局关于增值税发票开具有关问题的公告》，从2017年7月1日起，对开具汇总办公用品、宣传品、印刷品等发票进行了严格的规定：必须附上由税控系统开出的《销售货物或者提供应税劳务清单》，并加盖发票专用章。否则，为不合规票据，不得在企业所得税前扣除。

另外，《发票管理办法及实施细则》中有明确规定，发票的要素包括：商品名称、数量、单价、金额等内容。

录入会计判别费用类票据时，应重点关注发票的类别、费用的实际受益主体、购买方的性质等。费用类票据的归属分为以下几种情况：费用报销单和差旅费报销单，凭票据内容或费用用途可以清楚判断出具体属于哪一类费用。除了内部票据代表企业发生了费用，还可以通过发票联的开票内容判断费用明细。

需要注意的是，按照财务共享服务中心固有的记账规则，费用类票据只包括销售费用和管理费用，区别于信息化账务处理模式。

根据记账模型，录入会计录入费用业务时，票据编号、票据类型、现金结算、现金金额与前面几类票据的录入相同，此处不再赘述。而业务类型、部门、往来单位、费用详情、发票抵扣等录入略有区别。

（三）费用业务审核

财务共享服务中心费用业务的审核，需要重点把握业务发生的真实性、合法性，费用类票据是否满足报销的标准，录入金额是否与发票金额一致。

1. 审核管理费用

首先，审核企业经费是否系经营管理中发生或应由企业统一负担，审核相关费用报销内部管理办法，审核是否有合法的原始凭证。

其次，审核业务招待费的支出是否合理，如超过规定限额，应在计算应纳税所得额时调整。

再次，审核差旅费支出是否符合企业开支标准及报销手续；审核中介机构费和咨询费是否按合同规定支付费用，是否涉及诉讼及赔偿款项支出。

最后，审核无形资产的摊销额和筹建期间内发生的开办费核算是否符合规定，筹建期间发生的开办费是否直接计入管理费用。

2. 审核销售费用

首先，审核企业广告费、宣传费、业务招待费和销售佣金的支出是否合理，审批手续是否健全，是否取得了有效的原始凭证。

其次，将销售费用中的工资、折旧等与相关的资产、负债科目核对，审核其勾稽关系的合理性。

最后，审核销售费用数与总账数、报表数和明细账合计数是否相符。

任务实施

在财务共享服务中心中，结合北京盛耀纺织有限公司业务往来单位北京同创广告有限公司会计编制销售成本计算表业务情况，录入会计录入北京同创广告有限公司成本业务的操作如下：

第一步：单击系统左侧“影像管理系统”—“影像整理”，录入票据编号，在票据类型下拉菜单中选择“成本”，如图2–2–36所示。

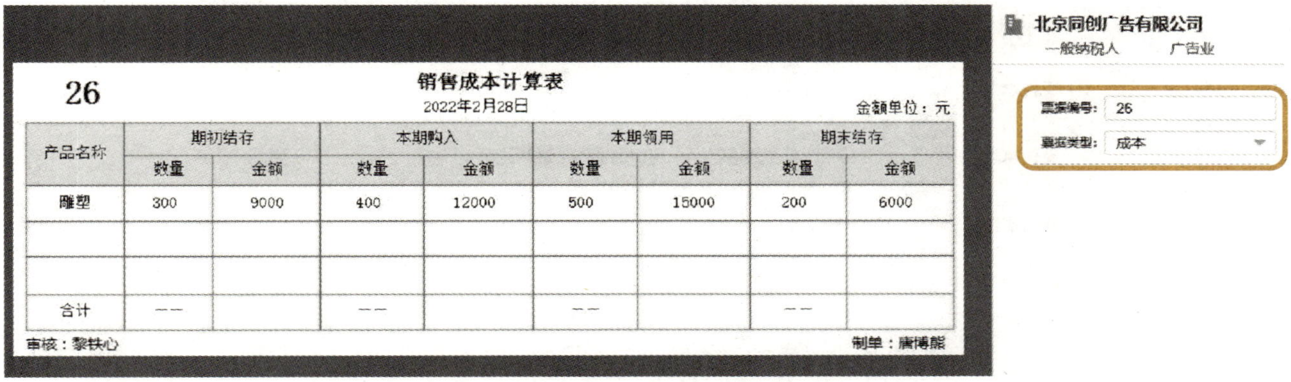

产品名称	期初结存		本期购入		本期领用		期末结存	
	数量	金额	数量	金额	数量	金额	数量	金额
雕塑	300	9000	400	12000	500	15000	200	6000
合计	——		——		——		——	

图2–2–36　选择票据编号等信息

第二步：单击系统右侧“业务类型”下拉菜单，根据材料的名称，判断选择业务类型。系统内置的业务类型包括原材料结转和库存商品结转。

选择“业务类型”后，系统会自动显示“成本金额”项目，根据表中的本期领用金额合计，录入“成本金额”，如图2–2–37所示。

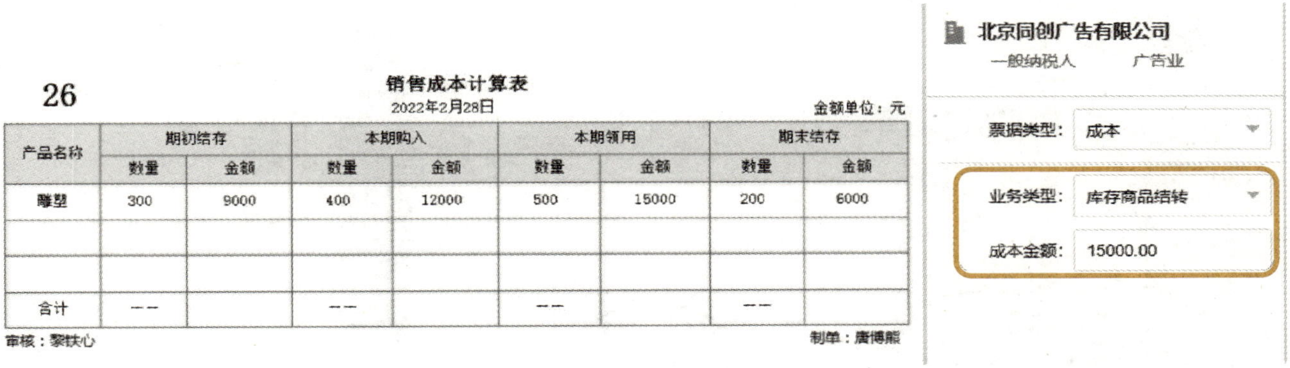

产品名称	期初结存		本期购入		本期领用		期末结存	
	数量	金额	数量	金额	数量	金额	数量	金额
雕塑	300	9000	400	12000	500	15000	200	6000
合计	——		——		——		——	

图2–2–37　录入成本金额

结合北京盛耀纺织有限公司相关发展资料，该笔业务属于企业支付水费的账务处理，会计人员根据增值税专用发票填制记账凭证，涉及的会计科目和相关操作如图2–2–38所示。

在财务共享服务中心中，录入会计录入北京盛耀纺织有限公司成本业务的操作如下：

第一步：单击系统左侧“影像管理系统”—“影像整理”，录入票据编号，在票据类型下拉菜单中选择“费用”，系统会自动显示“现金结算”“现金金额”项目，如图2–2–39所示。

记账凭证

记字第：1 号　　日期：2022-06-15　　附单据：1 张

摘要	会计科目	借方金额	贷方金额
支付水费	660201 管理费用 ------- 水电费	400.00	
支付水费	22210101 应交税费 ——— 应交增值税（进项税额）	36.00	
支付水费	1001 库存现		436.00
合计：		436.00	436.00

审核：　　过账：　　出纳：　　制单：

图 2-2-38　记账凭证

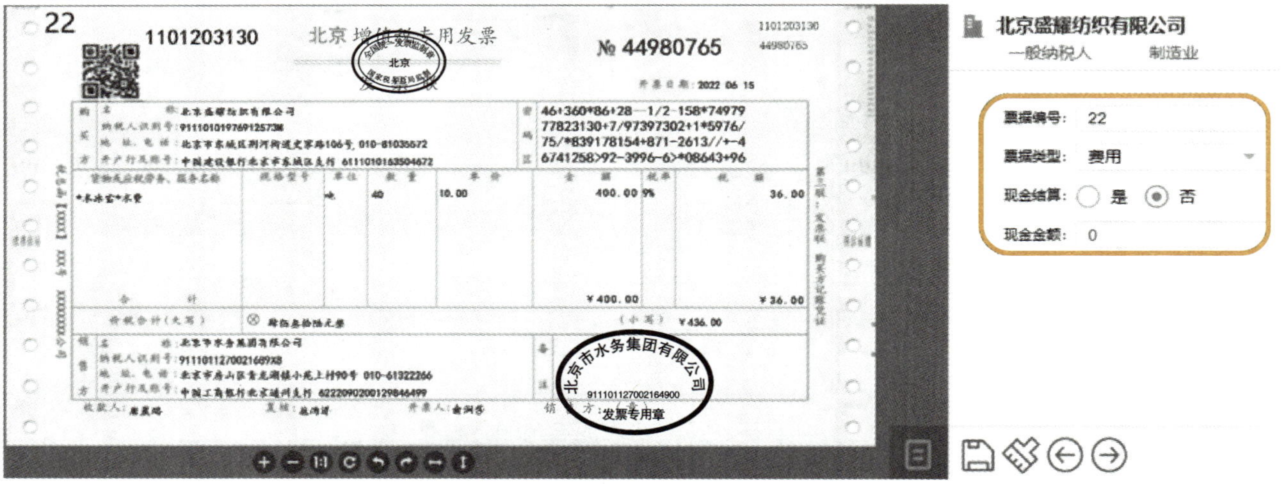

图 2-2-39　完善现金金额信息

第二步：单击“业务类型”下拉菜单，选择“期间费用”。根据受益原则，判断费用承担部门是管理部门还是销售部门。系统会自动显示部门、费用详情、发票抵扣、未税金额、税率、税额、价税合计项目，如图 2-2-40 所示。

第三步：单击“部门”下拉菜单，选择“管理部”，单击“费用详情”下拉菜单，根据票据信息选择费用详情，单击“发票抵扣”下拉菜单，选择发票类型，最后，根据票据信息填写未税金额，系统会自动计算出税额、价税合计，如

图 2-2-41 所示。

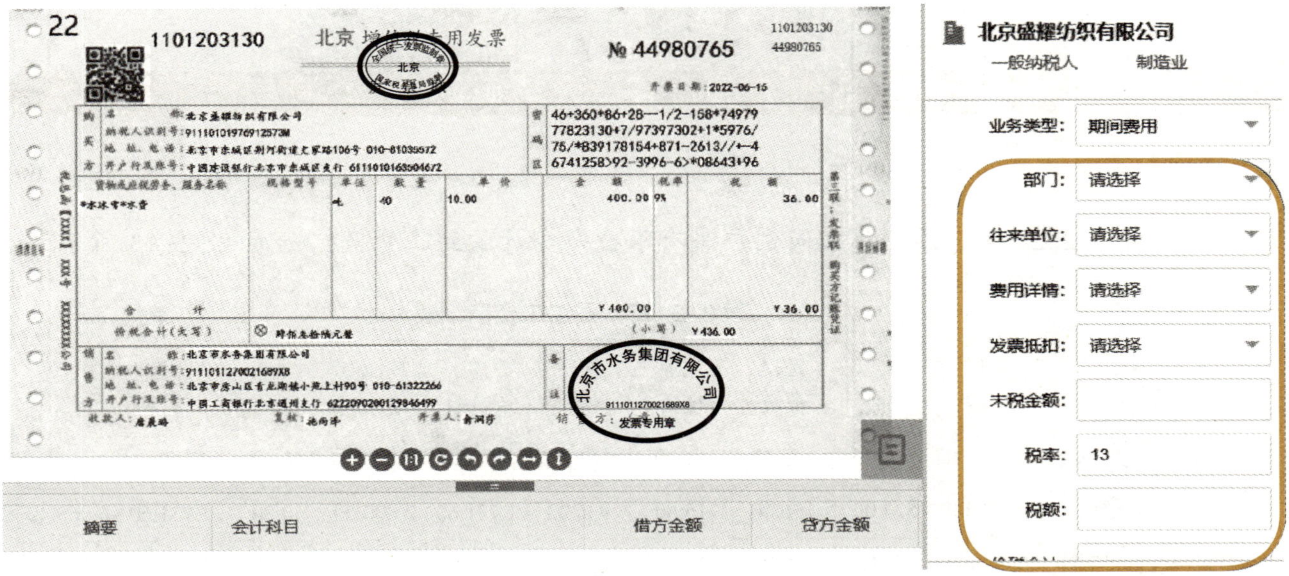

图 2-2-40　选择业务类型选项中期间费用项目

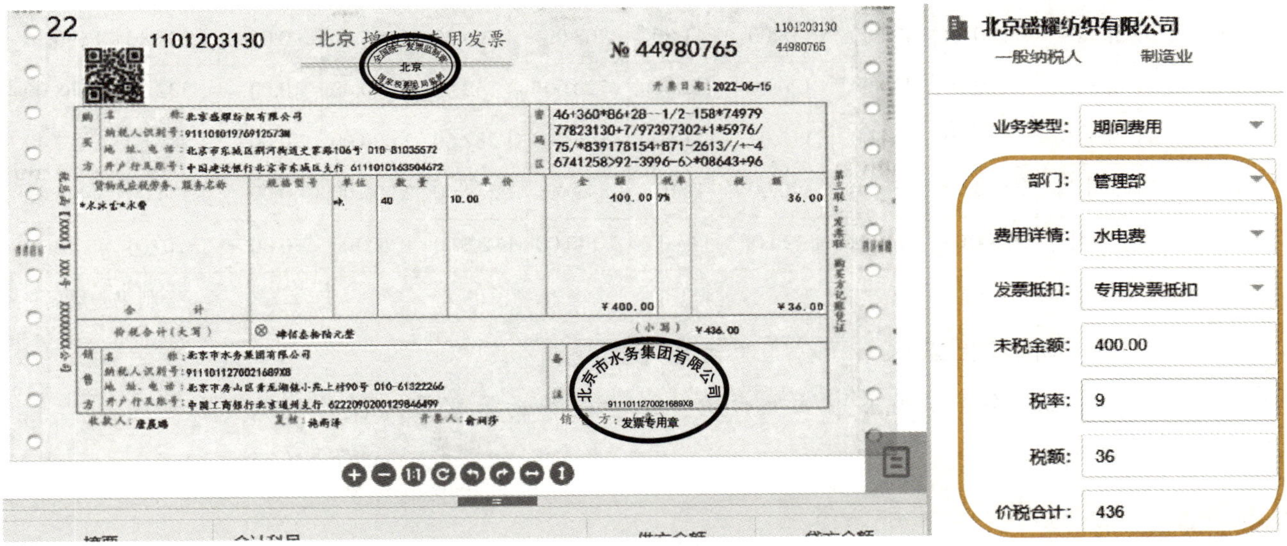

图 2-2-41　完善期间费用相关明细信息

任务小结

成本费用是指在生产经营中所发生的各种资金耗费。企业的总成本费用是指在产品经营中所耗费的资金总和。在企业经营活动中，会涉及多个部门和业务，需要按照各自的经营范围进行成本和费用的分担。经营活动相关部门的费用应当由该部门承担，避免成本和费用的重复计算，影响企业的经营效益。在进行成本计算时，应该根据企业的生产特点和管理要求，选择合适的成本计算方法确定产品的成本。

只有这样，企业才能更好地了解其支出情况，并为管理决策提供有益的参考。

任务五 工资业务录入与审核

案例引入

2022 年 2 月，北京同创广告有限公司会计收到工资表，如表 2-2-13 所示。

表2-2-13 员工工资明细表　　单位：元

姓名	应付工资	养老保险	医疗保险	失业保险	住房公积金	三险一金合计	其他专项扣除	个人所得税	扣款合计	实发工资
赵越秀	9 500.00	760.00	190.00	19.00	1 140.00	2 109.00	3 000.00	0.00	2 109.00	7 391.00
黎铁心	7 800.00	624.00	156.00	15.60	936.00	1 731.60	2 000.00	0.00	1 731.60	6 068.40
唐博熊	6 000.00	480.00	120.00	12.00	720.00	1 332.00	2 000.00	0.00	1 332.00	4 668.00
马天域	5 500.00	440.00	110.00	11.00	660.00	1 221.00	2 000.00	0.00	1 221.00	4 279.00
王浙英	6 000.00	480.00	120.00	12.00	720.00	1 332.00	2 000.00	0.00	1 332.00	4 668.00
张离含	5 900.00	472.00	118.00	11.80	708.00	1 309.80	2 000.00	0.00	1 309.80	4 590.20
陈室杰	6 000.00	480.00	120.00	12.00	720.00	1 332.00	2 000.00	0.00	1 332.00	4 668.00
陆志荀	5 800.00	464.00	116.00	11.60	696.00	1 287.60	2 000.00	0.00	1 287.60	4 512.40
王中杰	7 000.00	560.00	140.00	14.00	840.00	1 554.00	2 000.00	0.00	1 554.00	5 446.00
合计	59 500.00	4 760.00	1 190.00	119.00	7 140.00	13 209.00	19 000.00	0.00	13 209.00	46 291.00

审核：黎铁心　　制单：唐博熊

请根据上述业务资料，思考以下问题：

在财务共享服务中心平台中，工资业务的票据录入操作步骤是什么？

任务准备

一、工资业务账务处理

工资是企业职工薪酬的重要组成部分，也是产品成本的计算内容及企业进行各种费用计提的基础。工资核算是每个单位财务部门的基本业务之一，是一项重要的经常性工作，关系到每个职工的切身利益。工资业务的主要账务处理如表 2-2-14 所示：

表2-2-14　工资业务账务处理

业务内容	会计分录
计提工资	借：管理费用——职工薪酬（工资） 销售费用——职工薪酬（工资） 生产成本——直接人工 制造费用——工资 贷：应付职工薪酬——工资
发放职工工资	借：应付职工薪酬——工资 贷：银行存款
结转个人缴纳的社会保险费和住房公积金	借：应付职工薪酬——工资 贷：其他应付款——社会保险 其他应付款——住房公积金 应交税费——应交个人所得税

二、工资业务票据录入

通常情况下，企业支付员工工资，需由人力资源部门根据员工的考勤记录、工时记录、产量记录、工资标准等，提供工资明细表，再由财务部门进行工资汇总、结算等。实务中，工资类票据有工资汇总表、工资明细表等，如图2-2-42所示：

北京金星实业有限公司职工薪酬汇总表

2019年8月

单位：元

一级部门	项目	应发工资	工会经费	公司承担社保费	公司承担住房公积金	总薪酬
管理部门	管理费用	140370.00	2807.40	21183.60	9144.00	173505.00
销售部门	销售费用	58200.00	1164.00	8473.44	3657.60	71495.04
仓管部门	制造费用	26800.00	536.00	5648.96	2438.40	35423.36
渔具生产车间（管理人员）	制造费用	20000.00	400.00	2824.48	1219.20	24443.68
水泵生产车间（管理人员）	制造费用	9500.00	190.00	1412.24	609.60	11711.84
渔具生产车间（生产人员）	生产成本	110300.00	2206.00	32481.52	14020.80	159008.32
水泵生产车间（生产人员）	生产成本	85500.00	1710.00	21183.60	9144.00	117537.60
合计		450670.00	9013.40	93207.84	40233.60	593124.84

审核：黄欣　　制表：张保金

工资汇总表

2019年8月工资明细表

编制单位：北京金星实业有限公司　　单位：元

部门	姓名	基本工资	奖金	满勤奖	应发工资	养老保险 个人（8%）	养老保险 公司（16%）	医疗保险 个人（2%+3）	医疗保险 公司（10%）	失业保险 个人（0.2%）	失业保险 公司（0.8%）	工伤保险 个人（0%）	工伤保险 公司（0.2%）	生育保险 个人（0%）	生育保险 公司（0.8%）
总经理	陈子阳	25000.00	1300.00	0.00	26300.00	406.40	812.80	104.60	508.00	10.16	40.64	0.00	10.16	0.00	40.64
	赵欧	5000.00	420.00	0.00	5420.00	406.40	812.80	104.60	508.00	10.16	40.64	0.00	10.16	0.00	40.64
人力行政部小计					25080.00	1219.20	2438.40	313.80	1524.00	30.48	121.92	0.00	30.48	0.00	121.92
总账会计	黄欣	7500.00	1500.00	100.00	9100.00	406.40	812.80	104.60	508.00	10.16	40.64	0.00	10.16	0.00	40.64
成本会计	卢鹏峰	6500.00	1300.00	100.00	7900.00	406.40	812.80	104.60	508.00	10.16	40.64	0.00	10.16	0.00	40.64
存货会计	江英	6000.00	1200.00	100.00	7300.00	406.40	812.80	104.60	508.00	10.16	40.64	0.00	10.16	0.00	40.64
往来会计	张娟	6000.00	1200.00	100.00	7300.00	406.40	812.80	104.60	508.00	10.16	40.64	0.00	10.16	0.00	40.64
销售会计	王静	6500.00	1300.00	100.00	7900.00	406.40	812.80	104.60	508.00	10.16	40.64	0.00	10.16	0.00	40.64
固定资产会计	何小宝	5500.00	1100.00	100.00	6700.00	406.40	812.80	104.60	508.00	10.16	40.64	0.00	10.16	0.00	40.64
投资核算会计	李霞	7000.00	1400.00	100.00	8500.00	406.40	812.80	104.60	508.00	10.16	40.64	0.00	10.16	0.00	40.64
薪酬会计	张保金	5000.00	1000.00	100.00	6100.00	406.40	812.80	104.60	508.00	10.16	40.64	0.00	10.16	0.00	40.64
资金会计	李立华	5000.00	450.00	100.00	5550.00	406.40	812.80	104.60	508.00	10.16	40.64	0.00	10.16	0.00	40.64
出纳	李亮	5000.00	300.00	100.00	5400.00	406.40	812.80	104.60	508.00	10.16	40.64	0.00	10.16	0.00	40.64
财务部小计					71750.00	4064.00	8128.00	1046.00	5080.00	101.60	406.40	0.00	101.60	0.00	406.40

部门	姓名	社保合计 个人	社保合计 公司	住房公积金 个人（12%）	住房公积金 公司（12%）	累计收入 ①	累计减除费用 ②	累计专项扣除 ③	累计专项附加扣除 ④	累计应纳税所得额 ⑤	累计应纳税额 ⑥	累计已缴税额 ⑦	本月应补（退）税额 ⑧	实发工资
总经理	陈子阳	521.16	1412.24	609.60	609.60	210400.00	40000.00	9046.08	16000.00	145353.92	12150.78	10198.47	1952.31	23216.93
	赵欧	521.16	1412.24	609.60	609.60	43380.00	40000.00	9046.08	8000.00	0.00	0.00	0.00	0.00	4289.24
人力行政部小计		1563.48	4236.72	1828.80	1828.80									19564.24
总账会计	黄欣	521.16	1412.24	609.60	609.60	72800.00	40000.00	9046.08	8000.00	15753.92	472.62	413.54	59.08	7910.16
成本会计	卢鹏峰	521.16	1412.24	609.60	609.60	63200.00	40000.00	9046.08	16000.00	0.00	0.00	0.00	0.00	6769.24
存货会计	江英	521.16	1412.24	609.60	609.60	58400.00	40000.00	9046.08	12000.00	0.00	0.00	0.00	0.00	6169.24
往来会计	张娟	521.16	1412.24	609.60	609.60	58400.00	40000.00	9046.08	12000.00	0.00	0.00	0.00	0.00	6169.24
销售会计	王静	521.16	1412.24	609.60	609.60	63200.00	40000.00	9046.08	16000.00	0.00	0.00	0.00	0.00	6769.24
固定资产会计	何小宝	521.16	1412.24	609.60	609.60	53600.00	40000.00	9046.08	8000.00	0.00	0.00	0.00	0.00	5569.24
投资核算会计	李霞	521.16	1412.24	609.60	609.60	68000.00	40000.00	9046.08	27200.00	0.00	0.00	0.00	0.00	7369.24
薪酬会计	张保金	521.16	1412.24	609.60	609.60	48800.00	40000.00	9046.08	0.00	0.00	0.00	0.00	0.00	4969.24
资金会计	李立华	521.16	1412.24	609.60	609.60	44400.00	40000.00	9046.08	4000.00	0.00	0.00	0.00	0.00	4419.24
出纳	李亮	521.16	1412.24	609.60	609.60	43200.00	40000.00	9046.08	4000.00	0.00	0.00	0.00	0.00	4269.24
财务部小计		5211.60	14122.40	6096.00	6096.00									60583.32

工资明细表

图2-2-42　工资类票据

企业员工工资的组成部分包括：工资、加班费、奖金、职工福利费、社会保险费、住房公积金、职工教育经费、工会经费等，其中，社会保险费指养老保险、医疗保险、失业保险、工伤保险、生育保险，养老保险、医疗保险和失业保险是由企业和个人共同缴纳的，工伤保险和生育保险由企业全部承担。自2019年3月25日起，生育保险基金并入职工基本医疗保险基金，统一征缴，统筹层次一致。按照用人单位参加生育保险和职工基本医疗保险的缴费比例之和确定用人单位职工基本医疗保险费率。社会保险的月缴费基数一般是按照职工上年度全年工资的月平均值来确定的，每年确定一次，且一旦确定以后，一年内不再变动。

根据《中华人民共和国企业所得税法实施条例》第四十条规定，企业发生的职工福利费支出，不超过工资薪金总额14%的部分，准予扣除。大中型企、事业单位，为了均衡费用，职工福利费应当在实际发生时根据实际发生额计入当期损益或相关资产成本。

对于一些中小微企业来说，企业本身员工人数较少，大部分职员不需要缴纳个人所得税，与一些大公司比起来薪资表结构相对简单。

录入会计收到工资类票据时，应学会从票据中获取数据，比如本月应发员工工资是多少，实发员工工资是多少，代扣社保费金额是多少等。

三、工资业务审核

财务共享中心工资业务的审核，应重点把握以下几点：

首先，审核企业职工人数、薪酬标准是否存在异常。

其次，审核工资支出凭证。检查企业的人员花名册、考勤表、工资明细账和计算表，审核工资发放凭证与银行代发工资卡等凭证资料的数据是否对应无差异。

再次，审核企业应付职工薪酬账户与实付工资总额是否对应，审核各种津贴、补贴、奖金的发放是否正确。

最后，利用金税三期系统和社保系统，审核工资表中人员与企业缴纳社保人员在数量上是否存在较大差异；审核社会保险和公积金金额是否与实际上缴情况一致；并对企业申报个人所得税人员的比例和收入情况实施核查。

根据记账模型，录入会计录入工资业务时，票据编号、票据类型、现金结算、现金金额与前面几类票据的录入相同，此处不再赘述。而业务类型、应发工资、代扣社保、代扣公积金、代扣个税、实发工资等录入略有区别。

任务实施

根据北京同创广告有限公司会计收到工资表的经济业务，在财务共享服务中心中，录入会计录入北京同创广告有限公司工资业务的操作如下：

第一步：单击系统左侧“影像管理系统”—“影像整理”，录入票据编号，在票据类型下拉菜单中选择“工资”，系统会自动显示“现金结算”“现金金额”项目，如图2-2-43所示。

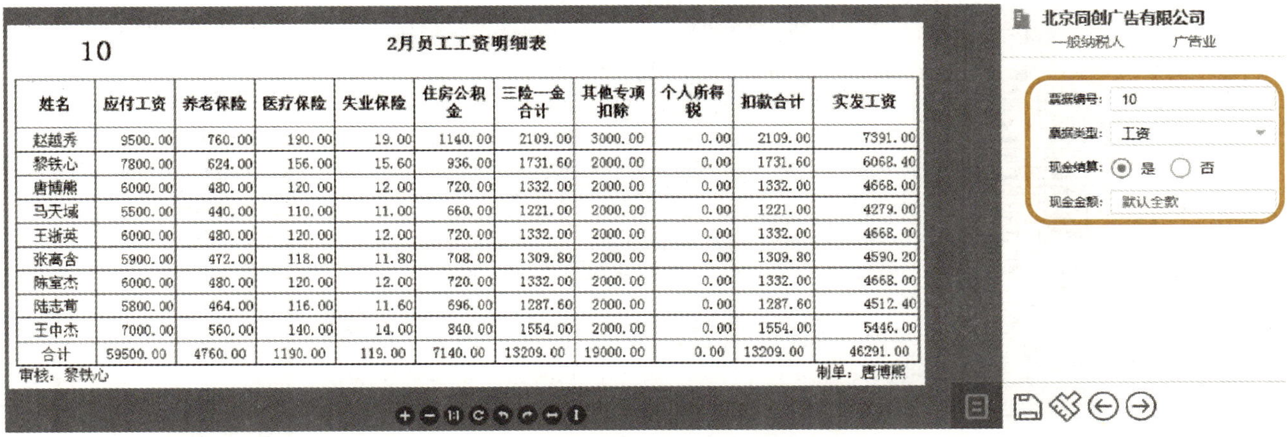

10

2月员工工资明细表

姓名	应付工资	养老保险	医疗保险	失业保险	住房公积金	三险一金合计	其他专项扣除	个人所得税	扣款合计	实发工资
赵越秀	9500.00	760.00	190.00	19.00	1140.00	2109.00	3000.00	0.00	2109.00	7391.00
黎铁心	7800.00	624.00	156.00	15.60	936.00	1731.60	2000.00	0.00	1731.60	6068.40
唐博熊	6000.00	480.00	120.00	12.00	720.00	1332.00	2000.00	0.00	1332.00	4668.00
马天域	5500.00	440.00	110.00	11.00	660.00	1221.00	2000.00	0.00	1221.00	4279.00
王浙英	6000.00	480.00	120.00	12.00	720.00	1332.00	2000.00	0.00	1332.00	4668.00
张嵩含	5900.00	472.00	118.00	11.80	708.00	1309.80	2000.00	0.00	1309.80	4590.20
陈室杰	6000.00	480.00	120.00	12.00	720.00	1332.00	2000.00	0.00	1332.00	4668.00
陆志莆	5800.00	464.00	116.00	11.60	696.00	1287.60	2000.00	0.00	1287.60	4512.40
王中杰	7000.00	560.00	140.00	14.00	840.00	1554.00	2000.00	0.00	1554.00	5446.00
合计	59500.00	4760.00	1190.00	119.00	7140.00	13209.00	19000.00	0.00	13209.00	46291.00

审核：黎铁心　　制单：唐博熊

图2-2-43　录入票据编号和选择票据类型

第二步：单击系统右侧“业务类型”下拉菜单，根据给出的票据信息，判断选择业务类型。系统内置的业务类型包括工资、奖金/补贴。选择“业务类型”后，系统会自动显示“往来单位”“应发工资”“代扣公积金”“代扣个税”“实发工资”项目，不同的选择会影响系统是否自动显示“代扣社保”项目，如图2-2-44所示。

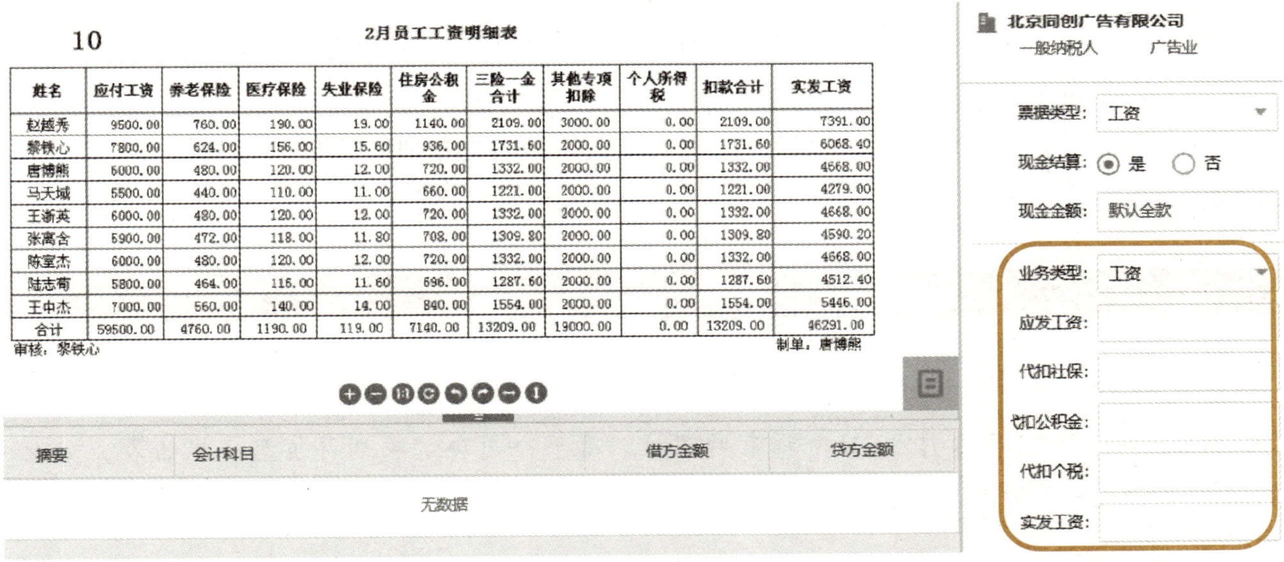

10

2月员工工资明细表

姓名	应付工资	养老保险	医疗保险	失业保险	住房公积金	三险一金合计	其他专项扣除	个人所得税	扣款合计	实发工资
赵越秀	9500.00	760.00	190.00	19.00	1140.00	2109.00	3000.00	0.00	2109.00	7391.00
黎铁心	7800.00	624.00	156.00	15.60	936.00	1731.60	2000.00	0.00	1731.60	6068.40
唐博熊	6000.00	480.00	120.00	12.00	720.00	1332.00	2000.00	0.00	1332.00	4668.00
马天域	5500.00	440.00	110.00	11.00	660.00	1221.00	2000.00	0.00	1221.00	4279.00
王浙英	6000.00	480.00	120.00	12.00	720.00	1332.00	2000.00	0.00	1332.00	4668.00
张嵩含	5900.00	472.00	118.00	11.80	708.00	1309.80	2000.00	0.00	1309.80	4590.20
陈室杰	6000.00	480.00	120.00	12.00	720.00	1332.00	2000.00	0.00	1332.00	4668.00
陆志莆	5800.00	464.00	116.00	11.60	696.00	1287.60	2000.00	0.00	1287.60	4512.40
王中杰	7000.00	560.00	140.00	14.00	840.00	1554.00	2000.00	0.00	1554.00	5446.00
合计	59500.00	4760.00	1190.00	119.00	7140.00	13209.00	19000.00	0.00	13209.00	46291.00

审核：黎铁心　　制单：唐博熊

图2-2-44　填写业务类型等信息

第三步：根据工资表中的应付工资金额合计，录入“应发工资”；根据表中代扣的养老保险、医疗保险、失业保险的金额相加，录入“代扣社保”项目；根据代扣住房公积金金额合计，录入“代扣公积金”项目；根据代扣个人所得税金额合计，录入“代扣个税”项目；完成以上几个项目的录入，系统会自动计算出“实发工资”项目的金额，如图2-2-45所示。

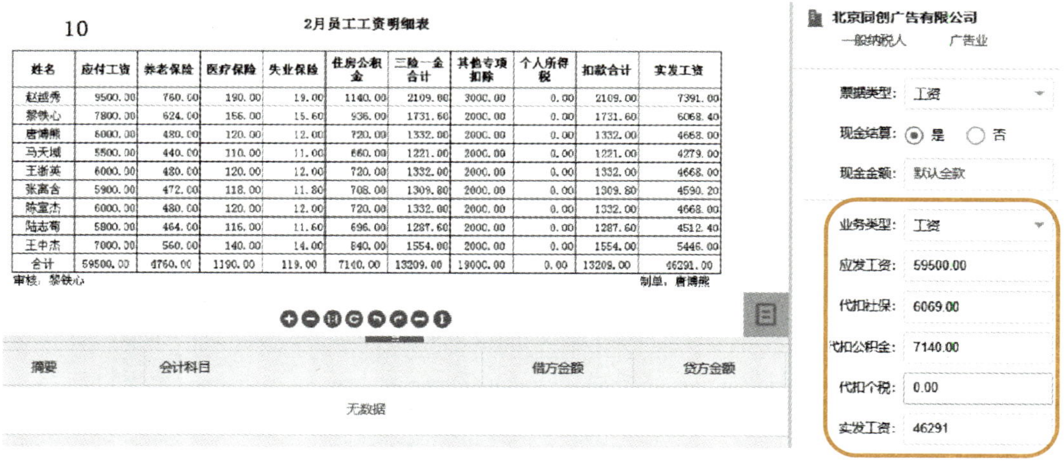

10

2月员工工资明细表

姓名	应付工资	养老保险	医疗保险	失业保险	住房公积金	三险一金合计	其他专项扣除	个人所得税	扣款合计	实发工资
赵越秀	9500.00	760.00	190.00	19.00	1140.00	2109.00	3000.00	0.00	2109.00	7391.00
黎铁心	7800.00	624.00	156.00	15.60	936.00	1731.60	2000.00	0.00	1731.60	6068.40
唐博熊	6000.00	480.00	120.00	12.00	720.00	1332.00	2000.00	0.00	1332.00	4668.00
马天垭	5500.00	440.00	110.00	11.00	660.00	1221.00	2000.00	0.00	1221.00	4279.00
王渐英	6000.00	480.00	120.00	12.00	720.00	1332.00	2000.00	0.00	1332.00	4668.00
张嵩含	5900.00	472.00	118.00	11.80	708.00	1309.80	2000.00	0.00	1309.80	4590.20
陈室杰	6000.00	480.00	120.00	12.00	720.00	1332.00	2000.00	0.00	1332.00	4668.00
陆志菊	5800.00	464.00	116.00	11.60	696.00	1287.60	2000.00	0.00	1287.60	4512.40
王中杰	7000.00	560.00	140.00	14.00	840.00	1554.00	2000.00	0.00	1554.00	5446.00
合计	59500.00	4760.00	1190.00	119.00	7140.00	13209.00	19000.00	0.00	13209.00	46291.00

审核：黎铁心　　制单：唐博熊

图2-2-45　填写应发工资等信息

任务小结

工资是职工获得工作报酬的主要途径，职工工资的计算关系到职工的切身利益，因此要做好职工工资核算工作。

录入工资应注意下列事项：

（1）在录入工资信息时，应确保工资信息的准确性，以免出现错误。

（2）在录入工资信息时，应根据具体情况选择合适的工资类型，以确保工资发放准确无误。

（3）在录入工资信息时，应确保工资发放日期准确，以便及时发放工资。

任务六　其他业务录入与审核

案例引入

2022年6月30日，北京盛耀纺织有限公司会计收到存货盘点报告表，如表2-2-15所示。

表2-2-15　存货盘点报告表

2022年6月30日

企业名称：北京盛耀纺织有限公司

存货类别	存货名称	计量单位	单价	数量		盈余		亏损		盈亏原因
				账存	实存	数量	金额/元	数量	金额/元	
原材料	涤纶丝	kg	（略）	55 000.000 0	54 500.000 0					正在调查中

续表

存货类别	存货名称	计量单位	单价	数量		盈余		亏损		盈亏原因
				账存	实存	数量	金额/元	数量	金额/元	
原材料	棉纱	kg	（略）	98 900.069 4	95 900.069 4					正在调查中

备注：金额保留两位小数

审核人：赵驰鉴　　监盘人：范瑞弘　　盘点人：罗康才

请根据上述业务资料，思考以下问题：

该笔经济业务的录入操作步骤有哪些？

任务准备

一、其他业务账务处理

（一）固定资产业务账务处理

固定资产是企业资产的重要组成部分，固定资产管理是否完善、核算是否正确，不仅关系到企业资产的安全性，而且也影响到成本费用乃至利润计算的正确性。其主要的账务处理如表2–2–16所示。

表2–2–16　固定资产业务账务处理

业务内容	会计分录
固定资产增加	借：固定资产 应交税费——应交增值税（进项税额） 贷：银行存款等
计提折旧	借：销售费用——折旧费 管理费用——折旧费 制造费用——折旧费 贷：累计折旧
固定资产减少	借：固定资产清理 累计折旧 贷：固定资产
发生固定资产清理费用	借：固定资产清理 贷：银行存款等
发生固定资产清理收入或其他应收款	借：银行存款等 其他应收款 贷：固定资产清理
结转净损益	借：固定资产清理 贷：营业外收入（净收益） 或 借：营业外支出（净损失） 贷：固定资产清理

（二）存货清查业务账务处理

存货清查是通过对存货的实地盘点，确定存货实存数与账面结存数是否一致。由于存货种类繁多，收发频繁，在收发过程中可能会出现计量计算错误、自然损耗，还可能出现人为原因和自然因素形成的存货盘盈或盘亏。所以在存货盘点时要及时填写盘点表，查明原因，按程序处理。存货清查业务账务处理如表2-2-17所示。

表2-2-17 存货清查业务账务处理

业务内容	会计分录
存货盘盈	（1）批准处理前 借：原材料/库存商品 　　贷：待处理财产损溢 （2）批准处理后 借：待处理财产损溢 　　贷：管理费用
存货盘亏	（1）批准处理前 借：待处理财产损溢 　　贷：原材料/库存商品 　　　　应交税费——应交增值税（进项税额转出） （2）批准处理后（过失人赔偿或保险公司赔偿） 借：其他应收款 　　贷：待处理财产损溢
自然灾害损失	借：营业外支出 　　贷：待处理财产损溢
材料净损失	借：管理费用 　　贷：待处理财产损溢

（三）税费业务账务处理

税费业务主要的账务处理如表2-2-18所示。

表2-2-18 税费业务账务处理

业务内容	会计分录
计提增值税及附加税	（1）计提增值税 借：应交税费——应交增值税（转出未交增值税） 　　贷：应交税费——未交增值税 （2）计提附加税 借：税金及附加 　　贷：应交税费——应交城市维护建设税 　　　　应交税费——应交教育费附加 　　　　应交税费——应交地方教育费附加

续表

业务内容	会计分录
缴纳增值税及附加税	借：应交税费——未交增值税 应交税费——应交城市维护建设税 应交税费——应交教育费附加 应交税费——应交地方教育费附加 贷：银行存款

二、其他业务票据录入

除了以上业务类型的划分，在实务中，有些业务票据无法明确归类到这些业务类型中，比如盘亏盘盈业务、票据贴现、出售或出租固定资产、捐赠支出、研发支出、分配职工教育经费、计提个人所得税、结转未交增值税、计提附加税、计提借款利息、计提企业所得税等，财务共享服务中心平台固有的记账模式，将这些业务票据归类到其他。系统无法将其他类票据自动生成记账凭证，这时需要手工录入。

财务共享服务中心平台需要手工录入记账凭证的票据，有固定资产盘盈盘亏报告表、未交增值税计算表、库存现金盘点表、应交所得税计算表等，如图2-2-46所示。

固定资产盘盈盘亏报告表
¥20000.00
¥15000.00

固定资产盘盈盘亏报告表

未交增值税计算表

2020年:1月31日 金额单位：元

项目	进项税额	销项税额	本月未交增值税
增值税	4386.00	34272.00	29886.00

审核：胡晓鑫 制单：胡烨磊

未交增值税计算表

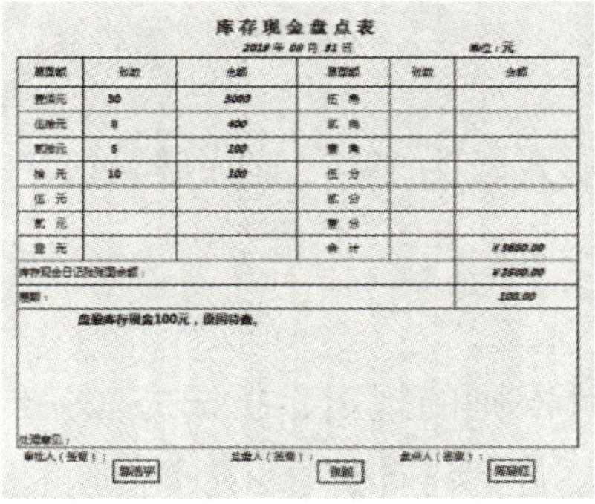
库存现金盘点表
单位：元
¥3600.00
¥3500.00
100.00
盘盈库存现金100元，原因待查。

库存现金盘点表

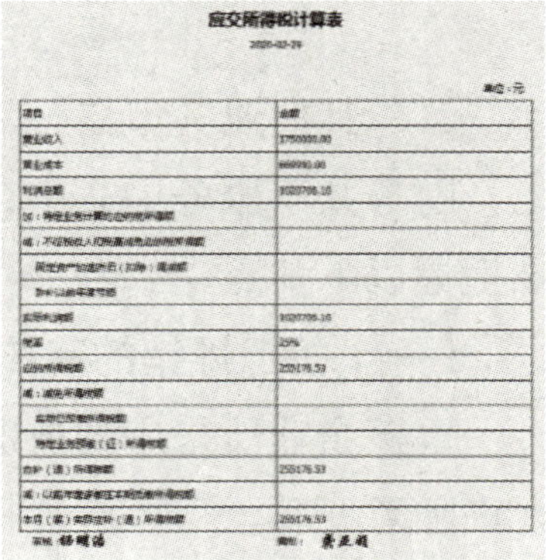
应交所得税计算表
25%

应交所得税计算表

图2-2-46 其他类票据

常见的其他类业务对应的票据，以及相应会计分录如表2-2-19所示。

表2-2-19 其他类业务对应的票据及相应会计分录

业务内容	票据	会计分录
存货盘盈	存货盘盈计算表	批准前： 借：原材料等 　贷：待处理财产损溢——待处理流动资产损溢 批准后： 借：待处理财产损溢——待处理流动资产损溢 　贷：管理费用
存货盘亏	存货盘亏计算表	批准前： 借：待处理财产损溢——待处理流动资产损溢 　贷：原材料等 批准后： 借：管理费用 　营业外支出 　其他应收款 　贷：待处理财产损溢——待处理流动资产损溢
捐赠支出	公益事业捐赠统一票据	借：营业外支出——捐赠支出 　贷：银行存款
分配职工教育经费	职工教育经费分配表	借：管理费用——职工教育经费 　贷：应付职工薪酬——职工教育经费
计提个人所得税	个人所得税计算表	借：应付职工薪酬——工资 　贷：应交税费——应交个人所得税
结转未交增值税	未交增值税计算表	借：应交税费——应交增值税（转出未交增值税） 　贷：应交税费——未交增值税

其他类票据录入工作较为特殊。首先，录入会计需要根据票据判断业务类型，解读票据信息。其次，根据票据做账务处理，录入财务共享服务中心平台。

三、其他业务审核

财务共享服务中心中，其他业务的票据形式较为多样，在审核过程中，需要重点把握以下几点：

（一）折旧摊销的审核

审核企业所采用的折旧方法是否符合会计准则的规定，折旧方法一经确定，不允许随意变动；审核应计提折旧的固定资产是否都已计提，不应计提折旧的固定资产有无计提折旧的情况；已提足折旧继续使用的固定资产和按规定估价单独入账的土地等不计提折旧。

（二）盘盈盘亏的审核

审核盘盈、盘亏的材料或商品是否有详细的原因说明；盘盈、盘亏存货的价值金额的核算方法是否合理；进行账务处理时，是否具有按规定手续报经董事会审批的有效力的书面文件。

（三）处置固定资产的审核

审核固定资产处置是否采取合理的分摊方法；台账核销手续是否完备；审核固定资产处置收入是否及时收回并入账。

（四）计提税费的审核

审核应交税费各明细账户的账户余额与实际数是否相符；审核申报的税费数与增值税专用发票抵扣联是否一致。

任务实施

在财务共享服务中心中，录入会计录入北京盛耀纺织有限公司其他业务的操作如下：

第一步：单击系统左侧“影像管理系统”—“影像整理”，填写票据编号，单击系统右侧“票据类型”下拉菜单，选择“其他（手工凭证）”，如图2-2-47所示。

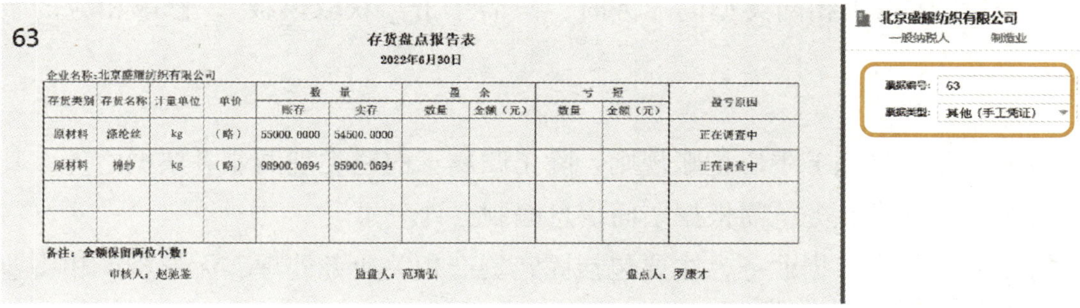

图2-2-47　填写票据编号和选择票据类型

第二步：完成“影像整理”模块的录入工作后，单击系统左侧“特殊凭证”—“手工录入”，如图2-2-48所示。

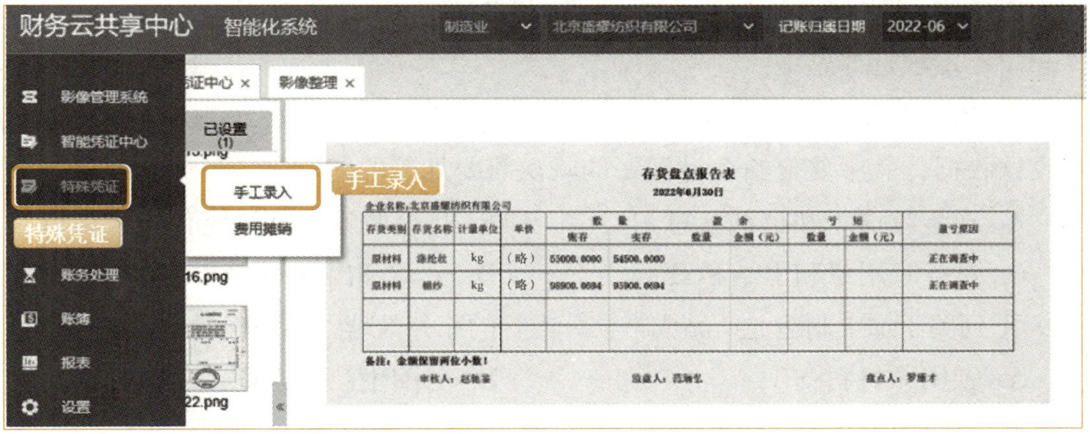

图2-2-48　选择特殊凭证选项中手工录入

第三步：根据左侧的票据，填写右侧的记账凭证。主要填写的信息有记账凭证摘要、在下拉菜单中选择会计科目、借方金额、贷方金额。最后，单击“保存”，如图2-2-49所示。

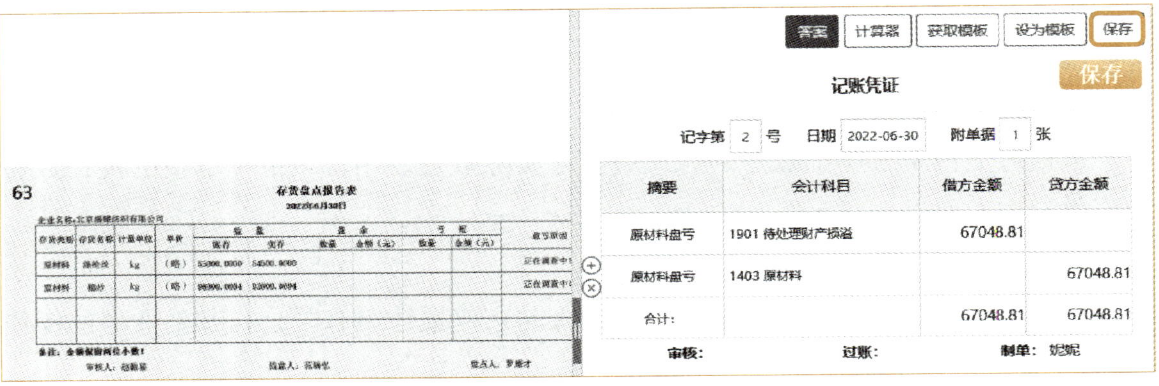

图2-2-49　填写记账凭证信息

为了提高工作效率，对于常见的业务类型，做完会计分录后，可以单击“设置模板”，待下次录入相同类型的业务时，只需单击“获取模板”，修改相应的金额即可。

任务小结

根据财务共享服务中心记账规则，除了归属于前述类别的业务票据之外，其余票据可归属其他类业务，需根据票面信息编制会计分录。

常见的其他类票据业务，主要包括固定资产相关业务处理、无形资产相关业务处理、存货清查业务账务处理、税费计提与缴纳业务账务处理等。

同步测评

一、不定项选择题

1. 2020年6月22日，北京新蕾有限公司收到员工赔偿款500.00元，出纳人员开具收款收据，其中要交给会计做账的联次需要加盖的印章是（　　）。

A. 现金收讫章和出纳私章　　B. 现金收讫章和法定代表人私章

C. 财务专用章和出纳私章　　D. 公章和出纳私章

2. 下列关于加工制造业产品成本核算内容的账务处理，不正确的是（　　）。

A. 领用原材料：

借：生产成本——直接材料

　贷：原材料——材料

B. 分配生产工人职工薪酬：

借：生产成本——直接人工

　贷：应付职工薪酬——工资

C. 结转制造费用：
借：生产成本——制造费用
　　贷：制造费用——明细

D. 结转管理费用：
借：生产成本——管理费用
　　贷：管理费用——明细

3. 产品成本汇总表中显示：产品名称为塑料制品，成本项目为直接材料880 000元，直接人工90 000元，制造费用120 000元，合计1 090 000元。下列结转完工产品成本的账务处理正确的是（　　）。

A. 借：主营业务成本——塑料制品　1 090 000.00
　　贷：生产成本——直接材料　880 000.00
　　　　　　　　——直接人工　90 000.00
　　　　　　　　——制造费用　120 000.00

B. 借：库存商品——塑料制品　1 090 000.00
　　贷：生产成本——直接材料　880 000.00
　　　　　　　　——直接人工　90 000.00
　　　　　　　　——制造费用　120 000.00

C. 借：主营业务成本——塑料制品　1 090 000.00
　　贷：库存商品——塑料制品　1 090 000.00

D. 以上都不正确

4. 生产车间工人的工资应计入的会计科目是（　　）。

A. 生产成本　　B. 销售费用
C. 管理费用　　D. 财务费用

5. 不属于固定资产折旧方法的是（　　）。

A. 年限平均法　　B. 品种法
C. 工作量法　　D. 双倍余额递减法

6. 财务共享服务中心收到一张火车票，票面金额350.00元，可以用于抵扣的进项税额是（　　）。

A. 350/(1+9%)　　B. 350/(1+6%)×6%
C. 350/(1+6%)　　D. 350/(1+9%)×9%

7. 北京天宇贸易有限公司（小规模纳税人）收到增值税专用发票，在进行票据信息录入时，发票的抵扣类别，应选择（　　）。

A. 待认证发票　　B. 其他不得抵扣
C. 专用发票抵扣　　D. 以上都不对

8. 财务共享服务中心收到一张增值税专用发票，如图2-2-50所示，请根据开票信息判断该发票票据类型属于（　　）。

4101202130 河南增值税专用发票 № 17399846

4101202130
17399846

发票联

开票日期：2020年02月02日

购买方	名称：河南可甜食品有限公司 纳税人识别号：92411023MA464N3R4N 地址、电话：河南省许昌市建安区灵井镇杨室村155号，0374-1314151 开户行及账号：中国工商银行许昌建安支行，6222020704005312811			密码区	02+408-7*85-13/<5/ 47-5-500 8+5+>16>**89980*一8-9+33434/ 53+411//385930-0-685999+231 54-1076-79-9*11087<2--29*5/		
货物或应税劳务、服务名称	规格型号	单位	数量	单价	金额	税率	税额
*果类加工品*草莓酱		kg	200.00	20.00	4000.00	13%	520.00
*糖*砂糖		kg	150.00	8.00	1200.00	13%	156.00
合计					¥5200.00		¥676.00
价税合计（大写）	⊗伍仟捌佰柒拾陆元整				（小写）¥5876.00		
销售方	名称：河南百香销售有限公司 纳税人识别号：914101054220358552 地址、电话：河南省郑州市金水区余海街刘顺路43号，0371-82932177 开户行及账号：交通银行郑州金水支行，41327118914470			备注			

收款人： 复核： 开票人：汪小青 销售方：（章）

图2-2-50 增值税专用发票

A. 销售类 B. 采购类 C. 费用类 D. 成本类

9. 财务共享服务中心收到一张银行电子回单凭证，如图2-2-51所示，按票据类型分类标准，该票据属于（ ）。

22 交通银行电子回单凭证

回单编号：	818422358145	回单类型：	网银业务			业务名称：	
凭证种类：		凭证号码：		借贷标志：贷记		回单格式码：S	
账号：	41924996856347	开户行名称：	交通银行洛阳西工支行				
户名：	河南可甜食品有限公司						
对方账号：	6222020704005312811	开户行名称：	中国工商银行许昌建安支行				
对方户名：	河南可甜食品有限公司						
币种：	CNY	金额：	20000.00			金额大写：	贰万元整
兑换信息：		币种：		金额：0.00		牌价：0.00 币种：	金额：0.00
摘要：	划款						
附加信息：							
打印次数：	0001	记账日期：	20200130	会计流水号：	EEZ0000011932221	复核柜员：	授权柜员：
记账机构：	010120003999	经办柜员：	EBB001	记账柜员：	EEZ000	批次号：	
打印机构：	010120003999	打印柜员：	202000557519222				

交通银行洛阳分行业务受理章

图2-2-51 银行电子回单凭证

A. 收款类 B. 付款类 C. 转款类 D. 销售类

10. 北京明辉有限公司是一家货物运输企业，属于增值税一般纳税人，2023年11月23日该公司给同为增值税一般纳税人的北京同山有限公司提供货物运输服务，并开具增值税专用发票给北京同山有限公司，不属于该发票运输信息栏需要标注内容的是（ ）。

A. 起运地、到达地 B. 车种车号

C. 运输货物信息　　D. 购货单位

11. 在财务共享服务中心平台固有的记账模型中，录入付款业务时，关注的业务信息包括（　　）。

A. 业务类型　　B. 付款账户　　C. 往来单位　　D. 金额

12. 下列费用可以归属于差旅费的有（　　）。

A. 员工外地住宿费　　B. 招待外地客户的餐费

C. 员工去往外地的交通费　　D. 员工出差补贴

13. 南京鑫腾有限公司准备使用微信支付，下列支付方式可以接入微信支付的有（　　）。

A. 公众号支付　　B. App支付　　C. 扫码支付　　D. 刷卡支付

14. 在财务共享服务中心，需要进行手工录入凭证的单据有（　　）。

A. 增值税专用发票　　B. 固定资产折旧表

C. 未交增值税计算表　　D. 增值税普通发票

15. 财务共享服务中心将付款业务类型分为（　　）。

A. 采购（费用）付款　　B. 其他应付款

C. 支付工资　　D. 利息支出

16. 北京长江有限公司签发转账支票支付货款，金额为107 000.20元，对应的大写金额为（　　）。

A. 壹拾万零柒仟元贰角整　　B. 壹拾万柒仟元零贰角整

C. 壹拾万柒仟元贰角整　　D. 壹拾万零柒仟元零贰角

17. 下列票据中，属于转款类票据的有（　　）。

A. 银行回单（摘要注明：企业内部划款）

B. 银行回单（摘要注明：货款）

C. 现金支票存根

D. 电子缴税付款凭证

18. 发放工资时需要把个人承担的社会保险部分扣除，其可以计入的科目有（　　）。

A. 其他应付款　　B. 应收账款

C. 其他货币资金　　D. 其他应收款

19. 企业员工工资的组成部分包括（　　）。

A. 工资　　B. 职工福利费　　C. 住房公积金　　D. 加班费奖金

20. 存货盘亏时，会计处理为（　　）。

A. 批准处理前

借：待处理财产损溢

　　贷：原材料/库存商品

　　　　应交税费——应交增值税（进项税额转出）

B. 批准处理前

借：待处理财产损溢

　　贷：原材料/库存商品

C. 过失人赔款或保险公司赔偿款

借：其他应收款

　　贷：待处理财产损溢

D. 过失人赔款或保险公司赔偿款

借：其他应收款

　　贷：待处理财产损溢

　　　　应交税费——应交增值税（进项税额转出）

二、判断题

1. 纳税人采取折扣方式销售货物，如果销售额和折扣额在同一张发票上“金额”栏分别注明，可以按折扣后的销售额征收增值税。（　　）

2. 施工企业向金融机构借款所发生的手续费应计入“财务费用”账户。（　　）

3. 固定资产和无形资产都是从入账的当月开始计提折旧和摊销其成本。（　　）

4. 在财务共享服务中心平台对录入金额的要求为：以票据中的金额为准，如有备注的则按备注金额录入。（　　）

5. 在财务共享服务中心平台录入结算方式选择“现金结算”时，不需要录入往来单位的名称。（　　）

6. 报销单上所附发票的金额之和大于报销金额，一般以发票上的金额为准，予以报销。（　　）

7. 在转款业务中，取现业务的“收款账户”应选择“现金账户”，存现业务的“收款账户”应选择“银行账户”。（　　）

8. 在财务共享服务中心平台中的餐饮发票，统一计入“业务招待费”中。（　　）

9. 在财务共享服务中心平台中，转款业务只允许对公账户向个人账户转款，不允许个人账户向对公账户转款。（　　）

10. 收到的采购发票或费用发票，必须要加盖发票专用章，否则票据无效。（　　）

项目三
处理期末事项

项目目标

- 熟悉期末事项处理的完整工作流程，理解期末事项处理各项操作的基本功能；
- 掌握凭证审核、记账、结转损益、期末结账和生成报表的主要内容和注意事项，以及档案管理的工作规范和原则；
- 培养保管会计档案属于法定事项的法制意识。

岗课融通

在社会财务共享服务中心或企业集团财务共享服务中心，从事会计核算岗位涉及期末会计事项处理等工作领域。期末事项处理流程和电子会计档案管理，既是本项目学习的重点，也是财务共享服务中心会计核算岗位的典型工作任务。

会计期末需要将本期内所有发生的经济业务全部审核、过账以后，计算出本期发生额和期末余额，将损益类科目转入“本年利润”科目，结平所有损益类科目，对新生成的凭证进行重新审核、过账，最后结账并生成报表。同时，企业应遵循法律法规，做好电子会计档案的管理工作。

知识框架

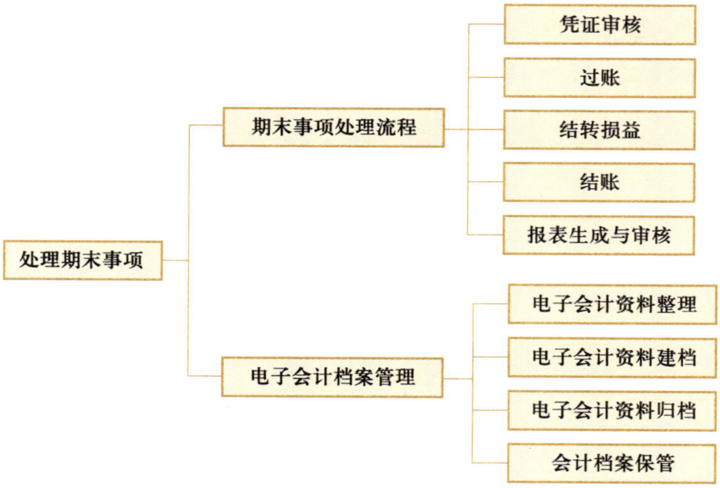
处理期末事项
期末事项处理流程
凭证审核
过账
结转损益
结账
报表生成与审核
电子会计档案管理
电子会计资料整理
电子会计资料建档
电子会计资料归档
会计档案保管

任务一　期末事项处理流程

案例引入

2022年6月30日，北京盛耀纺织有限公司录入会计完成票据录入与审核工作后，在财务共享服务中心平台进行期末事项处理。

请根据以上业务信息，思考以下问题：

（1）财务共享服务中心平台期末事项处理的流程是什么？

（2）期末事项处理流程中各环节的具体操作步骤是什么？

任务准备

一、凭证审核

凭证审核是审核人按照会计制度，对生成的记账凭证进行检查核对，主要审核记账凭证是否与原始凭证相符，会计分录是否正确等。

审核记账凭证时应确保记账凭证准确无误，审核人可选择单张记账凭证审核，也可以全选需要审核的记账凭证进行批量审核，以减少操作次数，提高效率。

二、过账

完成记账凭证的审核后，需要进行过账操作，过账就是记账，它是根据审核后的记账凭证分别登记到各个相关的日记账、明细账和总账中，相当于手工记账下的登记账簿。

三、结转损益

会计人员过账完成后就可以进行结转损益，结转损益就是将本期所有的损益类科目结转到“本年利润”科目中，结转后，损益类科目期末一般无余额。

如果结转损益后期末仍然有余额，其原因可能为：费用类科目在凭证录入时一般为借方发生额，若出现贷方发生额，则系统将无法结转本年利润，因此以借方负数显示；在新增损益类二级科目时，若本月有发生额，但在结转本年利润时系统未能将新增二级科目的借方（或贷方）发生额结转，导致期末仍有余额。

四、结账

会计人员在结账前，应检查本期所有经济业务的记账凭证是否准确无误、记账凭证是否全部记账、损益类科目是否已全部结转到“本年利润”科目。若发现漏账、错账，应及时补记、更正。

五、报表生成与审核

财务报表生成后，在报送之前，必须由单位会计主管和单位负责人进行复核。财务报表复核是保证会计报表质量的一项重要措施。财务报表复核的内容主要包括：

（1）审核“营业收入”与“营业成本”，结转的产品数量是否一致，如果不一致说明结转存在错误。

（2）审核“存货”库存明细数量与单价是否合理，数量不能出现负数，单价与当月进出货的价格差异过大的，要查明原因。

（3）审核当月产品的生产成本与其对应的销售价格测算的毛利率与当年可比产品的累计毛利率是否有较大差异，如果差异较大要查明原因。

（4）审核会计账簿与仓库的存货进出数据及盘点表数据是否一致。

（5）审核银行对账单、银行存款余额调节表与会计账户余额是否一致，会计账簿与出纳资金报告单上的数据借贷方向和数额是否一致。

（6）审核应收应付明细，部门费用等防止“部门设置”出现串户问题，预提和待摊费用是否正确，固定资产是否定期盘点，账实是否相符。

（一）资产负债表审核

资产负债表的审核应从每个账户数字填列的正确性和真实性两方面进行。具体审核方法如表2-3-1所示。

表2-3-1　资产负债表审核

审核类型	审核内容
根据一个账户的期末余额直接填列的项目的审查	应收票据、应收股息、固定资产原价、累计折旧、工程物资、在建工程、固定资产清理、无形资产、短期借款、应付票据、应付工资、应付福利费、应付利润、应交税金、其他应交款、长期借款、实收资本、资本公积、盈余公积等
根据几个账户期末余额相加减填列项目的审查	货币资金项目＝库存现金＋银行存款＋其他货币资金三个账户的期末余额相加 存货项目＝在途物资＋原材料＋周转材料＋库存商品＋委托加工物资＋委托代销商品＋生产成本－存货跌价准备
根据有关账户内容分析填列项目的审核	应收账款项目＝应收账款科目所属各明细科目的期末借方余额合计－坏账准备科目中有关应收账款计提的坏账准备期末余额 如应收账款科目所属明细科目期末有贷方余额，应在本表中增设预收账款项目填列 其他应收款项目＝其他应收款科目的期末余额－坏账准备科目中有关其他应收款计提坏账准备期末余额 应付账款＝应付账款科目所属各有关明细科目的期末贷方余额合计 如应付账款科目所属各明细科目期末为借方余额，应在本表内增设预付账款项目填列

（二）勾稽关系审核

对资产负债表勾稽关系的审核，应从以下几个方面进行：

1. 资产负债表表内的勾稽关系

资产负债表表内的勾稽关系体现在资产负债表内各项目小计等于各类项目合计。各类资产合计等于资产总计，流动负债合计、长期负债合计与所有者权益合计之和等于负债和所有者权益总计。资产总计等于负债和所有者权益总计。

2. 资产负债表与其他相关报表的勾稽关系

资产负债表总括反映了企业在一定日期的资产、负债和所有者权益的情况，其有关项目在其他报表中也有反映，为了审查资产负债表的真实性、正确性，还要对报表之间的勾稽关系进行审核。主要包括以下两个方面：

（1）审核资产负债表中“未分配利润”项目金额与利润分配表中的“未分配利润”项目金额是否一致。

（2）资产负债表中有关项目金额与企业编制的其他相关报表的某些项目金额也存在勾稽关系。审核时，同样可通过核对、复算等方法，验证相关项目数额是否相符。

3. 与上年报表勾稽关系的审核

资产负债表各项目年初数与上年该表各项目年末数有勾稽关系，数额应一致。审核时，应注意验证其是否相符。

任务实施

北京盛耀纺织有限公司在财务共享服务中心平台进行期末事项处理的流程及操作步骤如下。

第一步：凭证审核。审核时，登录财务共享服务中心，单击“查凭证”功能，在界面右侧单击“查看/预览”，对记账凭证进行查看核对，确认无误后，选择需要审核的记账凭证，单击“审核”，如图2-3-1所示。

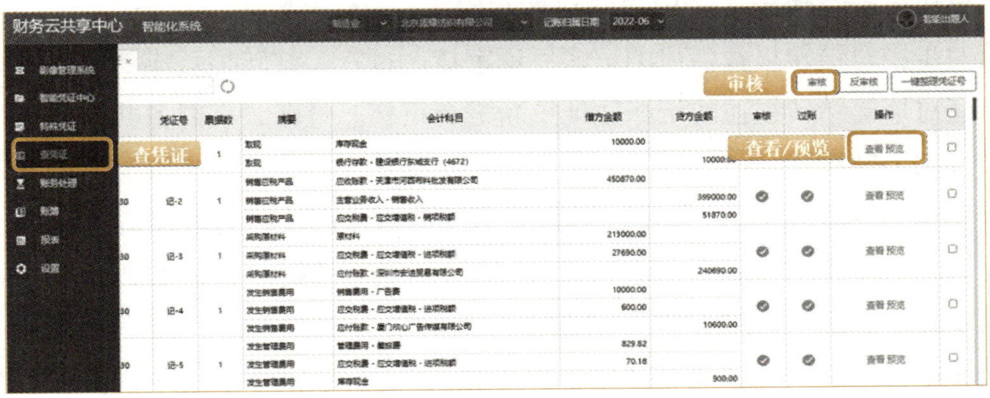

图2-3-1　记账凭证审核

第二步：过账。在财务共享服务中心平台操作过账时，应单击“账务处理”—“过账”，在界面右侧单击“过账”，如图2-3-2所示。过账结束后系统提示“过账完成”。

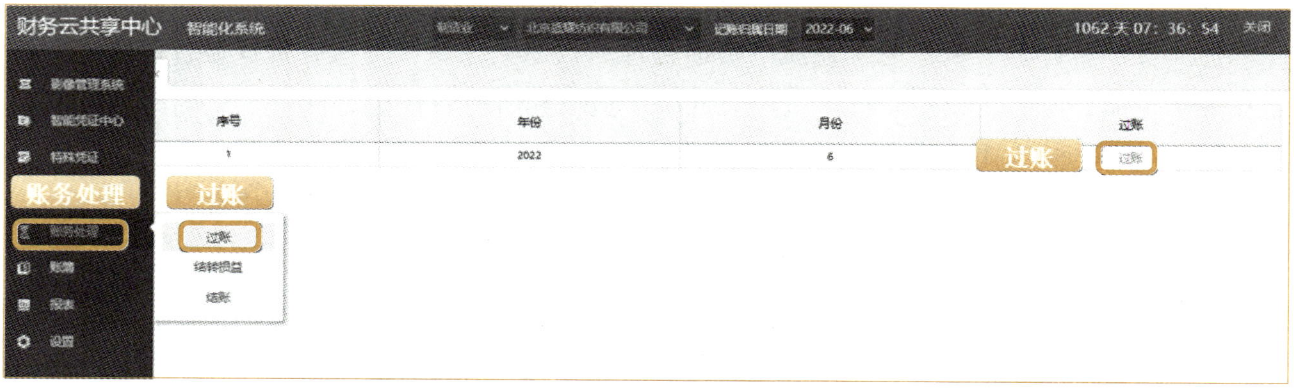

图2-3-2　过账

第三步：结转损益。在财务共享服务中心平台进行结转损益时，单击“账务处理”—“结转损益”，如图2-3-3所示。

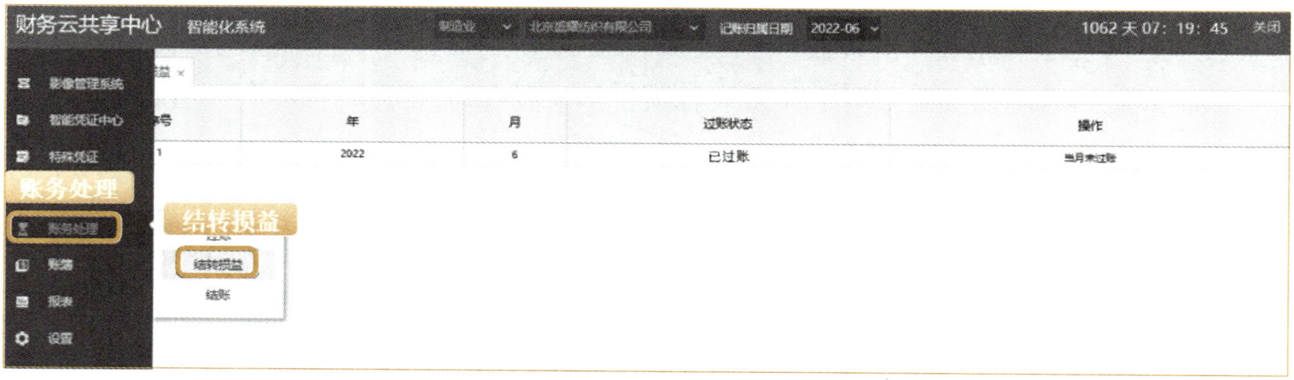

图2-3-3　结转损益

系统自动显示出当期的损益类科目，单击“确定”，确认无误后，在弹出的对话框中再次单击“确定”，如图2-3-4所示。

第四步：对结转损益生成的记账凭证审核、过账。结转损益成功后，根据系统提示，应对该笔结转损益的记账凭证重新进行审核、过账，在财务共享服务中心平台应进行如下操作：

首先单击“查凭证”，在凭证列表下，找到还未审核的结转损益凭证，勾选该张凭证，最后单击“审核”，系统自动跳出操作成功的提示，单击“确定”即完成该张凭证的审核工作，如图2-3-5所示。

凭证审核成功后，接下来单击“账务处理”—“过账”，在界面右侧单击“重新过账”，系统提示过账完成即可，如图2-3-6所示。

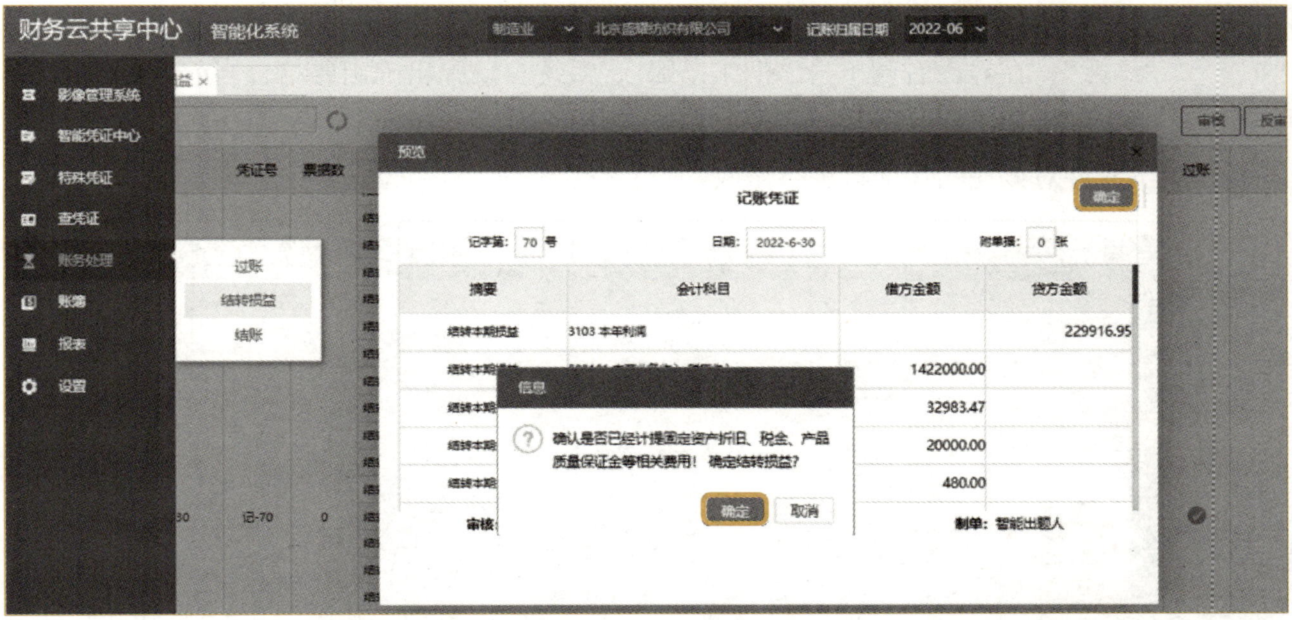

图2-3-4　结转损益

图2-3-5　审核

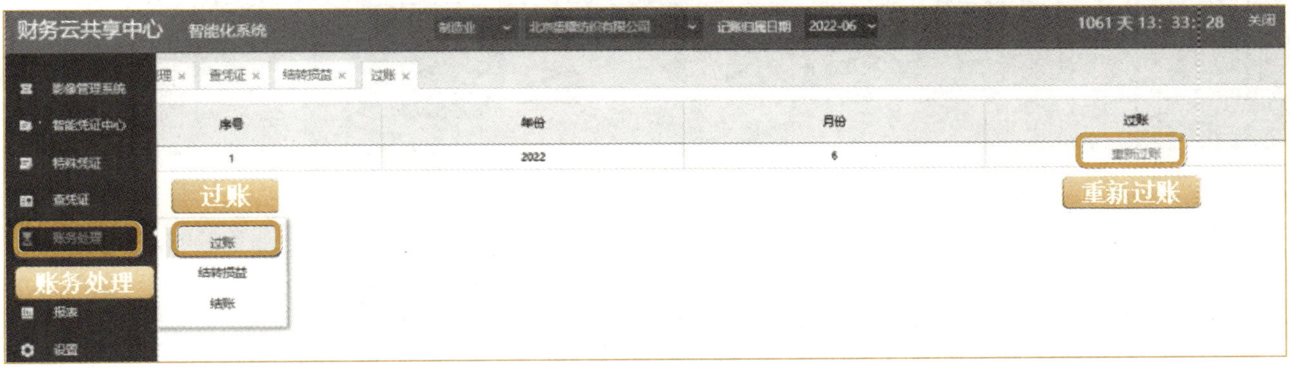

图2-3-6　过账

第五步：结账。结账时，登录财务共享服务中心平台，单击“账务处理”—“结账”，在界面右侧单击“期末结账”，系统自动弹出确定要结转当前月份的提示，单击“确定”，如图2–3–7所示。随后系统将自动切换到下一个会计期间，结账后，不允许对该期的凭证再进行修改。

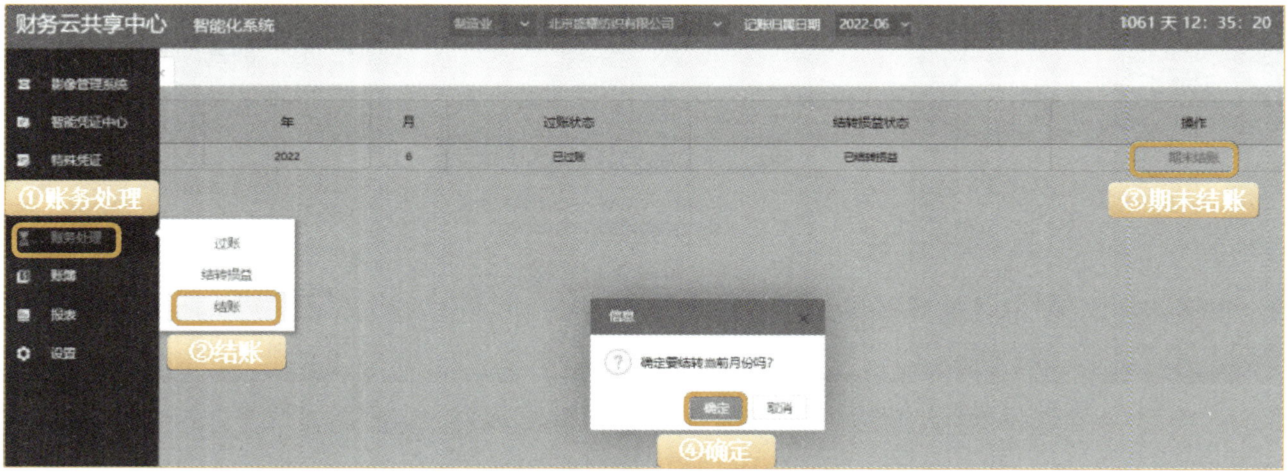

图2–3–7　结账

第六步：生成报表。会计人员进行结账操作后，接下来即可在财务共享服务中心下生成财务报表，单击“报表”查看资产负债表、利润表。选择需要生成的报表，在界面右侧单击“生成报表”，系统自动弹出操作成功的提示信息，单击“确定”即可，如图2–3–8所示。

图2–3–8　生成报表

任务小结 》》 会计人员在期末需要将本期内发生的所有经济业务全部审核、过账以后，计算出本期发生额和期末余额，将损益类科目转入“本年利润”科目，结平所有损益类科目，对新生成的凭证进行重新审核、过账。

结账是将账簿记录定期结算清楚的会计工作。在一定时期结束时，为了编制财务报表，需要进行结账，具体包括月结、季结和年结。结账的内容通常包括两个方面：一是结清各种损益类账户，并据以计算确定本期利润；二是结出各类资产、负债和所有者权益账户的本期发生额合计和期末余额。

会计期末会生成两套报表：资产负债表和利润表。资产负债表是反映企业在一定日期的财务状况的主要会计报表；利润表是反映企业在一定会计期间的经营成果的财务报表。

任务二　电子会计档案管理

案例引入

2022年年底，北京盛耀纺织有限公司在财务共享服务中心完成业务处理和纳税申报后，准备对会计资料进行分类归档和保管。

请根据以上业务信息，思考以下问题：

会计档案管理的业务流程有哪些？

任务准备

一、电子会计资料整理

（一）电子会计资料的整理原则

整理电子会计资料应按照其自然形成规律和固有特点，保持电子会计资料之间的有机联系，区别不同的保存价值，便于保管和利用。形成电子会计资料数量较少的单位，可将电子会计资料进行分类后按件整理。

（二）电子会计资料的整理时间

不同的电子会计资料，整理时间要求不同。会计年度结束后1个月内，完成电子会计凭证的整理。会计决算后1个月内，完成电子会计账簿的整理。固定资产报废后1年内，完成电子固定资产卡片的整理。电子财务会计报告生成后1个月内，完成电子财务会计报告的整理。会计年度结束后3个月内，完成其他电子会计资料的整理。

（三）电子会计资料的整理分类编号方法

按电子会计资料形式分类，可以分为电子会计凭证、电子会计账簿、电子财务会计报告、其他电子会计资料。按照会计年度分类，可以分为2021年电子会计资料、2022年电子会计资料、2023年电子会计资料等。按照保管期限分类，可以分为5年电子会计资料，20年电子会计资料，30年电子会计资料和永久电子会计资料。总预算会计单位电子会计资料可以按照组织机构分类，税务机关电子会计资料可以按照会计类型分类。具体分类编号如表2-3-2所示。

表2-3-2　电子会计资料的整理分类编号方法

方法	适用单位	举例
会计资料形式·会计年度·保管期限	适用于中小型单位，即会计资料年形成量不大的单位，也是目前大多数单位采用的方法	会计凭证 2019年 30年
会计年度·会计资料形式·保管期限	适用于预算单位	2019年 会计凭证 30年
会计年度·组织机构·会计资料形式·保管期限	适用于多个部门产生会计资料的单位以及各级总预算单位	2019年 ××集团北京分公司 会计凭证*30年
会计年度·会计类型·会计资料形式·保管期限	适用于专业性强的各级税务机关	2019年 会计凭证 30年

二、电子会计资料建档

当年形成的会计资料按照归档要求，应分类整理归档，同时，编制会计档案保管清册。

在建档资料收集过程中，可以通过会计资料建档清单对资料的准确性、完整性、可用性、安全性进行审核，审核无误后归档入库，如表2-3-3所示。应注意电子会计资料的数据是否齐全，且文件格式是否符合国家档案管理的有关规定。特殊格式的电子会计资料是否与其读取平台一致。如果发现提供的资料不全，应及时做好沟通工作，补全归档资料。

表2-3-3　会计资料建档清单

一、会计凭证	形式	册数	凭证号码区间
年　　月			
年　　月			
年　　月			
年　　月			
年　　月			
年　　月			

续表

二、账册	形式	册数	凭证号码区间
总账			
明细账			
日记账			
三、会计报表	形式	册数	凭证号码区间
资产负债表			
利润表			
现金流量表			
四、纳税申报表	形式	册数	凭证号码区间
五、其他	形式	册数	凭证号码区间

三、电子会计资料归档

（一）已建立电子档案管理系统的电子会计资料归档处理

要建立一个清晰的电子会计资料分类体系，需要合理划分不同类型的电子票据，如销售发票、采购订单、付款凭证等。采用自动化的归档处理方式，与电子档案管理系统相集成可以实现电子票据的自动归档，提高效率，减少错误，并确保电子会计资料的准确归档。建立备份和恢复机制，定期备份数据并将备份数据存储在安全的位置可以防止数据丢失。建立权限管理系统，确保只有得到授权的人员才能访问和修改归档数据。定期的审核和更新电子档案分类体系，定期进行数据清理和归档数据迁移，保持系统运行高效。

（二）未建立电子档案管理系统的电子会计资料归档处理

在信息时代，电子票据的使用越来越广泛，对于未建立电子档案管理系统的企业来说，可以采用按日期分类的方式，利用关键词以及利用云存储服务进行电子票据的归档处理，引入专业的电子票据归档软件对电子票据进行归档。

四、会计档案保管

根据《会计档案管理办法》的规定，会计年度终了后，会计档案可由单位会计管理机构临时保管一年（最长不超过三年），再移交单位档案管理机构保管。临时保管期间，出纳人员不得兼管会计档案。会计档案保管过程中，会计档案管理人员应重点关注保管方式、保管期限、档案销毁三方面内容。

（一）保管方式

1. 纸质会计档案保管

对于将电子会计资料打印成的纸质会计档案的保管应分类按顺序存放，注意防火、防潮、防污、防窃、防蛀、防鼠。

2. 电子会计档案保管

对于存储在计算机光盘以及磁性介质内的会计数据等电子会计档案在保管时的注意事项如下：

第一，对数据光盘、磁盘等电子会计档案分类按一定顺序进行编号，标明时间和文件内容，制作档案管理文件卡片。

第二，定期进行检测，及时做好数据维护工作，做好防压、防光、防尘、防腐蚀、防病毒、防磁化等工作。

第三，做好数据备份工作，备用盘与储存盘分离放置，并设立备查登记簿，提供备份时间、数量、保管方式等备份信息。

（二）保管期限

会计档案的保管期限，从会计年度终了后的第一天开始计算。例如：2023年形成的会计档案，保管期限从2024年1月1日算起。

会计档案的保管期限分为永久和定期两类。定期保管期限分为5年、10年和30年，如表2-3-4所示。

表2-3-4　会计档案保管期限表

序号	年限			
	永久	30年	10年	5年
1	年度财务会计报告	会计凭证	银行对账单	固定资产卡片（作废清理后保管5年）
2	会计档案保管清册	会计账簿	银行存款余额调节表	
3	会计档案销毁清册	会计档案移交清册	纳税申报表	
4	会计档案鉴定意见书	其他	中期财务会计报告（月度、季度、半年）	

根据《财政部 国家档案局 关于规范电子会计凭证报销入账归档的通知》（财

会〔2020〕6号），企业从外部接收的电子形式的各类会计凭证，除法律和行政法规另有规定外，同时满足相关条件的，企业可以仅使用电子会计凭证进行报销入账归档，符合档案管理要求的电子会计档案与纸质档案具有同等法律效力。除法律、行政法规另有规定外，电子会计档案可不再另以纸质形式保存。

（三）档案销毁

企业应定期对已到保管期限的会计档案进行鉴定，并形成会计档案鉴定意见书。经鉴定，仍需继续保存的会计档案，应当重新划定保管期限；对保管期满、确无保存价值的会计档案，可以销毁。

会计档案管理办法

销毁会计档案应编制会计档案销毁清册，列明拟销毁会计档案的名称、卷号、册数、起止年度、档案编号、应保管期限、已保管期限和销毁时间等内容。

（四）档案借阅

企业应建立会计档案借阅审批制度，经过审批同意方可查阅相关会计档案。如果会计档案保管在单位会计管理机构，一般经过单位会计管理机构负责人批准即可。如果会计档案已经移交单位档案管理机构保管，则要经过单位负责人和单位档案管理机构保管负责人批准，按照档案管理的有关规定办理借阅手续。

任务实施

根据北京盛耀纺织有限公司的业务情况，其在财务共享服务中心完成业务处理和纳税申报后，会计档案管理的主要业务流程如下。

第一步：记账凭证打印。进入财务共享服务中心信息化账务处理系统，单击“凭证查询”菜单，选择需要打印的记账凭证，点击“打印”即可，如图2-3-9所示。

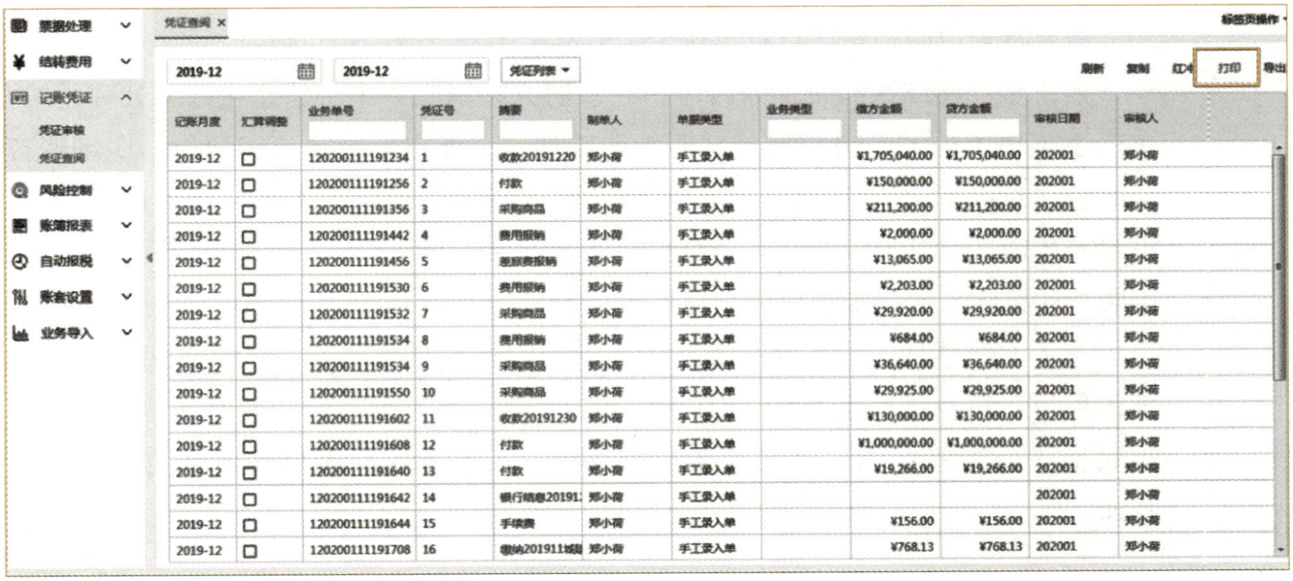

记账月度	汇算调整	业务单号	凭证号	摘要	制单人	单据类型	业务类型	借方金额	贷方金额	审核日期	审核人
2019-12	□	120200111191234	1	收款20191220	郑小荷	手工录入单		¥1,705,040.00	¥1,705,040.00	202001	郑小荷
2019-12	□	120200111191256	2	付款	郑小荷	手工录入单		¥150,000.00	¥150,000.00	202001	郑小荷
2019-12	□	120200111191356	3	采购商品	郑小荷	手工录入单		¥211,200.00	¥211,200.00	202001	郑小荷
2019-12	□	120200111191442	4	费用报销	郑小荷	手工录入单		¥2,000.00	¥2,000.00	202001	郑小荷
2019-12	□	120200111191456	5	差旅费报销	郑小荷	手工录入单		¥13,065.00	¥13,065.00	202001	郑小荷
2019-12	□	120200111191530	6	费用报销	郑小荷	手工录入单		¥2,203.00	¥2,203.00	202001	郑小荷
2019-12	□	120200111191532	7	采购商品	郑小荷	手工录入单		¥29,920.00	¥29,920.00	202001	郑小荷
2019-12	□	120200111191534	8	费用报销	郑小荷	手工录入单		¥684.00	¥684.00	202001	郑小荷
2019-12	□	120200111191534	9	采购商品	郑小荷	手工录入单		¥36,640.00	¥36,640.00	202001	郑小荷
2019-12	□	120200111191550	10	采购商品	郑小荷	手工录入单		¥29,925.00	¥29,925.00	202001	郑小荷
2019-12	□	120200111191602	11	收款20191230	郑小荷	手工录入单		¥130,000.00	¥130,000.00	202001	郑小荷
2019-12	□	120200111191608	12	付款	郑小荷	手工录入单		¥1,000,000.00	¥1,000,000.00	202001	郑小荷
2019-12	□	120200111191640	13	付款	郑小荷	手工录入单		¥19,266.00	¥19,266.00	202001	郑小荷
2019-12	□	120200111191642	14	银行结息20191	郑小荷	手工录入单				202001	郑小荷
2019-12	□	120200111191644	15	手续费	郑小荷	手工录入单		¥156.00	¥156.00	202001	郑小荷
2019-12	□	120200111191708	16	缴纳201911城	郑小荷	手工录入单		¥768.13	¥768.13	202001	郑小荷

图2-3-9　记账凭证打印

第二步：总账和会计账簿封面打印。登录财务共享服务中心信息化账务处理系统，单击主菜单上的“账簿”中“总账”选项，弹出总账打印窗口。

在系统中进总账打印时应注意以下三个环节：① 选择打印的会计期间，例如，要打印一整年的总账，设置开始时间：20××年1月—结束时间：20××年12月；② 选择科目范围，例如，开始科目：1001—结束科目：6602；③ 设置级次范围，例如默认的“1级—1级”，如图2-3-10所示。

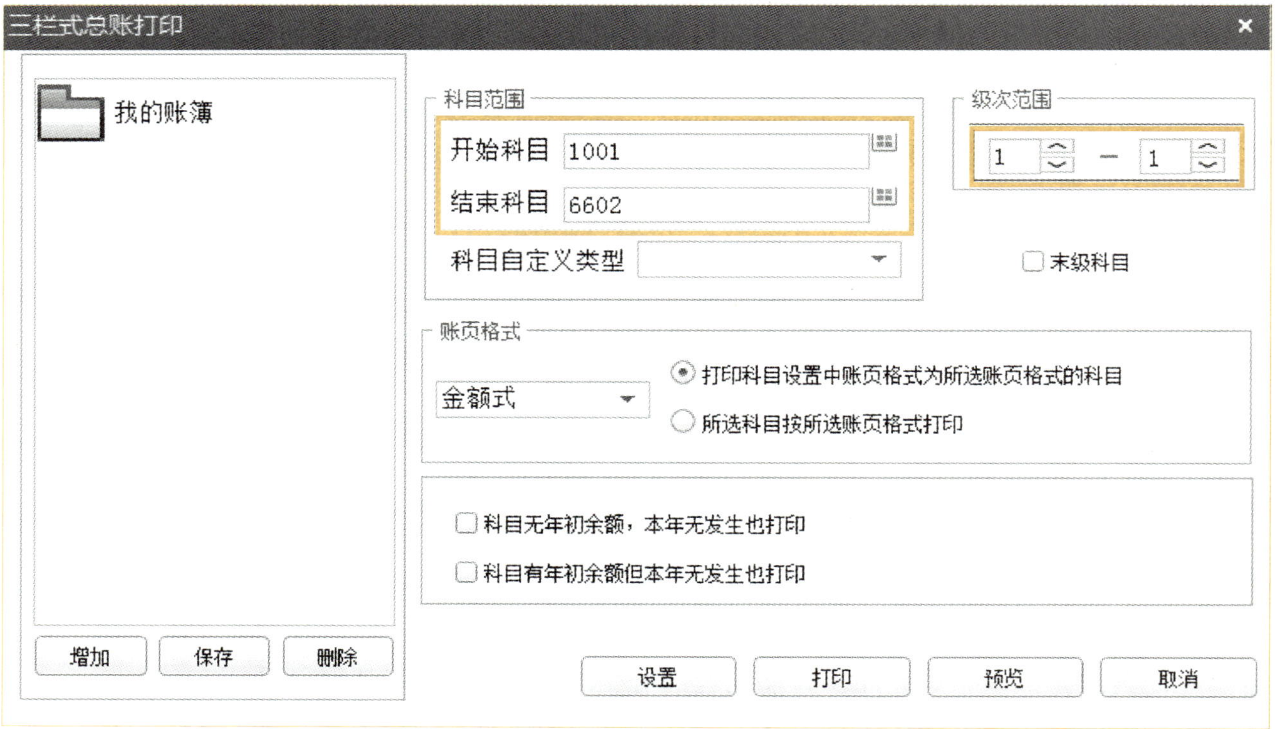

图2-3-10 总账打印

需要特别说明的是科目有年初余额但本年无发生额的也可以选择打印。

第三步：明细账和日记账打印。登录财务共享服务中心信息化账务处理系统，单击主菜单上的“账簿”选择“明细账”选项，弹出明细账打印窗口。明细账打印时应注意以下两个环节：① 选择打印的会计期间，例如，打印一整年的明细账，设置开始时间：20××年1月—结束时间：20××年12月；② 选择科目范围，明细账打印要注意选择末级明细科目打印，如图2-3-11所示。

为了方便整理，明细账打印时应按照科目类别依次打印，例如，先打印资产类的科目，科目代码是1001至1901，科目级别是1到最末级。同时还要注意，明细账格式分为三栏式、多栏式和数量金额式，涉及这三种格式的科目最好分开打印。

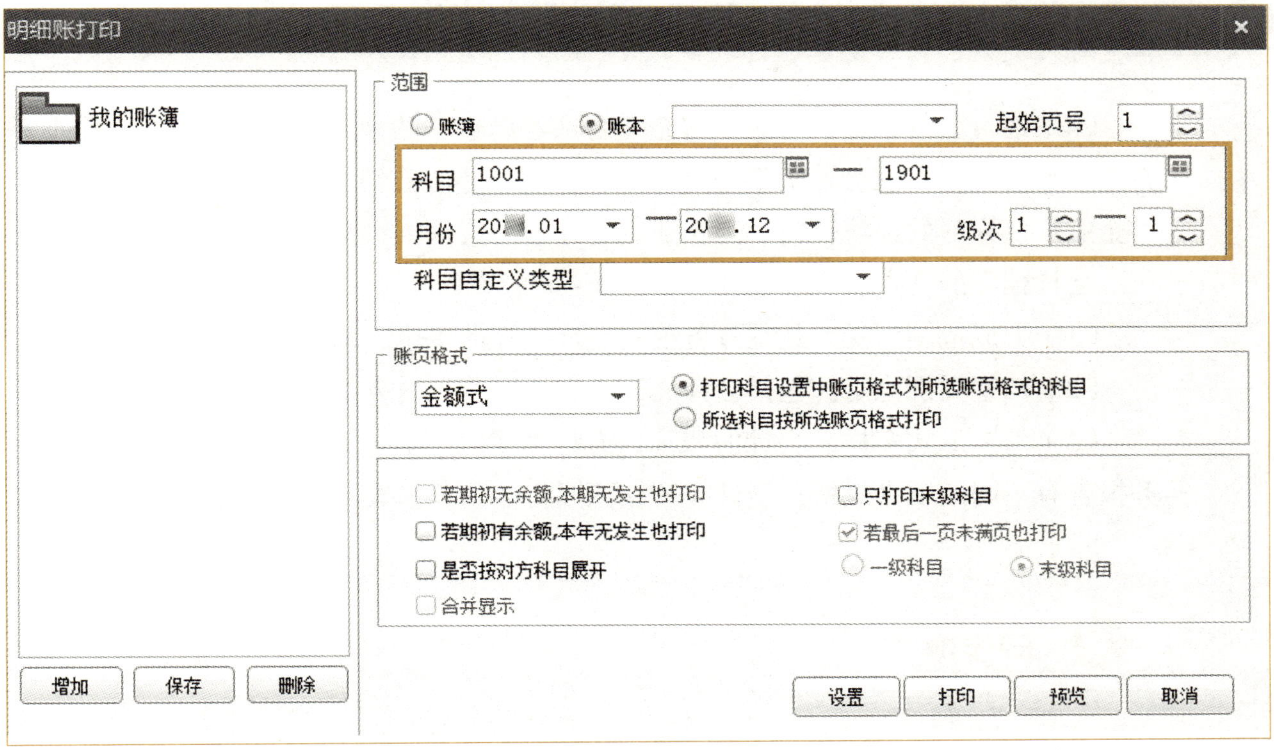

图2-3-11　明细账打印

对于在信息化账务处理系统中登记的日记账，具体是否需要打印保存，可根据企业实际情况操作。

第四步：会计报表及封面打印。

第五步：其他会计资料打印。需整理打印保管的其他会计资料包括纳税申报表、认证清单和增值税发票汇总表等。

实际工作中，每个地区的税务申报系统及财务共享服务中心信息化账务操作系统功能会略有差异，因此，操作界面也会有所不同。

任务小结

会计档案是指会计凭证、会计账簿和财务报告等会计核算的专业资料；是记录和反映企业经济业务发生情况的重要证据；是检查企业过去经济活动的重要依据；是企业档案的重要组成部分。

会计档案是会计活动的产物，是记录和反映经济活动的重要史料和证据，其重要作用表现在以下几方面：

（1）会计档案是总结经验、揭露责任事故、打击经济领域犯罪、分析和判断事故原因的重要依据。

（2）利用会计档案提供的过去经济活动的史料，有助于企业进行经济前景预测、经营决策、编制财务和成本计划。

（3）利用会计档案资料，可以为解决经济纠纷，处理遗留的经济事务提供依据。

（4）通过会计档案，可以了解企业每项经济业务的来龙去脉；可以检查企业是否遵守财经纪律，在会计资料中有无弄虚作假、违法乱纪等行为；会计档案还可以为企业提供详尽的经济资料，为企业制定经营决策提供参考。

会计档案的特点主要表现在三个方面：

（1）形成范围广泛。凡是具备独立会计核算的单位，都要形成会计档案。

（2）档案类别稳定。包括会计凭证、会计账簿、财务报告等。

（3）外在形式多样。会计的账簿，有订本式账、活页式账、卡片式账之分；财务报告有不同的纸张规格；会计凭证在不同行业，外形大小各异，长短参差不齐。

同步测评

一、不定项选择题

1. 在账务处理中，如上月未结账，则（　　）。

A. 本月可以记账　　B. 本月可以结账

C. 本月不能记账　　D. 本月可以编制财务报表

2. 期末结转工作是一项比较复杂的工作，应由（　　）完成。

A. 出纳　　B. 计算机维护员

C. 指定的专人　　D. 会计

3. 属于期末业务处理的是（　　）。

A. 凭证审核　　B. 会计科目设置

C. 记账　　D. 结账

4. 下列关于结账的操作，正确的是（　　）。

A. 结账后可输入本月凭证　　B. 结账后可输入下月凭证

C. 有未审核的凭证可以结账　　D. 结账每月可以操作多次

5. 下列关于结账的操作，错误的是（　　）。

A. 上月未结账本月无法结账　　B. 结账在月末进行

C. 结账每月可以操作多次　　D. 结账每月只能操作一次

6. 下列关于电子会计资料的描述中，正确的是（　　）。

A. 保持电子会计资料之间的有机联系

B. 区别不同电子会计资料的保存价值

C. 整理电子会计资料时应按照其自然形成规律和固有特点

D. 便于保管和利用

7. 下列关于已建立电子档案管理系统的电子会计资料归档处理的描述中，正确的是（　　）。

A. 建立一个清晰的电子档案分类体系，需要合理划分不同类型的电子票据

B. 采用自动化的归档处理方式，与电子档案管理系统相集成可以实现电子票据的自动归档

C. 建立备份和恢复机制，定期备份数据并将备份数据存储在安全的位置可以防止数据丢失

D. 建立权限管理系统，确保只有得到授权的人员才能访问和修改归档数据

8. 下列关于未建立电子档案管理系统的电子会计资料归档处理的描述中，正确的是（　　）。

A. 可采用按日期分类的方式进行电子票据的归档处理

B. 可利用关键词来进行电子票据归档处理

C. 不可以利用云存储服务进行电子票据的归档处理

D. 可引入专业的电子票据归档软件进行电子票据的归档处理

9. 会计档案的保管期限可分为（　　）。

A. 5年　　B. 10年　　C. 30年　　D. 永久

10. 下列关于会计档案管理的说法中，正确的有（　　）。

A. 会计档案可以由单位会计机构临时保管1年

B. 会计机构对会计档案临时管理时间到期后，应移交档案管理机构保管

C. 出纳人员不得兼管会计档案

D. 会计人员可以根据需要自行修改会计档案

二、判断题

1. 本月有未记账凭证时，则本月不能结账。（　　）

2. 结账后不能输入下月凭证。（　　）

3. 期末转账业务通常是企业在每个会计期间结账之前都要进行的固定业务。（　　）

4. 上月未结账，本月无法结账。（　　）

5. 期末转账业务没有严格的处理顺序。（　　）

模块三 税费共享服务

税费共享服务，是指社会财务共享服务中心为代理记账公司、企业主体等提供的基础性税务类共享服务。财务共享服务中心是提供财务共享服务的业务单位，依据会计准则、税法要求，通过流程再造构建内控体系，实现税费共享服务日常处理的流程化、标准化。本模块将通过学习增值税及附加税、企业所得税、个人所得税社会保险费和印花税的核对与申报来认识财税共享服务环境下的税费共享服务。

项目一
增值税的核对与申报

项目目标

- 了解企业办理增值税核对与申报的工作流程和方法；
- 熟悉增值税纳税义务发生的时间、纳税期限、纳税地点；
- 掌握填制企业纳税申报表的要领；
- 能够通过报税系统正确填制增值税及附加税的纳税申报表；
- 培养遵纪守法、依法纳税的意识。

岗课融通

在社会财务共享服务中心或企业集团财务共享服务中心，从事纳税申报岗位涉及增值税的核对与申报工作领域。能够填报小规模纳税人增值税报表和一般纳税人增值税报表，既是本项目学习的重点，也是财务共享服务中心纳税申报岗位的典型工作任务。

增值税是以商品生产流通和劳务服务在各环节所创造的新增价值额为征税对象的一种税。它具有以增值额为征税对象、实行普遍征税和实行多环节征税的特点。

纳税义务发生时间，是法定的计算增值税起点。销售货物或者应税劳务的纳税义务的发生时间，为收讫销售额或者取得索取销售额凭证的当天。纳税期限由主管税务机关根据纳税人应纳税额的大小分别核定，而纳税地点则分为固定业户、非固定业户和进口货物三种情况。增值税对于国家财政收入、调节社会经济等方面起着重要的作用。

知识框架

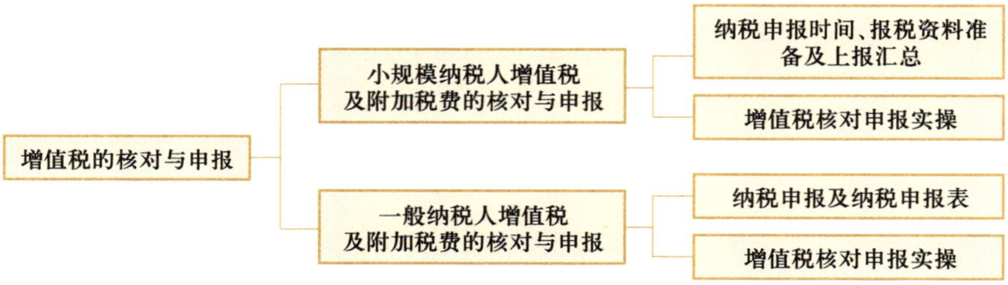
增值税的核对与申报
小规模纳税人增值税及附加税费的核对与申报
纳税申报时间、报税资料准备及上报汇总
增值税核对申报实操
一般纳税人增值税及附加税费的核对与申报
纳税申报及纳税申报表
增值税核对申报实操

任务一　小规模纳税人增值税及附加税费的核对与申报

案例引入

北京灵珑服装生产有限公司为小规模纳税人企业，它是一家以纺织服装、服饰等其他经营项目为主的公司。北京灵珑服装生产有限公司，在2022年第一季度发生了以下相关的销售业务：

① 销售男/女上衣取得不含税收入128 000.00元，已开具增值税普通发票；

② 销售男/女裤子取得不含税收入167 000.00元，其中：税务局代开的增值税专用发票不含税收入48 000.00元，已预缴税款；开具增值税电子普通发票不含税收入119 000.00元；

③ 未开发票不含税收入66 000.00元；

④ 销售外购车位取得不含税收入460 000.00元，已经开具增值税普通发票，该车位购买价为含税价360 000.00元；

⑤ 销售使用过的小轿车取得不含税收入150 000.00元。

该公司本期销售情况统计表如表3-1-1所示。

表3-1-1　本期销售情况统计表

开票情况	应税项目	金额/元	税率	销项税额/元	备注
增值税专用发票	*服装*女裤子	48 000.00	3%	1 440.00	代开发票
增值税普通发票	*服装*男上衣	50 000.00	3%	1 500.00	
增值税普通发票	*服装*女上衣	78 000.00	3%	2 340.00	
增值税普通发票	*机动车*小轿车	150 000.00	3%	4 500.00	
增值税普通发票	*不动产*车位	460 000.00	3%	23 000.00	购入的含税价是360 000.00元
增值税电子普通发票	*服装*男裤子	54 000.00	3%	1 620.00	
增值税电子普通发票	*服装*女裤子	65 000.00	3%	1 950.00	
未开发票	*服装*女上衣	48 000.00	3%	1 440.00	
未开发票	*服装*男裤子	18 000.00	3%	540.00	
合计		971 000.00		38 330.00	

根据该公司第一季度业务资料，思考以下问题：

该公司作为小规模纳税人，其增值税及附加税费的核对与申报操作有哪些步骤？

任务准备

一、小规模纳税人增值税纳税申报时间

小规模纳税人自企业成立的次月起，开始进行纳税申报。

二、报税资料准备

小规模纳税人在申报增值税时需要准备的资料有：

（1）经营业务说明；

（2）增值税普通发票汇总表；

（3）增值税电子普通发票汇总表；

（4）增值税专用发票汇总表；

（5）无票收入等相关报税资料。

三、上报汇总

上报汇总，是指将企业上期所开发票信息和留存的发票信息通过网络远程上报至税务机关，上报汇总的操作是在税控系统中完成的。只有上报汇总后，才能进行纳税申报，以及再开具新一期的发票。

任务实施

北京灵珑服装生产有限公司2022年第一季度增值税核对与申报工作，具体操作步骤如下。

第一步：进入财务共享服务中心云税务模块。

第二步：单击“开票软件”，登录增值税发票税控开票软件（金税盘版），如图3–1–1所示。

第三步：进入增值税发票税控开票软件后，选择“报税处理”选项，然后单击“上报汇总”，即完成上报汇总的操作，如图3–1–2所示。

图3–1–1 单击开票软件

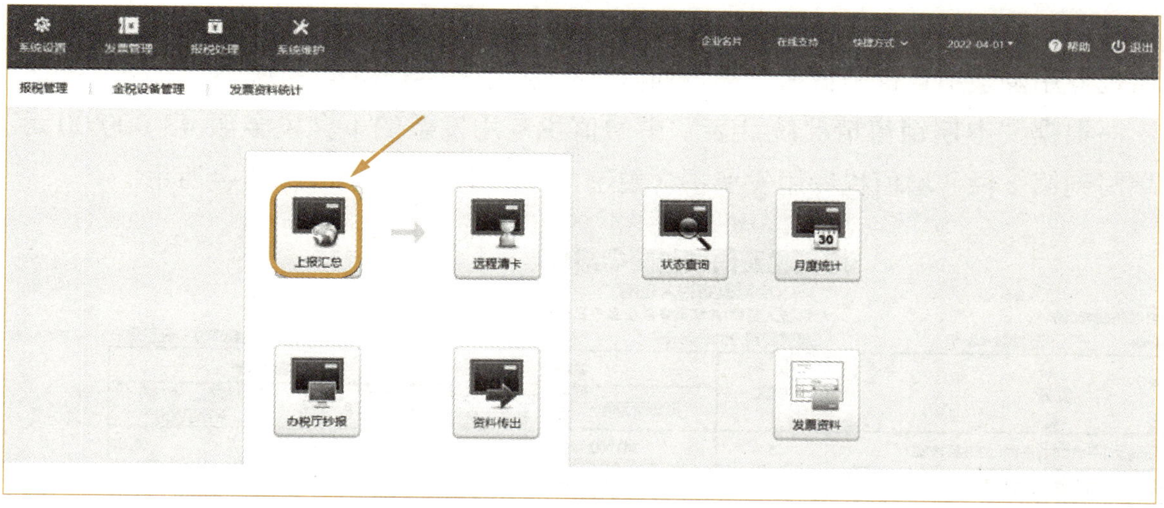

图3-1-2　上报汇总

完成以上三个步骤后，北京灵珑服装生产有限公司2022年第一季度纳税申报前的上报汇总工作即已完成，上报汇总工作完成后可以开始纳税申报。

填写小规模纳税人增值税及附加税申报表的具体操作步骤如下。

第一步：填写增值税及附加税费申报表（小规模纳税人适用）主表第1栏“应征增值税不含税销售额（3%征收率）”第1列“货物及劳务”。

由于北京灵珑服装生产有限公司属于制造业，根据“本期销售情况统计表”中应税项目为“*服装*”的不含税金额，汇总金额为361 000.00元，填写到第1栏“应征增值税不含税销售额（3%征收率）”第1列“货物及劳务”，如图3-1-3所示。

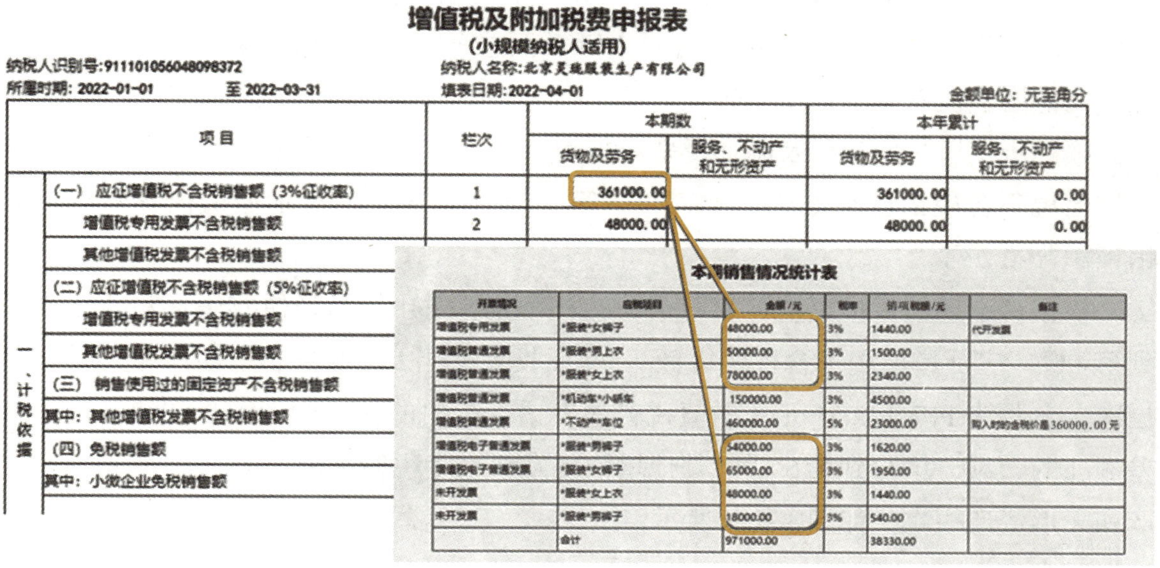

增值税及附加税费申报表
（小规模纳税人适用）

纳税人识别号:911101056048098372　纳税人名称:北京灵珑服装生产有限公司
所属时期: 2022-01-01　至 2022-03-31　填表日期:2022-04-01　金额单位：元至角分

项目		栏次	本期数		本年累计	
			货物及劳务	服务、不动产和无形资产	货物及劳务	服务、不动产和无形资产
一、计税依据	（一）应征增值税不含税销售额（3%征收率）	1	361000.00		361000.00	0.00
	增值税专用发票不含税销售额	2	48000.00		48000.00	0.00
	其他增值税发票不含税销售额					
	（二）应征增值税不含税销售额（5%征收率）					
	增值税专用发票不含税销售额					
	其他增值税发票不含税销售额					
	（三）销售使用过的固定资产不含税销售额					
	其中：其他增值税发票不含税销售额					
	（四）免税销售额					
	其中：小微企业免税销售额					

本期销售情况统计表

开票情况	应税项目	金额/元	税率	销项税额/元	备注
增值税专用发票	*服装*女裤子	48000.00	3%	1440.00	代开发票
增值税普通发票	*服装*男上衣	50000.00	3%	1500.00	
增值税普通发票	*服装*女上衣	78000.00	3%	2340.00	
增值税普通发票	*机动车*小轿车	150000.00	3%	4500.00	
增值税普通发票	*不动产*车位	460000.00	5%	23000.00	购入时的含税价是360000.00元
增值税电子普通发票	*服装*男裤子	54000.00	3%	1620.00	
增值税电子普通发票	*服装*女裤子	65000.00	3%	1950.00	
未开发票	*服装*女上衣	48000.00	3%	1440.00	
未开发票	*服装*男裤子	18000.00	3%	540.00	
	合计	971000.00		38330.00	

图3-1-3　增值税及附加税费申报表（小规模纳税人适用）的填写1

第二步：填写增值税及附加税费申报表（小规模纳税人适用）主表第 2 栏“增值税专用发票不含税销售额”第 1 列。

根据“本期销售情况统计表”中增值税专用发票的不含税金额 48 000.00元，填写到第 2 栏“增值税专用发票不含税销售额”第 1 列，如图3–1–4所示。

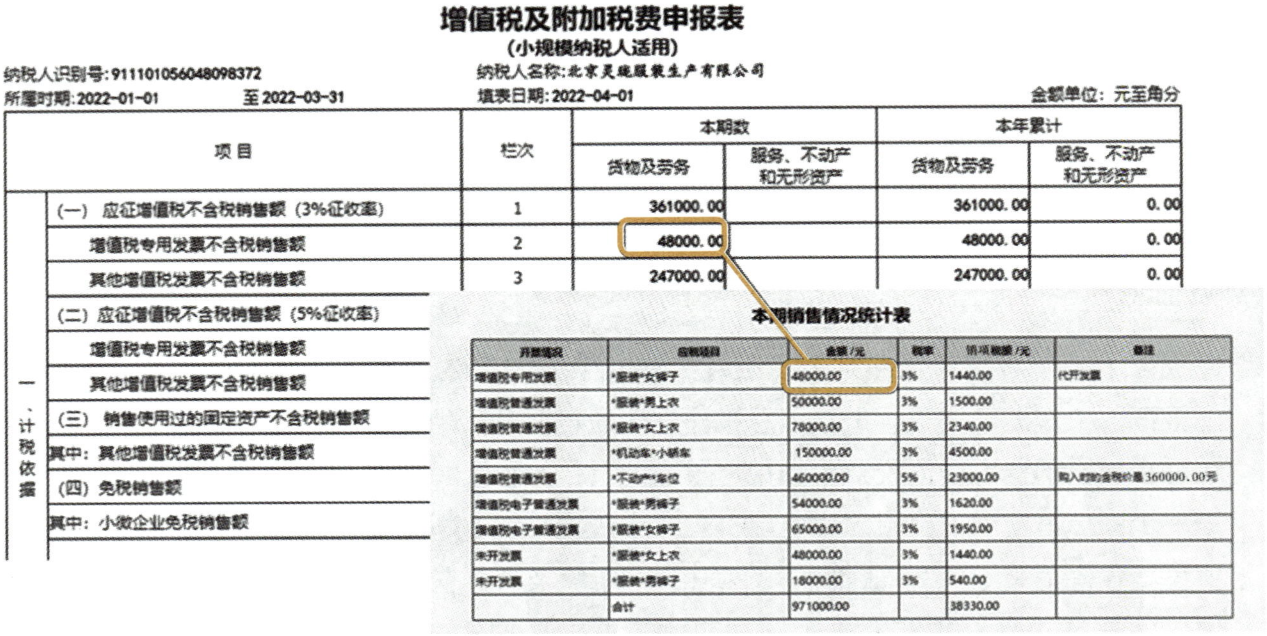

增值税及附加税费申报表

（小规模纳税人适用）

纳税人识别号：911101056048098372　　纳税人名称：北京灵珑服装生产有限公司

所属时期：2022-01-01　至 2022-03-31　　填表日期：2022-04-01　　金额单位：元至角分

	项目	栏次	本期数		本年累计	
			货物及劳务	服务、不动产和无形资产	货物及劳务	服务、不动产和无形资产
一、计税依据	（一）应征增值税不含税销售额（3%征收率）	1	361000.00		361000.00	0.00
	增值税专用发票不含税销售额	2	48000.00		48000.00	0.00
	其他增值税发票不含税销售额	3	247000.00		247000.00	0.00
	（二）应征增值税不含税销售额（5%征收率）					
	增值税专用发票不含税销售额					
	其他增值税发票不含税销售额					
	（三）销售使用过的固定资产不含税销售额					
	其中：其他增值税发票不含税销售额					
	（四）免税销售额					
	其中：小微企业免税销售额					

本期销售情况统计表

开票情况	应税项目	金额/元	税率	销项税额/元	备注
增值税专用发票	*服装*女裤子	48000.00	3%	1440.00	代开发票
增值税普通发票	*服装*男上衣	50000.00	3%	1500.00	
增值税普通发票	*服装*女上衣	78000.00	3%	2340.00	
增值税普通发票	*机动车*小轿车	150000.00	3%	4500.00	
增值税普通发票	*不动产*车位	460000.00	5%	23000.00	购入时的含税价是360000.00元
增值税电子普通发票	*服装*男裤子	54000.00	3%	1620.00	
增值税电子普通发票	*服装*女裤子	65000.00	3%	1950.00	
未开发票	*服装*女上衣	48000.00	3%	1440.00	
未开发票	*服装*男裤子	18000.00	3%	540.00	
	合计	971000.00		38330.00	

图3–1–4　增值税及附加税费申报表（小规模纳税人适用）的填写2

第三步：填写增值税及附加税费申报表（小规模纳税人适用）主表第 3 栏其他“增值税发票不含税销售额”第1列。

根据“本期销售情况统计表”中开具的增值税普通发票、增值税电子普通发票，应税项目为“*服装*”的不含税金额，汇总金额为247 000.00元，填写到第 3 栏“其他增值税发票不含税销售额”第 1 列，如图3–1–5所示。

第四步：填写增值税及附加税费申报表（小规模纳税人适用）主表第 4 栏“应征增值税不含税销售额（5%征收率）”第 2 列和第 6 栏“其他增值税发票不含税销售额”第2列。

根据“本期销售情况统计表”中，转让车位，适用简易计税办法，差额后填写到第4栏“应征增值税不含税销售额（5%征收率）第 2 列服务、不动产和无形资产栏次，金额为117 142.86元，增值税普通发票上开出的转让金额460 000.00元，即差额前的金额，填写到第6 栏“其他增值税发票不含税销售额”第 2 列服务、不动产和无形资产栏次，如图3–1–6所示。

增值税及附加税费申报表
（小规模纳税人适用）

纳税人识别号：911101056048098372　　纳税人名称：北京灵珑服装生产有限公司
所属时期：2022-01-01　至2022-03-31　　填表日期：2022-04-01　　金额单位：元至角分

项目		栏次	本期数		本年累计	
			货物及劳务	服务、不动产和无形资产	货物及劳务	服务、不动产和无形资产
一、计税依据	（一）应征增值税不含税销售额（3%征收率）	1	361000.00		361000.00	0.00
	增值税专用发票不含税销售额	2	48000.00		48000.00	0.00
	其他增值税发票不含税销售额	3	247000.00		247000.00	0.00
	（二）应征增值税不含税销售额（5%征收率）					
	增值税专用发票不含税销售额					
	其他增值税发票不含税销售额					
	（三）销售使用过的固定资产不含税销售额					
	其中：其他增值税发票不含税销售额					
	（四）免税销售额					
	其中：小微企业免税销售额					

本期销售情况统计表

开票情况	应税项目	金额/元	税率	销项税额/元	备注
增值税专用发票	*服装*女裤子	48000.00	3%	1440.00	代开发票
增值税普通发票	*服装*男上衣	50000.00	3%	1500.00	
增值税普通发票	*服装*女上衣	78000.00	3%	2340.00	
增值税普通发票	*机动车*小轿车	150000.00	3%	4500.00	
增值税普通发票	*不动产*车位	460000.00	5%	23000.00	购入时的含税价是360000.00元
增值税电子普通发票	*服装*男裤子	54000.00	3%	1620.00	
增值税电子普通发票	*服装*女裤子	65000.00	3%	1950.00	
未开发票	*服装*女上衣	48000.00	3%	1440.00	
未开发票	*服装*男裤子	18000.00	3%	540.00	
	合计	971000.00		38330.00	

图3-1-5　增值税及附加税费申报表（小规模纳税人适用）的填写3

增值税及附加税费申报表
（小规模纳税人适用）

纳税人识别号：911101056048098372　　纳税人名称：北京灵珑服装生产有限公司
所属时期：2022-01-01　至 2022-03-31　　填表日期：2022-04-01　　金额单位：元至角分

项目		栏次	本期数		本年累计	
			货物及劳务	服务、不动产和无形资产	货物及劳务	服务、不动产和无形资产
一、计税依据	（一）应征增值税不含税销售额（3%征收率）	1	361000.00		361000.00	0.00
	增值税专用发票不含税销售额	2	48000.00		48000.00	0.00
	其他增值税发票不含税销售额	3	247000.00		247000.00	0.00
	（二）应征增值税不含税销售额（5%征收率）	4	——	① 117142.86	——	117142.86
	增值税专用发票不含税销售额	5	——		——	0.00
	其他增值税发票不含税销售额	6	——	② 460000.00	——	460000.00
	（三）销售使用过的固定资产不含税销售额					
	其中：其他增值税发票不含税销售额					
	（四）免税销售额					
	其中：小微企业免税销售额					

本期销售情况统计表

开票情况	应税项目	金额/元	税率	销项税额/元	备注
增值税专用发票	*服装*女裤子	48000.00	3%	1440.00	代开发票
增值税普通发票	*服装*男上衣	50000.00	3%	1500.00	
增值税普通发票	*服装*女上衣	78000.00	3%	2340.00	
增值税普通发票	*机动车*小轿车	150000.00	3%	4500.00	
增值税普通发票	*不动产*车位	② 460000.00	5%	23000.00	购入时的含税价是360000.00 元
增值税电子普通发票	*服装*男裤子	54000.00	3%	1620.00	

图3-1-6　增值税及附加税费申报表（小规模纳税人适用）的填写4

第五步：填写增值税及附加税费申报表（小规模纳税人适用）主表第7栏“销售使用过的固定资产不含税销售额”第1列和第8栏“其中：其他增值税发票不含税销售额”第1列。

根据“本期销售情况统计表”中，销售使用过的小轿车，开具增值税普通发票，不含税销售额为150 000.00元，填写到第7栏“销售使用过的固定资产不含税销售额”第1列“货物及劳务”和第8栏“其中：其他增值税发票不含税销售额”第1列“货物及劳务”，如图3-1-7所示。

增值税及附加税费申报表

（小规模纳税人适用）

纳税人识别号：911101056048098372　　纳税人名称：北京灵珑服装生产有

所属时期：2022-01-01　至 2022-03-31　　填表日期：2022-04-01

	项目	栏次	本 货物及劳务			
一、计税依据	（一）应征增值税不含税销售额（3%征收率）	1	361000.00			
	增值税专用发票不含税销售额	2	48000.00			
	其他增值税发票不含税销售额	3	247000.00			
	（二）应征增值税不含税销售额（5%征收率）	4	——			
	增值税专用发票不含税销售额	5	——		——	0.00
	其他增值税发票不含税销售额	6	——	460000.00	——	460000.00
	（三）销售使用过的固定资产不含税销售额	7(7≥8)	150000.00	——	150000.00	——
	其中：其他增值税发票不含税销售额	8	150000.00	——	150000.00	——
	（四）免税销售额	9=10+11+12	0.00	0.00	0.00	0.00
	其中：小微企业免税销售额	10			0.00	0.00

本期销售情况统计表

开票情况	应税项目	金额/元
增值税专用发票	*服装*女裤子	48000.00
增值税普通发票	*服装*男上衣	50000.00
增值税普通发票	*服装*女上衣	78000.00
增值税普通发票	*机动车*小轿车	150000.00
增值税普通发票	*不动产*车位	460000.00
增值税电子普通发票	*服装*男裤子	54000.00

图3-1-7　增值税及附加税费申报表（小规模纳税人适用）的填写5

第六步：根据主表中的数据，系统自动计算出第20栏“应纳税额合计”，如图3-1-8所示。

二、税款计算	本期应纳税额	15	15330.00	5857.14	15330.00	5857.14
	本期应纳税额减征额	16	1500.00		1500.00	0.00
	本期免税额	17			0.00	0.00
	其中：小微企业免税额	18			0.00	0.00
	未达起征点免税额	19			0.00	0.00
	应纳税额合计	20=15-16	① 13830.00	② 5857.14	13830.00	5857.14
	本期预缴税额	21	1440.00	5857.14	——	——
	本期应补（退）税额	22=20-21	12390.00	0.00	——	——
三、附加税费	城市维护建设税本期应补（退）税额	23		433.65		433.65
	教育费附加本期应补（退）费额	24		295.30		295.30
	地方教育附加本期应补（退）费额	25		196.87		196.87

图3-1-8　增值税及附加税费申报表（小规模纳税人适用）的填写6

第七步：填写增值税及附加税申报表（小规模纳税人适用）附列资料（一）。

实务工作中，判断需要填写附列资料（一）需要同时满足 2 个条件：① 需要缴纳税款；② 存在差额征税的情况。根据本期销售情况统计表中，转让车位，按照购入的含税价 360 000.00元，填入应税行为（5%征收率）扣除额计算第10栏“本期发生额”和第11栏“本期扣除额”，根据转让车位开具增值税普通发票上价税合计金额483 000.00元填写到应税行为（5%征收率）计税销售额计算第13栏全部含税收入，系统会自动计算出第16栏“不含税销售额”，如图3-1-9所示。

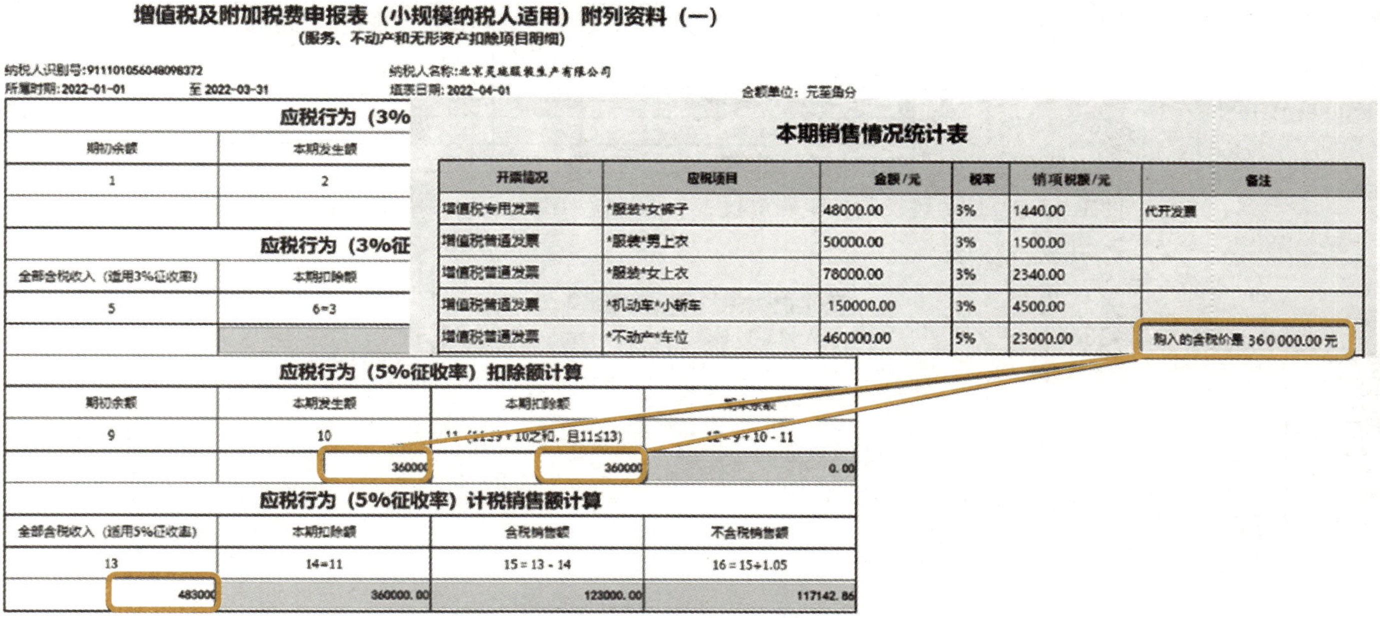

增值税及附加税费申报表（小规模纳税人适用）附列资料（一）

（服务、不动产和无形资产扣除项目明细）

纳税人识别号:911101056048098372　　纳税人名称:[illegible]

所属时期:2022-01-01　至 2022-03-31　　填表日期:2022-04-01　　金额单位：元至角分

应税行为（3%			
期初余额	本期发生额		
1	2		
应税行为（3%征			
全部含税收入（适用3%征收率）	本期扣除额		
5	6=3		
应税行为（5%征收率）扣除额计算			
期初余额	本期发生额	本期扣除额	期末余额
9	10	11（11≤9＋10之和，且11≤13）	12＝9＋10－11
	360000	360000	0.00
应税行为（5%征收率）计税销售额计算			
全部含税收入（适用5%征收率）	本期扣除额	含税销售额	不含税销售额
13	14=11	15＝13－14	16＝15÷1.05
483000	360000.00	123000.00	117142.86

本期销售情况统计表

开票情况	应税项目	金额/元	税率	销项税额/元	备注
增值税专用发票	*服装*女裤子	48000.00	3%	1440.00	代开发票
增值税普通发票	*服装*男上衣	50000.00	3%	1500.00	
增值税普通发票	*服装*女上衣	78000.00	3%	2340.00	
增值税普通发票	*机动车*小轿车	150000.00	3%	4500.00	
增值税普通发票	*不动产*车位	460000.00	5%	23000.00	购入的含税价是 360 000.00元

图3-1-9　增值税及附加税费申报表（小规模纳税人适用）附列资料（一）的填写

第八步：填写增值税及附加税申报表（小规模纳税人适用）附列资料（二）。

附列资料（二）反映的是当期附加税的申报情况，表中第1列“增值税税额”的金额，系统会自动从主表中的第 20 栏“应纳税额合计”取数，只需填写第 2 列“税（费）率（征收率）（%）”和第8列“本期已缴税（费）额”，如图3-1-10所示。

第九步：填写增值税减免税申报明细表。

根据本期销售情况统计表销售使用过的小轿车，适用简易计税办法，减税性质代码及名称选择 01129924，减免的金额为1 500.00元，填写至《增值税减免税申报明细表》第2列“本期发生额”和第4列“本期实际抵税额”，如图3-1-11所示。

增值税及附加税费申报表（小规模纳税人适用）附列资料（二）

（附加税费情况表）

纳税人识别号：911101056048098372　　纳税人名称：北京灵驰服装生产有限公司

所属时期：2022-01-01　至2022-03-31　　填表日期：2022-04-01　　金额单位：元至角分

税（费）种	计税（费）依据	税（费）率（征收率）（%）	本期应纳税（费）额	本期减免税（费）额		增值税小规模纳税人"六税两费"减征政策		本期已缴税（费）额	本期应补（退）税（费）额
	增值税税额			减免性质代码	减免税（费）额	减征比例（%）	减征额		
自动取数	1	2	3=1×2	4	5	6	7=（3-5）×6	8	9=3-5-7-8
城市维护建设税	19687.14	7%	1378.10			50%	689.05	255.40	433.65
教育费附加	19687.14	3%	590.61			50%	295.31		295.30
地方教育附加	19687.14	2%	393.74			50%	196.87		196.87
合计	--	--							

13830.00+5857.14=19687.14

	项目	栏次				
二、税款计算	本期应纳税额	15	15330.00	5857.14	15330.00	5857.14
	本期应纳税额减征额	16	1500.00		1500.00	0.00
	本期免税额	17			0.00	0.00
	其中：小微企业免税额	18			0.00	0.00
	未达起征点免税额	19			0.00	0.00
	应纳税额合计	20=15-16	13830.00	5857.14	13830.00	5857.14
	本期预缴税额	21	1440.00	5857.14	——	——
	本期应补（退）税额	22=20-21	12390.00	0.00	——	——
三、附加税费	城市维护建设税本期应补（退）税额	23		433.65		433.65
	教育费附加本期应补（退）费额	24		295.30		295.30
	地方教育附加本期应补（退）费额	25		196.87		196.87

图3-1-10　增值税及附加税费申报表（小规模纳税人适用）附列资料（二）的填写

增值税减免税申报明细表

纳税人识别号：911101056048098372　　纳税人名称：北京灵驰服装生产有限公司

所属时期：2022-01-01　至2022-03-31　　填表日期：2022-04-01　　金额单位：元(列至角分)

一、减税项目						
减税性质代码及名称	栏次	期初余额	本期发生额	本期应抵减税额	本期实际抵税额	期末余额
		1	2	3=1+2	4<=3	5=3-4
合计		0.00	1500.00	1500.00	1500.00	0.00
01129924《财政部 国家税务总局关于简并增值税征收率政策的通知》财		0.00	1500	1500.00	1500	0.00
请选择		0.00		0.00		0.00
请选择		0.00		0.00		0.00
请选择						
请选择						

本期销售情况统计表

开票情况	应税项目	金额	税率	税额	备注
增值税专用发票	*服装*女裤子	48000.00	3%	1440.00	代开发票
增值税普通发票	*服装*男上衣	50000.00	3%	1500.00	
增值税普通发票	*服装*女上衣	78000.00	3%	2340.00	
增值税普通发票	*机动车*小轿车	150000.00	3%	4500.00	

150000.00*1%=1500.00

图3-1-11　增值税减免税申报明细表的填写

任务小结 》》 在实务工作中，小规模纳税人增值税申报常见的申报方式是网上申报。报税会计在填写完申报表后，就开始点击申报按钮进行申报，申报后，系统会提示是否进入缴纳，若进入缴纳，企业选择对应的缴纳方式，点击进行缴款，缴款成功后，就完成了小规模纳税人增值税的申报及缴纳。

任务二　一般纳税人增值税及附加税费的核对与申报

案例引入

深圳乐享旅游有限公司为一般纳税人企业，它是以其他服务业等其他经营项目为主的公司。深圳乐享旅游有限公司代理北京灵珑服装生产有限公司会务及工艺纪念、旅游（职工福利）等业务。

深圳乐享旅游有限公司属于小型微利企业，其城市维护建设税、教育费附加、地方教育费附加、印花税减半征收，减免性质代码：09049901，适用加计抵减政策，2022 年度内不再调整。

2022 年 3 月该公司发生了以下相关的销售业务，具体如表 3-1-2 所示。

表 3-1-2　本期销售情况统计表

开票情况	应税项目	金额/元	税率	销项税额/元	备注
增值税专用发票	*旅游服务*旅游费	180 000.00	6%	10 800.00	
增值税专用发票	*工艺品*扇艺装饰费	30 000.00	13%	3 900.00	
增值税普通发票	*不动产*车位	700 000.00	5%	35 000.00	
增值税普通发票	*旅游服务*会务服务	72 000.00	6%	4 320.00	其中不含税额中有 20 000.00 元为前期未开发票，本期开具发票的情况
增值税普通发票	*旅游服务*考察费	50 000.00	6%	3 000.00	
未开发票	*旅游服务*考察费	208 000.00	6%	12 480.00	
未开发票	*旅游服务*会务服务	60 000.00	6%	3 600.00	
未开发票	*纺织产品*丝巾	20 000.00	13%	2 600.00	

任务准备

一、纳税申报的操作

在实务工作中，一般纳税人增值税申报常见采取的申报方式是网上申报，具体操作步骤同小规模纳税人相似。

二、纳税申报表

缴纳增值税是依法向国家缴纳税款的行为，是增值税纳税人应履行的义务。在数据申报时，报税会计应先认识增值税一般纳税人纳税申报表的填写顺序及纳税申报表的填写内容，并根据填写完整无误的纳税申报表信息直接在财务共享服务中心平台上进行申报，最后缴纳税款。

一般纳税人的增值税纳税申报表共计6张，包含1张主表和5张附表，分别是：增值税纳税申报表（一般纳税人适用）；增值税及附加税费申报表附列资料（一）（本期销售情况明细）、增值税及附加税费申报表附列资料（二）（本期进项税额明细）、增值税及附加税费申报表附列资料（三）（服务、不动产和无形资产扣除项目明细）、增值税及附加税费申报表附列资料（四）（税额抵减情况表）、增值税减免税申报明细表。一般纳税人填写增值税申报表时，应先填写附列资料，最后填写增值税纳税申报表主表。

任务实施

根据深圳乐享旅游有限公司业务资料，该公司增值税纳税申报表的核对与申报步骤如下。

第一步：填写一般纳税人增值税及附加税申报表附列资料（一）。

根据本期销售情况统计表中，销售“*工艺品*扇艺装饰费”项目，填写到附列资料（一）一般计税方法计税第1栏“13%税率的货物及加工修理修配劳务”，开具增值税专用发票第1列销售额30 000.00元和第2列销项（应纳）税额3 900.00元，如图3-1-12所示。

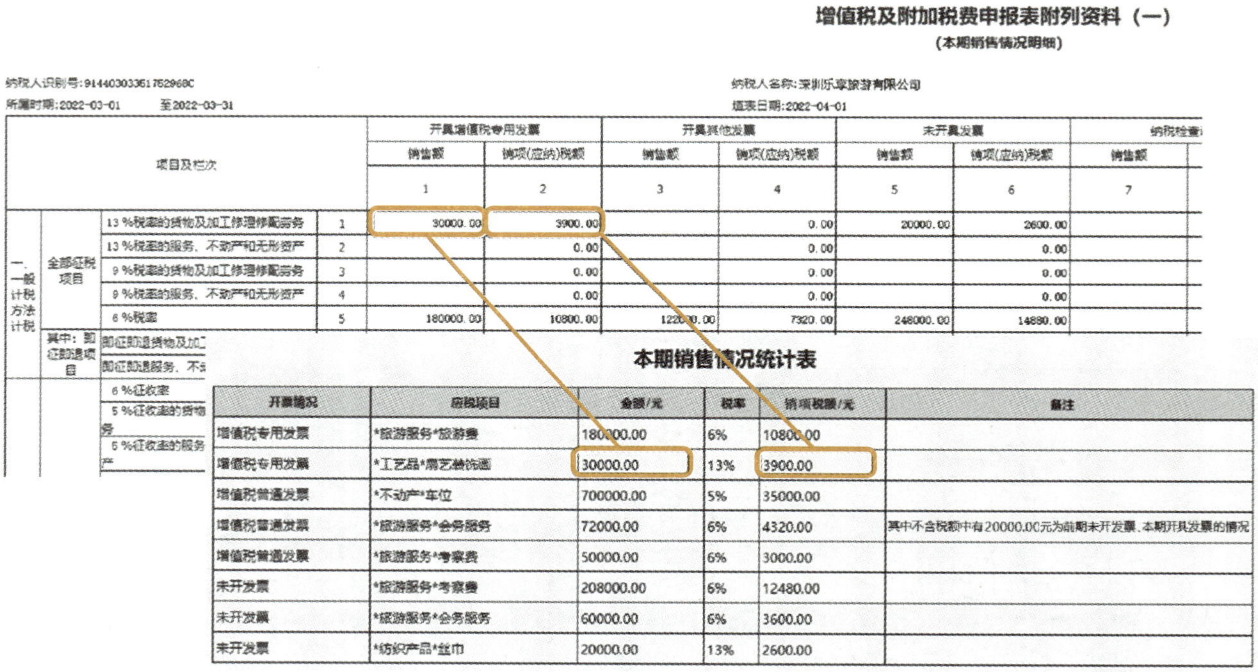
增值税及附加税费申报表附列资料（一）
（本期销售情况明细）

纳税人识别号:91440303361752968C　　纳税人名称:深圳乐享旅游有限公司
所属时期:2022-03-01　至2022-03-31　　填表日期:2022-04-01

项目及栏次				开具增值税专用发票 销售额	开具增值税专用发票 销项(应纳)税额	开具其他发票 销售额	开具其他发票 销项(应纳)税额	未开具发票 销售额	未开具发票 销项(应纳)税额	纳税检查… 销售额
				1	2	3	4	5	6	7
一、一般计税方法计税	全部征税项目	13%税率的货物及加工修理修配劳务	1	30000.00	3900.00		0.00	20000.00	2600.00	
		13%税率的服务、不动产和无形资产	2		0.00		0.00		0.00	
		9%税率的货物及加工修理修配劳务	3		0.00		0.00		0.00	
		9%税率的服务、不动产和无形资产	4		0.00		0.00		0.00	
		6%税率	5	180000.00	10800.00	122[illegible].00	7320.00	248000.00	14880.00	
	其中：即征即退项目	即征即退货物及加…								
		即征即退服务、不…								
		6%征收率								
		5%征收率的货物…								
		5%征收率的服务…								

本期销售情况统计表

开票情况	应税项目	金额/元	税率	销项税额/元	备注
增值税专用发票	*旅游服务*旅游费	180000.00	6%	10800.00	
增值税专用发票	*工艺品*扇艺装饰画	30000.00	13%	3900.00	
增值税普通发票	*不动产*车位	700000.00	5%	35000.00	
增值税普通发票	*旅游服务*会务服务	72000.00	6%	4320.00	其中不含税额中有20000.00元为前期未开发票、本期开具发票的情况
增值税普通发票	*旅游服务*考察费	50000.00	6%	3000.00	
未开发票	*旅游服务*考察费	208000.00	6%	12480.00	
未开发票	*旅游服务*会务服务	60000.00	6%	3600.00	
未开发票	*纺织产品*丝巾	20000.00	13%	2600.00	

图3-1-12　增值税及附加税申报表附列资料（一）的填写1

根据本期销售情况统计表中，提供“*旅游服务*旅游费”开具增值税专用发票，填写到附列资料（一）一般计税方法计税第5栏“6%税率”，开具增值税专用发票第1列销售额180 000.00元和第2列销项（应纳）税额10 800.00元，如

图3-1-13所示。

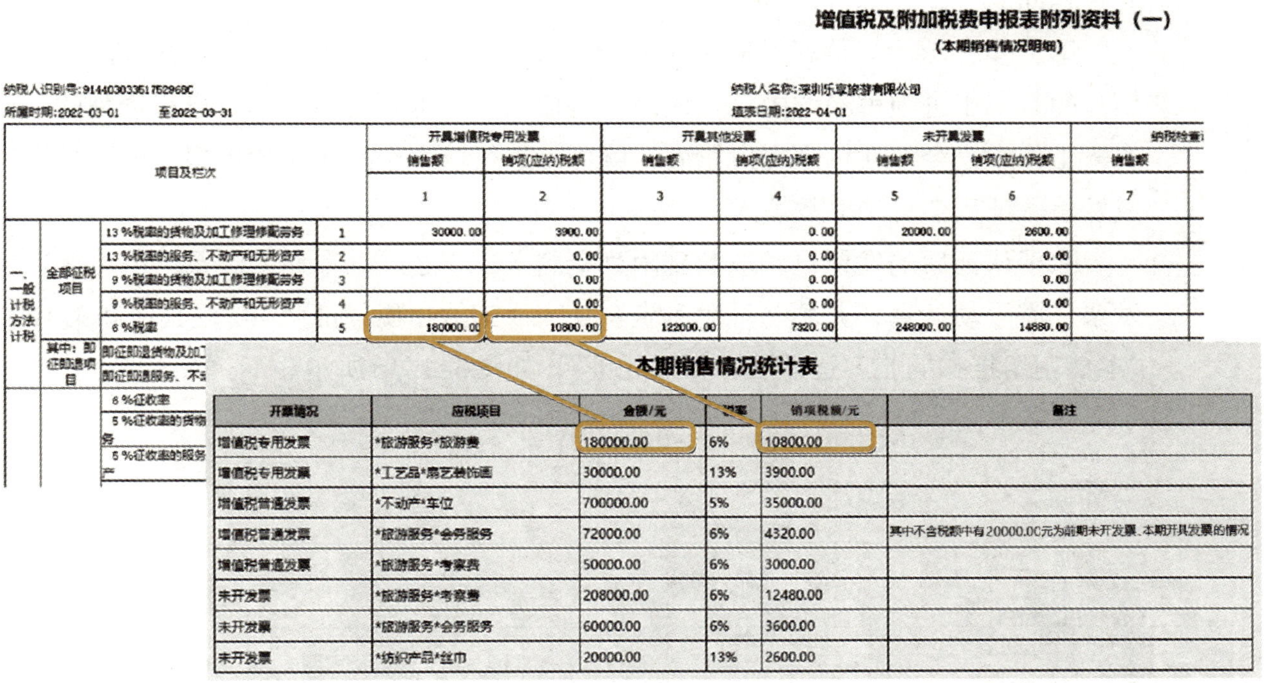
增值税及附加税费申报表附列资料（一）

（本期销售情况明细）

纳税人识别号：91440303351752968C　　纳税人名称：深圳乐享旅游有限公司

所属时期：2022-03-01　至2022-03-31　　填表日期：2022-04-01

项目及栏次				开具增值税专用发票		开具其他发票		未开具发票		纳税检查调整
				销售额	销项(应纳)税额	销售额	销项(应纳)税额	销售额	销项(应纳)税额	销售额
				1	2	3	4	5	6	7
一、一般计税方法计税	全部征税项目	13%税率的货物及加工修理修配劳务	1	30000.00	3900.00		0.00	20000.00	2600.00	
		13%税率的服务、不动产和无形资产	2		0.00		0.00		0.00	
		9%税率的货物及加工修理修配劳务	3		0.00		0.00		0.00	
		9%税率的服务、不动产和无形资产	4		0.00		0.00		0.00	
		6%税率	5	180000.00	10800.00	122000.00	7320.00	248000.00	14880.00	

本期销售情况统计表

开票情况	应税项目	金额/元	税率	销项税额/元	备注
增值税专用发票	*旅游服务*旅游费	180000.00	6%	10800.00	
增值税专用发票	*工艺品*藤艺装饰画	30000.00	13%	3900.00	
增值税普通发票	*不动产*车位	700000.00	5%	35000.00	
增值税普通发票	*旅游服务*会务服务	72000.00	6%	4320.00	其中不含税额中有20000.00元为前期未开发票、本期开具发票的情况
增值税普通发票	*旅游服务*考察费	50000.00	6%	3000.00	
未开发票	*旅游服务*考察费	208000.00	6%	12480.00	
未开发票	*旅游服务*会务服务	60000.00	6%	3600.00	
未开发票	*纺织产品*丝巾	20000.00	13%	2600.00	

图3-1-13　增值税及附加税申报表附列资料（一）的填写2

根据本期销售情况统计表中，提供会务服务、考察费开具增值税普通发票，填写到附列资料（一）一般计税方法计税第5栏“6%税率”，开具其他发票第3列销售额122 000.00元和第4列销项（应纳）税额7 320.00元，如图3-1-14所示。

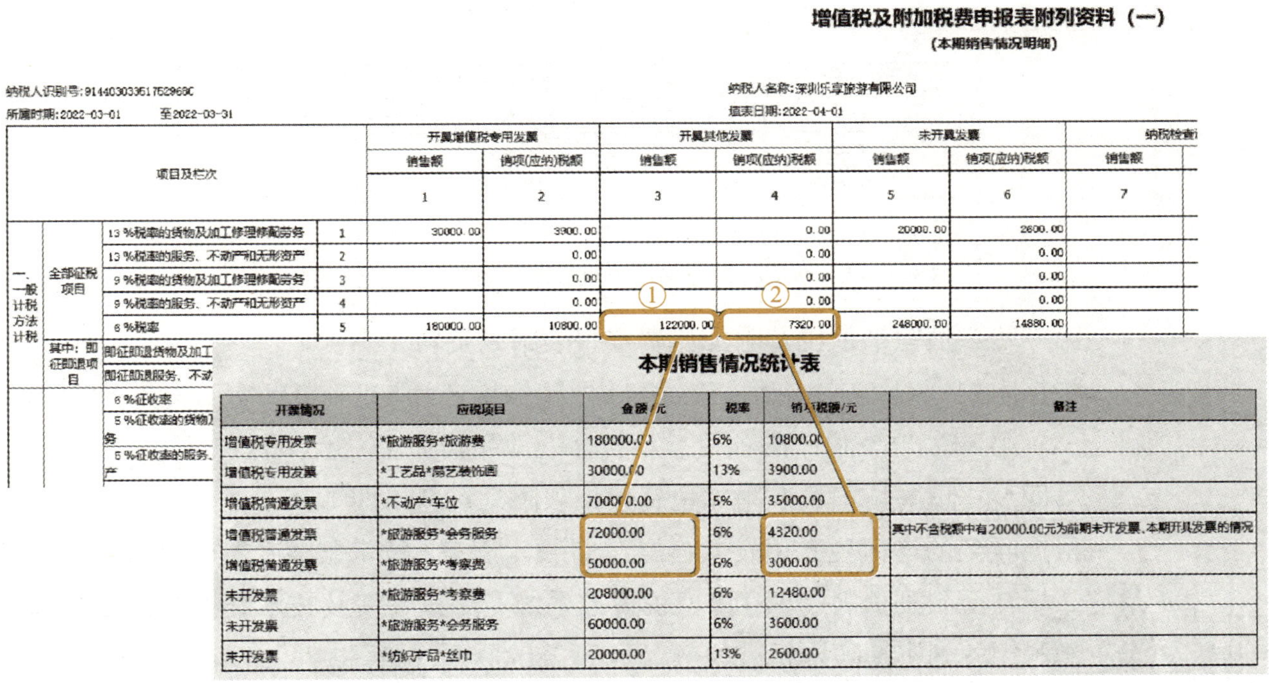

增值税及附加税费申报表附列资料（一）

（本期销售情况明细）

（表格内容同图3-1-13）

图3-1-14　增值税及附加税申报表附列资料（一）的填写3

未开发票和转让不动产业务的填写同开具增值税专用发票、开具其他发票的填写是相同的，此处不再详细阐述。

第二步：填写增值税及附加税费申报表附列资（二）的填写。附列资料（二）填写的是属于进项税额的内容，该内容是根据认证抵扣勾选的结果进行填列的。在实务工作中，企业在认证完发票后，就可以进行填写申报了，该申报表的数据在完成发票认证后会自动取数填入。

除了认证后的发票自动取数到附列资料（二）之外，本期因涉及国内旅客运输发票，需手动计算，并填写至附列资料（二）其他扣税凭证第8b栏其他和第10栏“本期用于抵扣的旅客运输服务扣税凭证”，如图3-1-15所示。

增值税及附加税费申报表附列资料（二）

（本期进项税额明细）

纳税人识别号:91440303351752968O　纳税人名称:深圳乐享旅游有限公司

所属时期: 2022-03-01　至2022-03-31　填表日期:2022-04-01　金额单位:元至角分

一、申报抵扣的进项税额				
项目	栏次	份数	金额	税额
（一）认证相符的增值税专用发票	1=2+3	8	313164.15	23928.85
其中：本期认证相符且本期申报抵扣	2	8	313164.15	23928.85
前期认证相符且本期申报抵扣	3			
（二）其他扣税凭证	4=5+6+7+8	13	44300.00	3915.00
其中：海关进口增值税专用缴款书	5			
农产品收购发票或者销售发票	6			
代扣代缴税收缴款凭证	7		——	
加计扣除农产品进项税额	8a	——	——	
其他	8b	13	44300	3915.00
（三）本期用于购建不动产的扣税凭证	9			
（四）本期用于抵扣的旅客运输服务扣税凭证	10	13	44300	3915.00
（五）外贸企业进项税额抵扣证明	11	——	——	
当期申报抵扣进项税额合计				

国内旅客运输发票汇总表

类型	张数	金额/元	备注
机票	5	37528.00	含票价37028元、燃油附加费250元、其他税费250元
高铁票	3	9701.00	
公路客运发票	5	1236.00	
合计	13	48465.00	

图3-1-15　增值税及附加税申报表附列资料（二）的填写

第三步：填写增值税及附加税费申报表附列资料（三）。

根据附列资料（一）的第5栏第11列的价税合计583 000.00元，填写到附列资料（三）第3栏“6%税率的项目（不含金融商品转让）”583 000.00元。

第四步：填写增值税及附加税费申报表附列资料（四）。

根据收到的增值税专用发票，“*信息技术服务*技术服务费”满足减免税款的条件，填写至附列资料（四）增值税税控系统专用设备费及技术维护费第2列本期发生额和第4列本期实际抵减税额，金额280.00元，如图3-1-16所示。

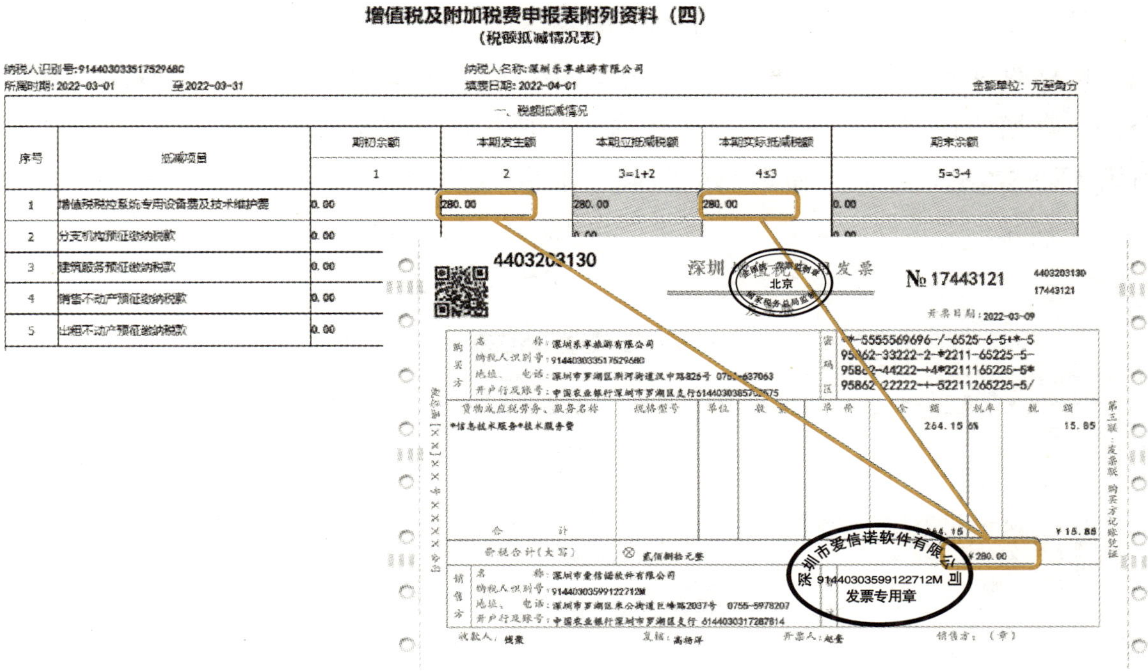

增值税及附加税费申报表附列资料（四）

（税额抵减情况表）

纳税人识别号:91440303351752968C　　纳税人名称:深圳乐享旅游有限公司

所属时期: 2022-03-01　至2022-03-31　　填表日期: 2022-04-01　　金额单位：元至角分

一、税额抵减情况

序号	抵减项目	期初余额	本期发生额	本期应抵减税额	本期实际抵减税额	期末余额
		1	2	3=1+2	4≤3	5=3-4
1	增值税税控系统专用设备费及技术维护费	0.00	280.00	280.00	280.00	0.00
2	分支机构预征缴纳税款	0.00		0.00		0.00
3	建筑服务预征缴纳税款	0.00				
4	销售不动产预征缴纳税款	0.00				
5	出租不动产预征缴纳税款	0.00				

4403203130　深圳增值税专用发票　北京　№ 17443121　4403203130　17443121

开票日期：2022-03-09

购买方　名　　称：深圳乐享旅游有限公司
纳税人识别号：91440303351752968C
地址、电话：深圳市罗湖区荆河街道汉中路826号 0755-637063
开户行及账号：中国农业银行深圳市罗湖区支行61440303857…575

密码区　*-5555569696-/-6525-6-5+*-5
95862-33222-2-*2211-65225-5-
95862-44222-+4*2211165225-5*
95862-22222-+-52211265225-5/

货物或应税劳务、服务名称	规格型号	单位	数量	单价	金额	税率	税额
*信息技术服务*技术服务费					264.15	6%	15.85
合　计					264.15		￥15.85
价税合计（大写）	⊗贰佰捌拾元整						￥280.00

销售方　名　　称：深圳市爱信诺软件有限公司
纳税人识别号：91440303599122712M
地址、电话：深圳市罗湖区东晓街道独树路2037号　0755-5978207
开户行及账号：中国农业银行深圳市罗湖区支行 6144030317287814

收款人：钱豪　复核：高梓洋　开票人：赵蕾　销售方：（章）

深圳市爱信诺软件有限公司 91440303599122712M 发票专用章

图3-1-16　增值税及附加税申报表附列资料（四）的填写

第五步：填写增值税及附加税费申报表附列资料（五）。

第1列“增值税税额”由系统自动从主表第34栏“本期应补（退）税额”取数，只需手动输入适用的税率即可。

因该企业是旅游服务公司，满足附加税减半征收的条件，填报结果如图3-1-17所示。

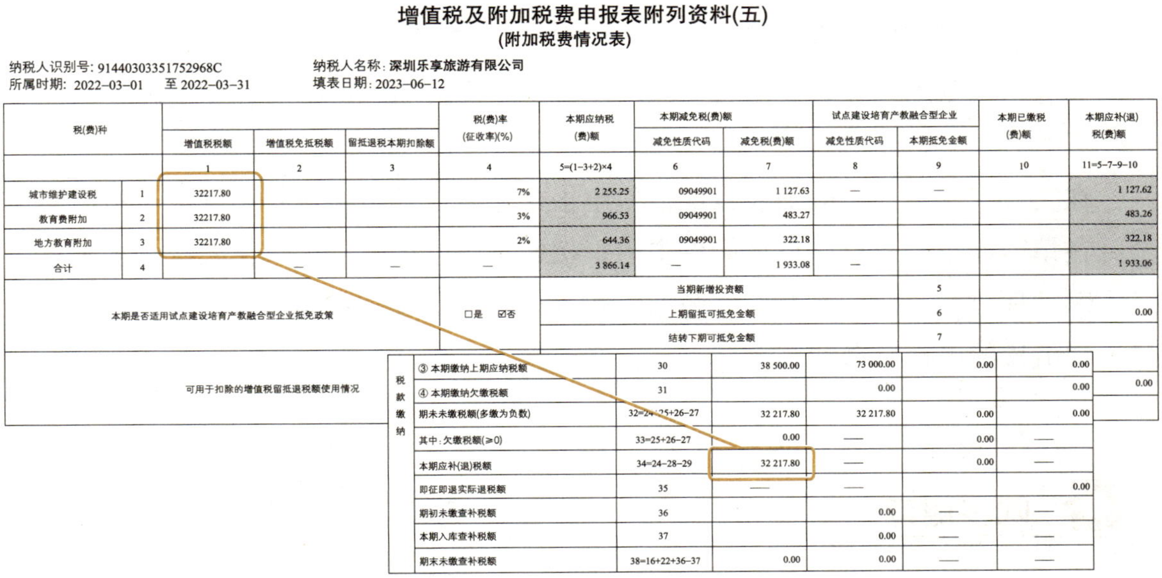

增值税及附加税费申报表附列资料(五)

(附加税费情况表)

纳税人识别号: 91440303351752968C　　纳税人名称: 深圳乐享旅游有限公司

所属时期: 2022-03-01　至 2022-03-31　　填表日期: 2023-06-12

税(费)种		增值税税额	增值税免抵税额	留抵退税本期扣除额	税(费)率(征收率)(%)	本期应纳税(费)额	本期减免税(费)额：减免性质代码	本期减免税(费)额：减免税(费)额	试点建设培育产教融合型企业：减免性质代码	试点建设培育产教融合型企业：本期抵免金额	本期已缴税(费)额	本期应补(退)税(费)额
		1	2	3	4	5=(1-3+2)×4	6	7	8	9	10	11=5-7-9-10
城市维护建设税	1	32217.80			7%	2 255.25	09049901	1 127.63	—	—		1 127.62
教育费附加	2	32217.80			3%	966.53	09049901	483.27				483.26
地方教育附加	3	32217.80			2%	644.36	09049901	322.18				322.18
合计	4		—	—	—	3 866.14	—	1 933.08	—			1 933.06

本期是否适用试点建设培育产教融合型企业抵免政策	□是　☑否	当期新增投资额	5	
		上期留抵可抵免金额	6	0.00
		结转下期可抵免金额	7	
可用于扣除的增值税留抵退税额使用情况				0.00

税款缴纳	项目	栏次				
	③ 本期缴纳上期应纳税额	30	38 500.00	73 000.00	0.00	0.00
	④ 本期缴纳欠缴税额	31		0.00		0.00
	期末未缴税额(多缴为负数)	32=24+25+26-27	32 217.80	32 217.80	0.00	0.00
	其中：欠缴税额(≥0)	33=25+26-27	0.00	——	0.00	——
	本期应补(退)税额	34=24-28-29	32 217.80	——	0.00	——
	即征即退实际退税额	35	——	——		0.00
	期初未缴查补税额	36		0.00	——	——
	本期入库查补税额	37		0.00	——	——
	期末未缴查补税额	38=16+22+36-37	0.00	0.00	——	——

图3-1-17　增值税及附加税申报表附列资料（五）的填写

第六步：填写增值税减免税申报明细表。

根据收到的增值税专用发票，“*信息技术服务*技术服务费”满足减免税款的条件，在增值税减免税申报明细表中减税性质代码及名称选择 01129914，减税项目第2列“本期发生额”和第4列“本期实际抵减税额”，填写金额 280.00元，如图3-1-18所示。

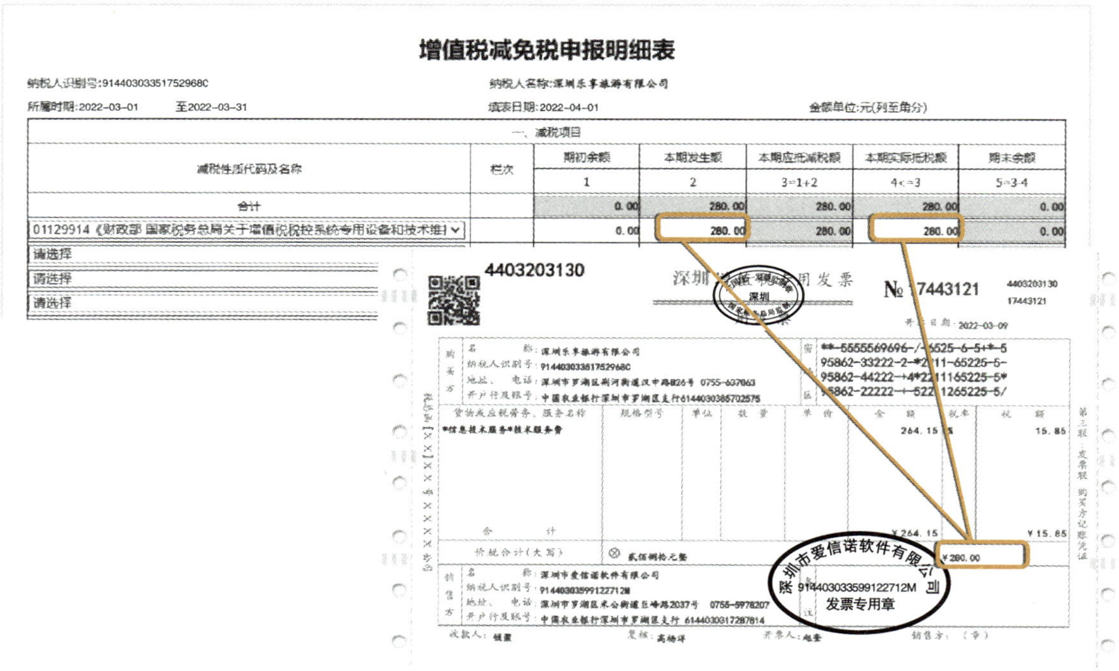

图3-1-18 增值税减免税申报明细表的填写

第七步：填写增值税及附加税费申报表（主表）。

最终，根据附列资料表的数据，填写增值税及附加税费申报表（主表）。

任务小结

在实务工作中，一般纳税人增值税申报常见采取的申报方式是网上申报。报税会计在填写完申报表后，就开始点击申报按钮进行申报，申报后，系统会提示是否进入缴纳环节，企业选择对应的缴纳方式进行缴款，缴款成功后，就完成了一般纳税人增值税的申报及缴纳。

同步测评

一、不定项选择题

1.《财政部 税务总局 关于明确增值税小规模纳税人减免增值税等政策的公

告》，自2023年1月1日至2023年12月31日，允许生活性服务业纳税人按照当期可抵扣进项税额加计（　　　　）抵减应纳税额。

A. 10%　　B. 15%

C. 20%　　D. 25%

2. 北京晨优饮料有限公司系小规模纳税人，根据表3-1-3本期销售情况统计表，计算图3-1-19增值税及附加税费申报表相应A位置填报正确的金额是（　　　　）元。

表3-1-3　本期销售情况统计表

开票情况	应税项目	金额/元	税率	销项税额/元
电子发票（增值税专用发票）	*软饮料*苹果味	48 000.00	3%	1 440.00
电子发票（普通发票）	*软饮料*复合口味	50 000.00	1%	500.00
电子发票（普通发票）	*软饮料*西柚味	34 000.00	1%	340.00
电子发票（普通发票）	*软饮料*苹果味	22 000.00	1%	220.00

增值税及附加税费申报表
(小规模纳税人适用)

纳税人识别号: 911101014767481430　　纳税人名称：北京展化饮料有限公司
所属时期: 2023-03-01　至 2023-03-31　　填表日期：　　金额单位：元至角分

项目		栏次	本期数		本年累计	
			货物及劳务	服务、不动产和无形资产	货物及劳务	服务、不动产和无形资产
一、计税依据	(一) 应征增值税不含税销售额(3%征收率)	1			0.00	0.00
	增值税专用发票不含税销售额	2			0.00	0.00
	其他增值税发票不含税销售额	3	A		0.00	0.00
	(二) 应征增值税不含税销售额(5%征收率)	4	—		—	0.00
	增值税专用发票不含税销售额	5	—		—	0.00
	其他增值税发票不含税销售额	6	—		—	0.00
	(三) 销售使用过的固定资产不含税销售额	7(7≥8)		—	0.00	—
	其中：其他增值税发票不含税销售额	8		—	0.00	—

图3-1-19　增值税及附加税费申报表

A. 48 000　　B. 84 000　　C. 56 000　　D. 106 000

3. 下列选项中属于增值税减免税申报表中“免税项目”的有（　　　　）。

A. 农业生产者销售自产的农产品

B. 超市销售的保健品

C. 直接用于科学研究、科学试验和教学的进口仪器、设备

D. 由残疾人组织直接进口供残疾人专用的物品

4. 下列各项中，应计入增值税销项税额的有（　　　　）。

A. 销售货物取得的收入　　B. 提供应税劳务取得的收入

C. 进口货物取得的收入　　D. 视同销售货物行为取得的收入

5. 下列项目中，属于城市维护建设税计税依据的是（　　）。

A. 少计算的增值税被追缴的部分　　B. 拖欠增值税加收的滞纳金

C. 偷逃增值税被处罚的罚款　　D. 销售铁矿石缴纳的资源税

6. 下列项目中，不属于生活服务的是（　　）。

A. 文化体育服务　　B. 教育医疗服务

C. 旅游娱乐服务　　D. 供电供水服务

7. 纳税人购进用于生产或者委托加工13%税率货物的农产品，按照（　　）的扣除率计算进项税额。

A. 9%　　B. 6%　　C. 3%　　D. 10%

8. 安之坚保安公司系小规模纳税人，2023年1—3月份为用工单位提供劳务派遣服务，取得全部含税收入154.50万元，其中含代用工单位支付给劳务派遣员工的工资、福利和为其办理社会保险费及住房公积金的费用共计123.00万元，该公司选择差额征收办法并按规定开具了增值税普通发票。该公司第一季度应申报的销售额的正确计算方式是（　　）。

A. 154.50÷（1+5%）　　B. 154.50÷（1+5%）−123.00

C. 154.50−123.00　　D.（154.50−123.00）÷（1+5%）

9. 小规模纳税人发生增值税应税销售行为，季度销售额未超过（　　）的，免征增值税。

A. 10万元　　B. 30万元

C. 15万元　　D. 0

10. 小规模纳税人增值税纳税申报开始时间为自企业成立（　　）起。

A. 当月　　B. 次月

C. 下季度　　D. 下年度

11. 一般纳税人增值税纳税申报表及附表共计（　　）张。

A. 2　　B. 4

C. 6　　D. 8

12. 一般纳税人填写增值税纳税申报表时，应先填写（　　）。

A. 附表　　B. 主表

C. 日期　　D. 金额

13. 下列有关进项税额的计算中，正确的有（　　）。

A. 航空旅客运输进项税额=（票价+燃油附加费）÷（1+9%）×9%

B. 铁路旅客运输进项税额=票面金额 ÷（1+9%）× 9%

C. 铁路旅客运输进项税额=票面金额 ÷（1+5%）× 5%

D. 公路、水路等其他旅客运输进项税额=票面金额 ÷（1+3%）× 3%

14. 下列关于小规模纳税人的说法中，错误的有（　　　）。

A. 小规模纳税人的增值税税率一律为3%

B. 小规模纳税人提供劳务派遣服务等，可以选择差额征收

C. 小规模纳税人采购原材料等，如果取得的是增值税专用发票，发票中的增值税税额计入“应交税费——应交增值税（进项税额）”

D. 小规模纳税人的增值税税率一律为5%

15. 小规模纳税人进行增值税纳税申报需要准备的资料有（　　　）。

A. 增值税普通发票汇总表　　B. 增值税电子发票汇总表

C. 经营业务说明　　D. 增值税专用发票汇总表

16. 一般纳税人填写增值税纳税申报表的附表包括（　　　）。

A. 增值税纳税申报表附列资料（一）（本期销售情况明细）

B. 增值税纳税申报表附列资料（二）（本期进项税额明细）

C. 增值税纳税申报表附列资料（三）（服务、不动产和无形资产扣除项目明细）

D. 增值税纳税申报表附列资料（四）（税额抵减情况表）

二、判断题

1. 适用增值税差额征税政策的小规模纳税人，差额后的月销售额不超过10万元（以1个季度为1个纳税期的，季度销售额未超过30万元）的，免征增值税。（　　）

2. 小规模纳税人购进货物取得的增值税专用发票可以抵扣进项税额，取得增值税普通发票不允许扣除进项税额。（　　）

3. 纳税人采取折扣方式销售货物，如果销售额和折扣额在同一张发票上“金额”栏分别注明的，可以按折扣后的销售额计算增值税。（　　）

4. 城市维护建设税的计税依据是纳税人实际缴纳的增值税、消费税。（　　）

5. 上报汇总是指将企业上期所开发票信息和留存的发票信息通过网络远程上报至税务机关。（　　）

6. 只有上报汇总后，才能进行纳税申报和开具新一期的发票。（　　）

三、思考与操作

登录财务共享服务中心平台，完成上海菲达旅游有限公司增值税及附加税费的纳税申报，相关企业信息可登录平台进行查看。

练习要求：

（1）计算上海菲达旅游有限公司2022年第二季度增值税应纳税额。

（2）完成季度增值税及附加税费的纳税申报操作。

项目二
所得税的核对与申报

项目目标

- 掌握企业所得税应纳税额的计算、企业所得税申报的操作流程和具体操作方法；
- 掌握个人所得税综合所得预扣预缴申报的操作流程、具体操作方法；
- 培养认真、严谨的工作态度、服务意识与合作精神。

岗课融通

在社会财务共享服务中心或企业集团财务共享服务中心，从事纳税申报岗位涉及所得税的核对与申报工作领域。能够计算及申报企业所得税、个人所得税，既是本项目学习的重点，也是财务共享服务中心纳税申报岗位的典型工作任务。

企业所得税是对我国境内的企业和其他取得收入的组织的生产经营所得和其他所得征收的一种所得税，税率分为基本税率和优惠税率。企业所得税征收方式分为查账征收方式和核定征收方式，核定征收方式主要包括定额征收和核定应税所得率征收两种办法。

个人所得税是对我国居民的境内外所得和非居民来源于我国的个人所得征收的一种税。我国现行个人所得税采用分类综合所得税制，实行比例税率和累进税率，费用扣除和减免税政策较宽，实行源泉扣缴和申报纳税两种征收方法。

知识框架

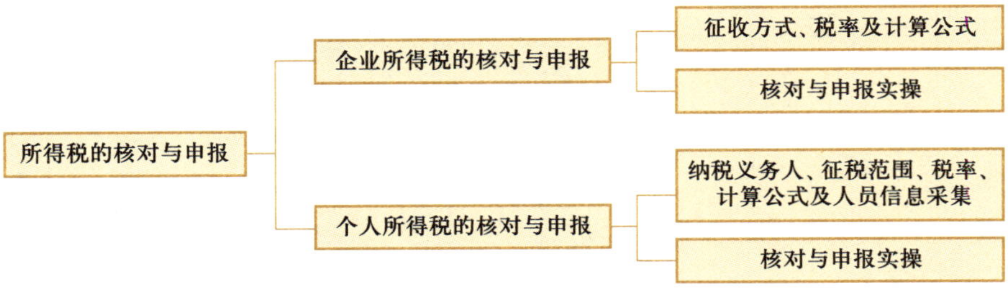
所得税的核对与申报
企业所得税的核对与申报
征收方式、税率及计算公式
核对与申报实操
个人所得税的核对与申报
纳税义务人、征税范围、税率、计算公式及人员信息采集
核对与申报实操

任务一　企业所得税的核对与申报

案例引入

北京灵珑服装生产有限公司是一家以纺织服装、服饰业等其他经营项目为主的公司，其具体企业信息如下：

行业分类：制造业；行业明细代码：2921；企业类型：小型微利企业；企业注册登记类型：内资企业（有限责任公司）；税务机关核定的企业所得税税率：8%（按收入总额核定）；公司员工数量：10人。

2022年3月31日，财务共享服务中心报税会计根据企业日常经营情况编制季度利润表（简表，2022年1—3月），如表3-2-1所示。

表3-2-1　利润表（简表）

会小企02表

单位：北京灵珑服装生产有限公司　　2022年1—3月　　单位：元

项目	行次	本期合计	本年累计
一、营业收入	1	361 000.00	361 000.00
减：营业成本	2	227 500.00	227 500.00
税金及附加	3	2 756.54	2 756.54
其中：城市维护建设税	4	1 378.10	1 378.10
城镇土地使用税、房产税、车船税、印花税	5	394.09	394.09
教育费附加、矿产资源补偿费、排污费	6	590.61	590.61
销售费用	7	12 454.00	12 454.00
管理费用	8	28 880.00	28 880.00
财务费用	9	436.00	436.00
其中：利息收入（收入以“-”号填列）	10	121.00	121.00
二、营业利润（亏损以“-”号填列）	11	88 973.46	88 973.46
加：营业外收入	12	200 000.00	200 000.00
减：营业外支出	13	50 000.00	50 000.00
三、利润总额（亏损总额以“-”号填列）	14	238 973.46	238 973.46
减：所得税费用	15	1 942.40	1 942.40
四、净利润（净亏损以“-”号填列）	16	237 031.06	237 031.06

单位负责人：蔡玉和　　会计主管：江文清　　复核：江文清　　制表：陈海英

2022年4月1日，深圳乐享旅游有限公司申报企业所得税（季度），其季度利润表（简表），如表3-2-2所示。深圳乐享旅游有限公司代理北京灵珑服装生产有限公司会务及工艺纪念、旅游（职工福利）等业务。

表3-2-2 利润表（简表）

会小企02表

编制单位：深圳乐享旅游有限公司　　2022年1—3月　　单位：元

项目	行次	本期合计	本年累计
一、营业收入	1	3 050 000.00	3 050 000.00
减：营业成本	2	1 830 000.00	1 830 000.00
税金及附加	3	13 099.24	13 099.24
其中：城市维护建设税	4	7 384.44	7 384.44
城镇土地使用税、房产税、车船税、印花税	5	440.20	440.20
教育费附加、矿产资源补偿费、排污费	6	5 274.60	5 274.60
销售费用	7	366 000.00	366 000.00
其中：广告费和业务宣传费	8	100 000.00	100 000.00
管理费用	9	244 000.00	244 000.00
其中：业务招待费	10	48 000.00	48 000.00
财务费用	11	12 200.00	12 200.00
其中：利息费用（收入以“-”号填列）	12	802.32	802.32
二、营业利润（亏损以“-”号填列）	13	584 700.76	584 700.76
减：营业外支出	14	120 000.00	120 000.00
三、利润总额（亏损总额以“-”号填列）	15	464 700.76	464 700.76
减：所得税费用	16	11 617.52	11 617.52
四、净利润（净亏损以“-”号填列）	17	453 083.24	453 083.24

单位负责人：杨朝来　　会计主管：王静亮　　复核：王静亮　　制表：付双永

根据相关企业信息和财务报表，思考以下问题：

两家公司的企业所得税核对与申报有哪些步骤，应如何操作？

任务准备

一、企业所得税征收方式

企业所得税的征收方式有两种：查账征收、核定征收；企业所得税是实行按月或季度预交，年终汇算清缴的管理办法。

二、企业所得税税率

根据《中华人民共和国企业所得税法》，企业所得税的税率分为以下几种：

（1）企业所得税的基本税率为25%；

（2）小型微利企业适用20%税率；

（3）国家需要重点扶持的高新技术企业以及经认定的技术先进型服务企业适用15%税率；

三、企业所得税的计算

读一读：小微企业税收优惠政策知多少

企业所得税的计算公式为：

企业所得税应纳税额＝应纳税所得额 × 适用税率－减免税额－抵免税额

应纳税所得额＝年收入总额－准予扣除的项目

任务实施

企业所得税月（季）度预缴纳税申报表的数据主要来源于利润表的数据，在季度利润表中，数据的填写分为两大列，分别是“本期合计”及“本年累计”，“本期合计”与“本年累计”计算的方式是一致的。因企业所得税季度申报是以季度利润表数据作为数据填写来源，且主要以季度利润表中本年累计数据进行计算。

查账征收方式下，纳税人在固定的纳税期限内根据自己的财务报表或经营状况，填写纳税申报表，向税务机关申报，缴纳企业所得税。

在财务共享服务中心中，深圳乐享旅游有限公司企业所得税的核对与申报操作如下。

第一步：勾选纳税申报表中企业相关信息。

深圳乐享旅游有限公司是小型微利企业，相关的信息填写如图3-2-1所示。

A200000 中华人民共和国企业所得税月（季）度预缴纳税申报表（A类）

税款所属期间：2022-01-01　　至 2022-03-31

纳税人识别号（统一社会信用代码）：91440303351752968C

纳税人名称：深圳乐享旅游有限公司　　金额单位：人民币元(列至角分)

优惠及附报事项有关信息									
项目	一季度		二季度		三季度		四季度		季度平均值
	季初	季末	季初	季末	季初	季末	季初	季末	
从业人数	10	10							10
资产总额（万元）	3213.42	3455.50							3334.46
国家限制或禁止行业	□是 ☑否				小型微利企业		☑是 □否		
	附报事项名称						金额或选项		

图3-2-1　A类申报表的填写1

第二步：填写“营业收入”“营业成本”“利润总额”。

行次1–3“营业收入”“营业成本”“利润总额”的填写，均是根据深圳乐享旅游有限公司季度利润表本年累计数据里的营业收入、营业成本、利润总额导入，如图3–2–2、图3–2–3所示。

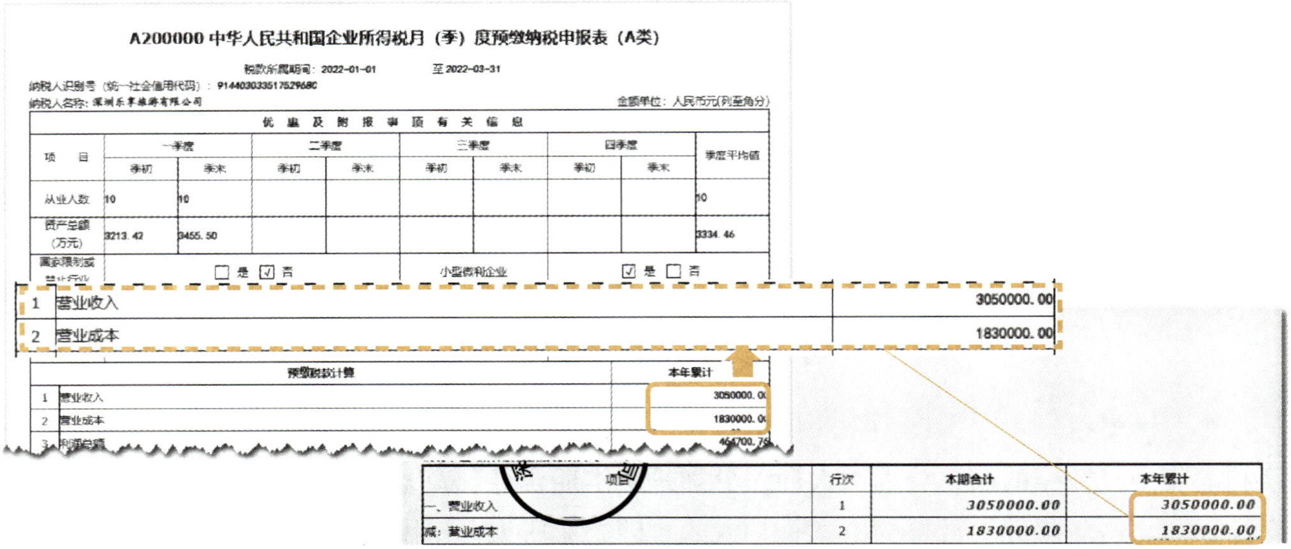

A200000 中华人民共和国企业所得税月（季）度预缴纳税申报表（A类）

税款所属期间：2022-01-01 至 2022-03-31

纳税人识别号（统一社会信用代码）：91440303351752968C

纳税人名称：深圳乐享旅游有限公司

金额单位：人民币元（列至角分）

项目	一季度 季初	一季度 季末	二季度 季初	二季度 季末	三季度 季初	三季度 季末	四季度 季初	四季度 季末	季度平均值
从业人数	10	10							10
资产总额（万元）	3213.42	3455.50							3334.46
国家限制或禁止行业	□是 ☑否				小型微利企业		☑是 □否		

行次	项目	金额
1	营业收入	3050000.00
2	营业成本	1830000.00

行次	预缴税款计算	本年累计
1	营业收入	3050000.00
2	营业成本	1830000.00
3	利润总额	464700.76

项目	行次	本期合计	本年累计
一、营业收入	1	3050000.00	3050000.00
减：营业成本	2	1830000.00	1830000.00

图3–2–2 A类申报表的填写2

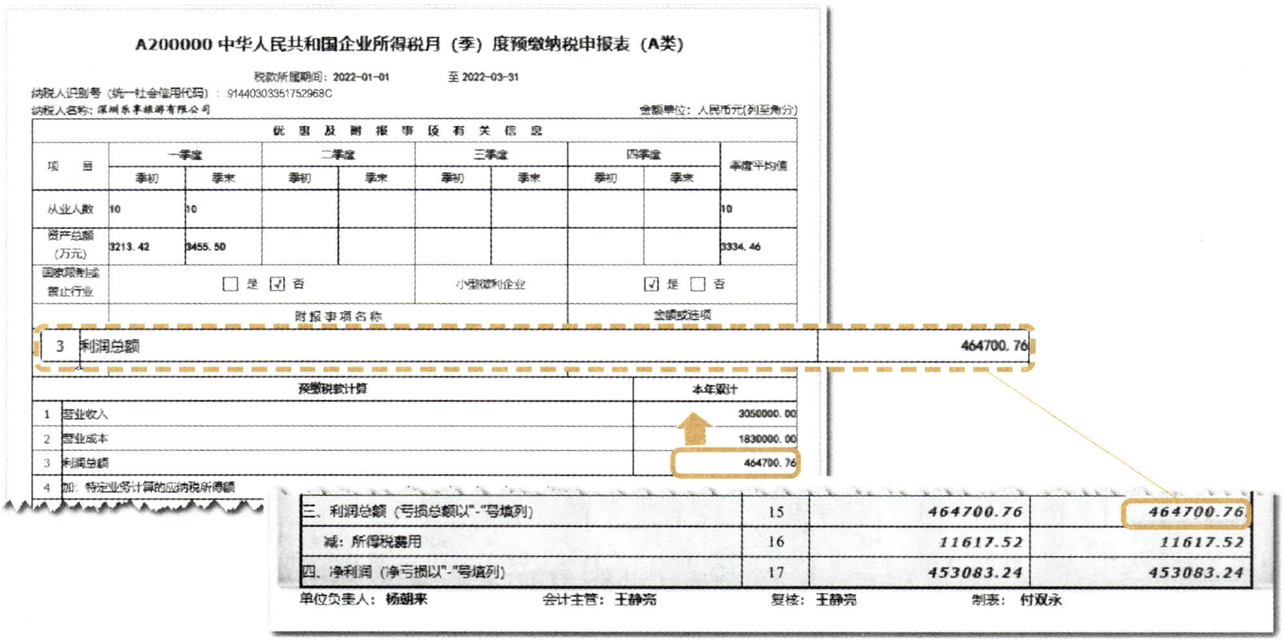

A200000 中华人民共和国企业所得税月（季）度预缴纳税申报表（A类）

税款所属期间：2022-01-01 至 2022-03-31

纳税人识别号（统一社会信用代码）：91440303351752968C

纳税人名称：深圳乐享旅游有限公司

金额单位：人民币元（列至角分）

项目	一季度 季初	一季度 季末	二季度 季初	二季度 季末	三季度 季初	三季度 季末	四季度 季初	四季度 季末	季度平均值
从业人数	10	10							10
资产总额（万元）	3213.42	3455.50							3334.46
国家限制或禁止行业	□是 ☑否				小型微利企业		☑是 □否		
	附报事项名称						金额或选项		

行次	项目	金额
3	利润总额	464700.76

行次	预缴税款计算	本年累计
1	营业收入	3050000.00
2	营业成本	1830000.00
3	利润总额	464700.76
4	加：特定业务计算的应纳税所得额	

项目	行次	本期合计	本年累计
三、利润总额（亏损总额以“-”号填列）	15	464700.76	464700.76
减：所得税费用	16	11617.52	11617.52
四、净利润（净亏损以“-”号填列）	17	453083.24	453083.24

单位负责人：杨朝来 会计主管：王静亮 复核：王静亮 制表：付双永

图3–2–3 A类申报表的填写3

第10、11、12行数据均是系统自动计算得出，如图3–2–4所示。

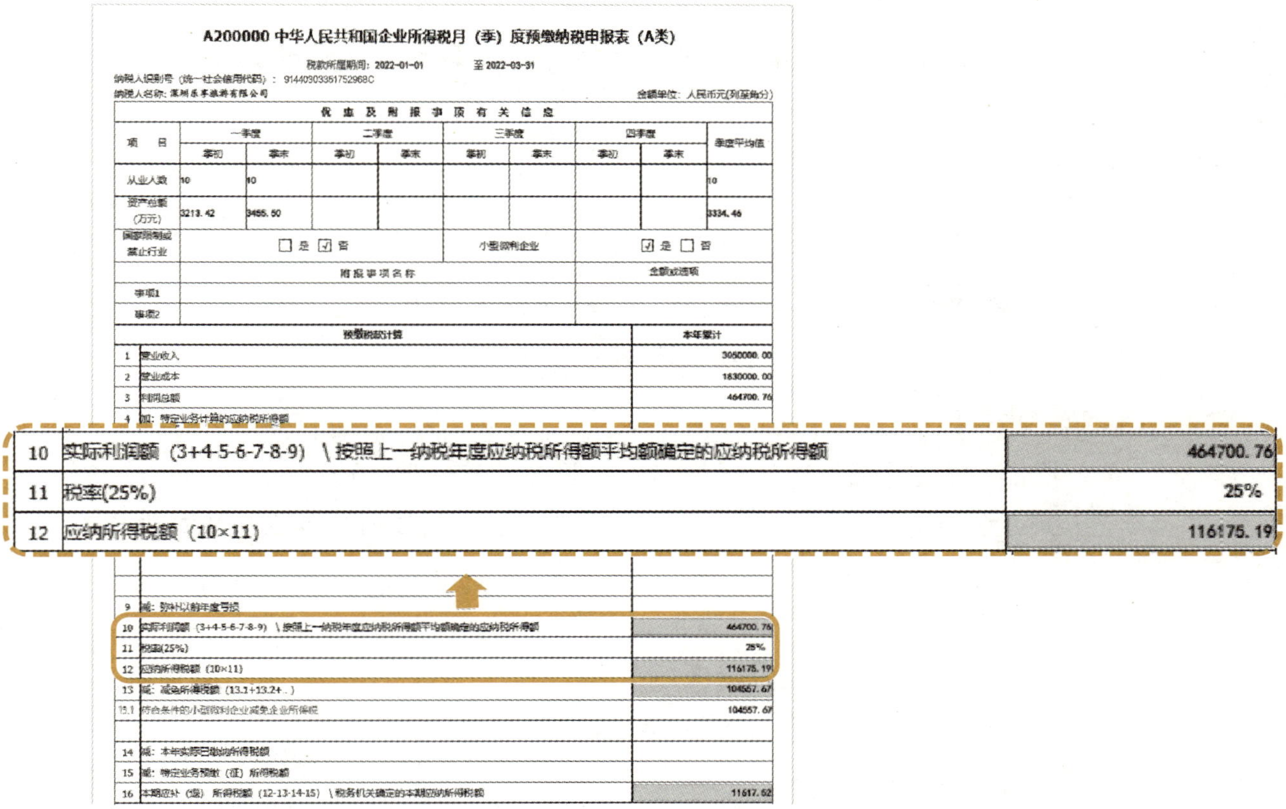

A200000 中华人民共和国企业所得税月（季）度预缴纳税申报表（A类）

税款所属期间：2022-01-01　至 2022-03-31

纳税人识别号（统一社会信用代码）：91440303351752968C

纳税人名称：深圳乐享旅游有限公司　金额单位：人民币元(列至角分)

优惠及附报事项有关信息									
项目	一季度		二季度		三季度		四季度		季度平均值
	季初	季末	季初	季末	季初	季末	季初	季末	
从业人数	10	10							10
资产总额(万元)	3213.42	3455.50							3334.46
国家限制或禁止行业	□是 ☑否				小型微利企业		☑是 □否		
	附报事项名称						金额或选项		
事项1									
事项2									

	预缴税款计算	本年累计
1	营业收入	3050000.00
2	营业成本	1830000.00
3	利润总额	464700.76
4	加：特定业务计算的应纳税所得额	
9	减：弥补以前年度亏损	
10	实际利润额（3+4-5-6-7-8-9）\按照上一纳税年度应纳税所得额平均额确定的应纳税所得额	464700.76
11	税率(25%)	25%
12	应纳所得税额（10×11）	116175.19
13	减：减免所得税额（13.1+13.2+…）	104557.67
13.1	符合条件的小型微利企业减免企业所得税	104557.67
14	减：本年实际已缴纳所得税额	
15	减：特定业务预缴（征）所得税额	
16	本期应补（退）所得税额（12-13-14-15）\税务机关确定的本期应纳所得税额	11617.52

10 实际利润额（3+4-5-6-7-8-9）\按照上一纳税年度应纳税所得额平均额确定的应纳税所得额 464700.76
11 税率(25%) 25%
12 应纳所得税额（10×11） 116175.19

图3-2-4　A类申报表的填写4

第三步：计算并填列企业所得税税额。

深圳乐享旅游有限公司年应税所得额不超过100万，享受企业所得税税收优惠政策，减按12.5%计算应纳税所得额，按20%的税率缴纳企业所得税。

第四步：填写资产加速折旧、摊销（扣除）优惠明细表。

本期未涉及资产加速折旧、摊销（扣除）的优惠政策，只需点击保存即可。

在实务工作中，企业申报企业所得税通常使用的申报方式是网上申报。报税会计在填写完纳税申报表后，就可以点击申报按钮进行申报，申报后，系统会提示是否进入缴纳，若进入缴纳，企业选择对应的缴纳方式，点击缴纳税款，缴款成功后，就完成了企业所得税的申报及缴纳。

在财务共享服务中心中，北京灵珑服装生产有限公司企业所得税的核对与申报操作如下。

第一步：勾选纳税申报表中企业相关信息。

北京灵珑服装生产有限公司核定征收方式为“按收入总额核定应纳税所得额”，故勾选“核定应税所得率（能核算收入总额的）”，如图3-2-5所示。

深圳乐享旅游有限公司A类纳税申报表

B100000 中华人民共和国企业所得税月（季）度预缴和年度纳税申报表
（B类，2018年版）

税款所属期间：2022-01-01 至 2022-03-31

纳税人识别号（统一社会信用代码）：91440303351752968C

纳税人名称：北京灵珑服装生产有限公司

金额单位：人民币元（列至角分）

核定征收方式	☑核定应税所得率（能核算收入总额的） ☐核定应税所得率（能核算成本费用总额的） ☐核定应纳所得税额
按季度填报信息	

图3-2-5 B类申报表的填写1

第二步：填写收入总额。

行次1“收入总额”应填写北京灵珑服装本年度累计取得的各项收入金额，包括“主营业务收入”“其他业务收入”“营业外收入”等科目的本年累计发生额。根据北京灵珑服装第1季度利润表营收本年累计和相关信息进行填写，如图3-2-6所示。

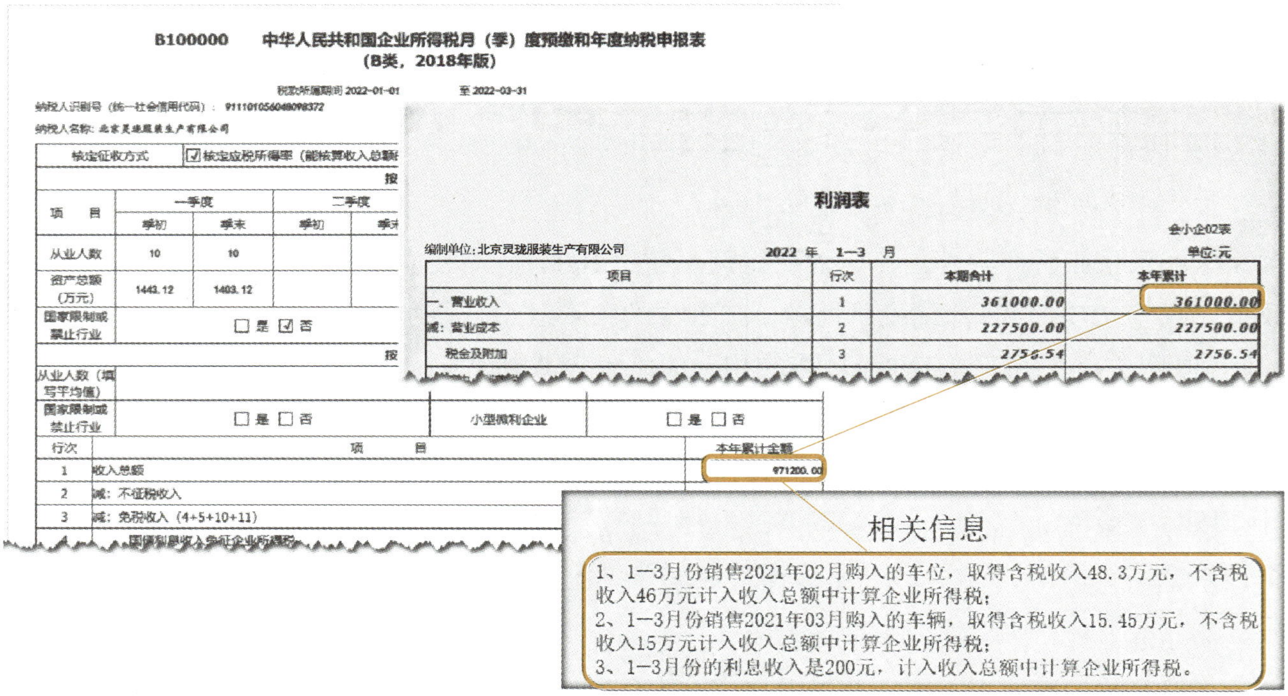

图3-2-6 B类申报表的填写2

第三步：填写应税所得率。

根据企业信息填写“按季度填报信息”。通过企业信息可知，税务机关核定的应税所得率：8%（按收入总额核定），填入表中第13栏，税率8%，如图3-2-7所示。

行次12、行次14直接根据申报表公式自动计算得出。

B100000　　中华人民共和国企业所得税月（季）度预缴和年度纳税申报表（B类，2018年版）

税款所属期间：2022-01-01　　至 2022-03-31

纳税人识别号（统一社会信用代码）：91440303351752968C

纳税人名称：北京灵珑服装生产有限公司　　金额单位：人民币元（列至角分）

核定征收方式	☑核定应税所得率（能核算收入总额的）☐核定应税所得率（能核算成本费用总额的）☐核定应纳所得税额								
按季度填报信息									
项　目	一季度		二季度		三季度		四季度		季度平均值
	季初	季末	季初	季末	季初	季末	季初	季末	
从业人数	10	10							10
资产总额（万元）	1443.12	1403.12							1423.12
国家限制或禁止行业	☐是 ☑否				小型微利企业		☑是 ☐否		

按年度填报信息

从业人数（填　　资产总额（填写平均值，单

☐是 ☐否

企业信息
企业名称：北京灵珑服装生产有限公司
行业分类：制造业
行业明细代码：2921
企业类型：小型微利企业
企业注册登记类型：内资企业（有限责任公司）
税务机关核定的应税所得率：8%（按收入总额核定）
年应纳税所得额不超过100万元
从业人数：10人

		本年累计金额
		971200.00
		0.00
		0.00
8	居民企业持有创新企业CDR取得的股息红利所得免征企业所得税	
9	符合条件的居民企业之间属于股息、红利性质的永续债利息收入免征企业所得税	
10	投资者从证券投资基金分配中取得的收入免征企业所得税	
11	取得的地方政府债券利息收入免征企业所得税	
12	应税收入额（1-2-3）\成本费用总额	971200.00
13	税务机关核定的应税所得率（%）	8%
14	应纳税所得额（第12×13行）\[第12行÷（1-第13行）×第13行]	77696.00
15	税率（25%）	25%

图3-2-7　B类申报表的填写3

第四步：计算并填列符合条件的小型微利企业减免企业所得税。

行次17“符合条件的小型微利企业减免企业所得税”由企业信息得知北京灵珑服装年应纳税所得额不超过100万元，故减按12.5%计入应纳税所得额，按20%的税率缴纳企业所得税。

北京灵珑服装生产有限公司B类纳税申报表

第五步：计算并填写本期实际应补（退）所得税额。

行次21“本期实际应补（退）所得税额”根据主表中第16栏“应纳税所得税额”减去第17栏“减：符合条件的小型微利企业减免企业所得税”，计算得到。

企业所得税月（季）度预缴纳税申报表（B类）纳税申报及缴费的操作流程可参考企业所得税月（季）度预缴纳税申报表（A类）。

任务小结

读一读：减税降费添活力 助力小微企业发展

常见的企业所得税纳税申报表的格式有两种，分别是《企业所得税月（季）度预缴纳税申报表（A类）》《企业所得税月（季）度预缴纳税申报表（B类）》。查账征收企业一般填写《企业所得税月（季）度预缴纳税申报表（A类）》；核定征收企业一般填写《企业所得税月（季）度预缴纳税申报表（B类）》。

任务二　个人所得税的核对与申报

案例引入

北京灵珑服装生产有限公司 2022 年 3 月份员工工资薪金表如表 3-2-3 所示。根据上述业务信息，请思考以下问题：

（1）公司需代扣代缴员工“江文清”的个人所得税金额是多少？

（2）北京灵珑服装生产有限公司 2022 年 3 月份应代扣代缴的个人所得税金额是多少？

任务准备

一、个人所得税纳税义务人

个人所得税分为居民个人和非居民个人。

居民个人为在中国境内有住所，或者无住所而一个纳税年度内在中国境内居住累计满一百八十三天的个人。居民个人从中国境内和境外取得的所得，依照《中华人民共和国个人所得税法》规定缴纳个人所得税。

非居民个人为在中国境内无住所又不居住，或者无住所而一个纳税年度内在中国境内居住累计不满一百八十三天的个人。非居民个人从中国境内取得的所得，依照《中华人民共和国个人所得税法》规定缴纳个人所得税。

二、个人所得税征税范围

下列各项个人所得，应当缴纳个人所得税：

（1）工资、薪金所得；

（2）劳务报酬所得；

（3）稿酬所得；

（4）特许权使用费所得；

表3-2-3　工资薪金表

单位：元

工号	姓名	证照类型	证照号码	本期收入	本期免税收入	基本养老保险费	基本医疗保险费	失业保险费	住房公积金	子女教育支出	继续教育支出	累计住房贷款利息支出	累计住房租金支出	累计赡养老人支出
LL-0001	蔡玉和	居民身份证	110101198105128911	13 000.00	0.00	729.60	182.40	18.24	500.00	1 000.00	3 600.00	1 000.00	0.00	1 000.00
LL-0002	江文清	居民身份证	110101198509228654	9 500.00	0.00	729.60	182.40	18.24	500.00	1 000.00	0.00	1 000.00	0.00	1 000.00
LL-0003	陈海英	居民身份证	110101197609209637	9 400.00	0.00	729.60	182.40	18.24	500.00	1 000.00	0.00	1 000.00	0.00	0.00
LL-0004	邢小英	居民身份证	110101197711096840	9 000.00	0.00	729.60	182.40	18.24	500.00	1 000.00	0.00	0.00	1 500.00	0.00
LL-0005	郑海波	居民身份证	110101198407031806	9 000.00	0.00	729.60	182.40	18.24	500.00	1 000.00	0.00	0.00	1 500.00	0.00
LL-0006	姜力	居民身份证	110101198504176917	8 900.00	0.00	729.60	182.40	18.24	500.00	1 000.00	0.00	1 000.00	0.00	1 000.00
LL-0007	卢颖	居民身份证	110101198505237717	8 600.00	0.00	729.60	182.40	18.24	500.00	1 000.00	0.00	0.00	0.00	1 000.00
LL-0008	何后深	居民身份证	110101198211268131	8 600.00	0.00	729.60	182.40	18.24	500.00	1 000.00	0.00	0.00	1 500.00	0.00
LL-0009	林美娜	居民身份证	110101198312165225	8 800.00	0.00	729.60	182.40	18.24	500.00	1 000.00	0.00	0.00	0.00	0.00
LL-00010	黄家浩	居民身份证	110101198206190830	8 800.00	0.00	729.60	182.40	18.24	500.00	1 000.00	0.00	0.00	1 500.00	1 000.00

（5）经营所得；

（6）利息、股息、红利所得；

（7）财产租赁所得；

（8）财产转让所得；

（9）偶然所得。

居民个人取得前款第一项至第四项所得（以下称综合所得），按纳税年度合并计算个人所得税；非居民个人取得前款第一项至第四项所得，按月或者按次分项计算个人所得税。纳税人取得前款第五项至第九项所得，分别计算个人所得税。

读一读：免征个人所得税的情形

三、个人所得税税率

综合所得适用3%至45%的7级超额累进税率。

四、个人所得税计算公式

工资薪金所得的累计预扣法计算公式：

累计预扣预缴应纳税所得额＝累计收入－累计免税收入－累计减除费用－累计专项扣除－累计专项附加扣除－累计依法确定的其他扣除

本期应预扣预缴税额＝（累计预扣预缴应纳税所得额×预扣率－速算扣除数）－累计减免税额－累计已预扣预缴税额

其中，累计减除费用：按照5 000元/月×当年截至本月在本单位的任职受雇月份数；专项扣除：包括居民个人按照国家规定的范围和标准缴纳的基本养老保险、基本医疗保险、失业保险等社会保险费和住房公积金等。专项附加扣除包括子女教育、继续教育、大病医疗、住房贷款利息或者住房租金、赡养老人、3岁以下婴幼儿照护等支出。

读一读：人员信息采集实务技巧

居民个人向扣缴义务人提供专项附加扣除信息的，扣缴义务人按月预扣预缴税款时应当按照规定予以扣除，不得拒绝。

实务工作中，进行个人所得税纳税申报经过以下四个步骤，如图3-2-8所示。

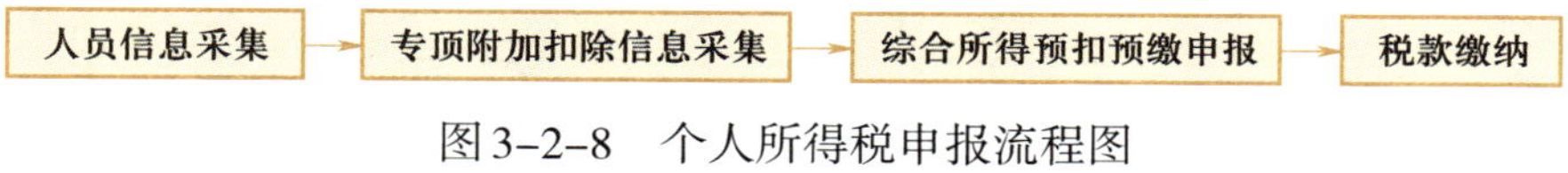

图3-2-8 个人所得税申报流程图

五、人员信息采集

人员信息采集是指企业对雇佣员工信息的采集，主要体现在当下企业雇佣多少员工，就在人员信息采集上面添加多少员工信息。

人员信息采集主要包括添加、导入、报送、获取反馈、导出、展开查询条件和更多操作。如图3–2–9所示。

图3–2–9　人员信息采集界面

企业在添加人员信息时，可以逐个添加，也可以下载模板批量添加完在导入，主要的添加信息包括：基本信息，任职受雇信息，联系方式，投资信息等。

专项附加扣除的相关规定

任务实施

由北京灵珑服装生产有限公司2022年3月份员工工资薪金表3–2–3，可知“江文清”2022年3月工资薪金情况如表3–2–4所示。

表3–2–4　“江文清”2022年3月工资薪金情况　　单位：元

本期收入	本期免税收入	基本养老保险费	基本医疗保险费	失业保险费	住房公积金	子女教育支出	累计住房贷款利息支出	累计赡养老人支出
9 500.00	0.00	729.60	182.40	18.24	500.00	1 000.00	1 000.00	1 000.00

北京灵珑服装生产有限公司 2022 年3月份个人所得税申报工作具体操作步骤如下。

第一步：收入及减除填写

收入及减除填写是用于录入综合所得各项目的收入及减除项数据，北京灵珑服装生产有限公司3月工资薪金属于的所得项目为“正常工资薪金所得”。单击界面下方“正常工资薪金所得”或其对应的“填写”进入表单，即可进行数据的录入，如图3–2–10所示。

图3-2-10 收入及减除填写1

进入正常工资薪金所得表单的填写界面，填写方式可选择按标准模板导入，或者生成零工资记录，用户手工修改，如图3-2-11所示。

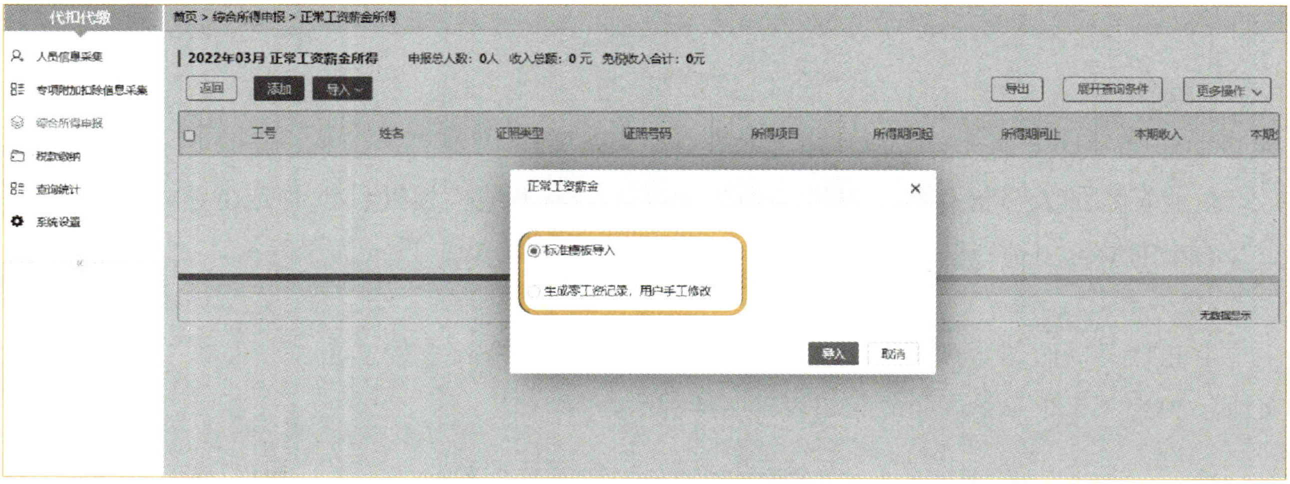

图3-2-11 收入及减除填写2

此处采用生成零工资记录，用户手工修改操作。单击“生成零工资记录，用户手工修改”，并单击“立即生成数据”，如图3-2-12所示。

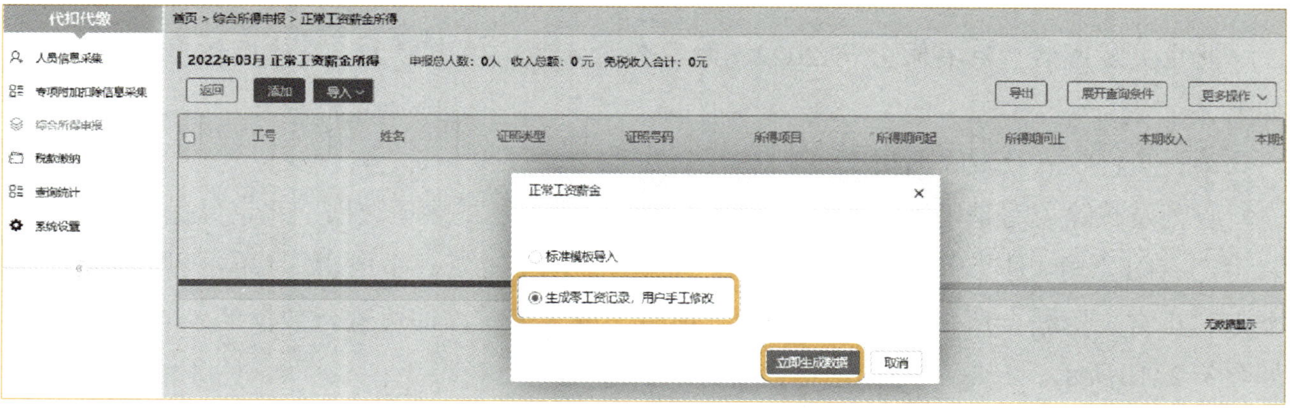

图3-2-12 收入及减除填写3

系统会生成零数据的模板，全部勾选后，单击“导出”，如图3-2-13所示。

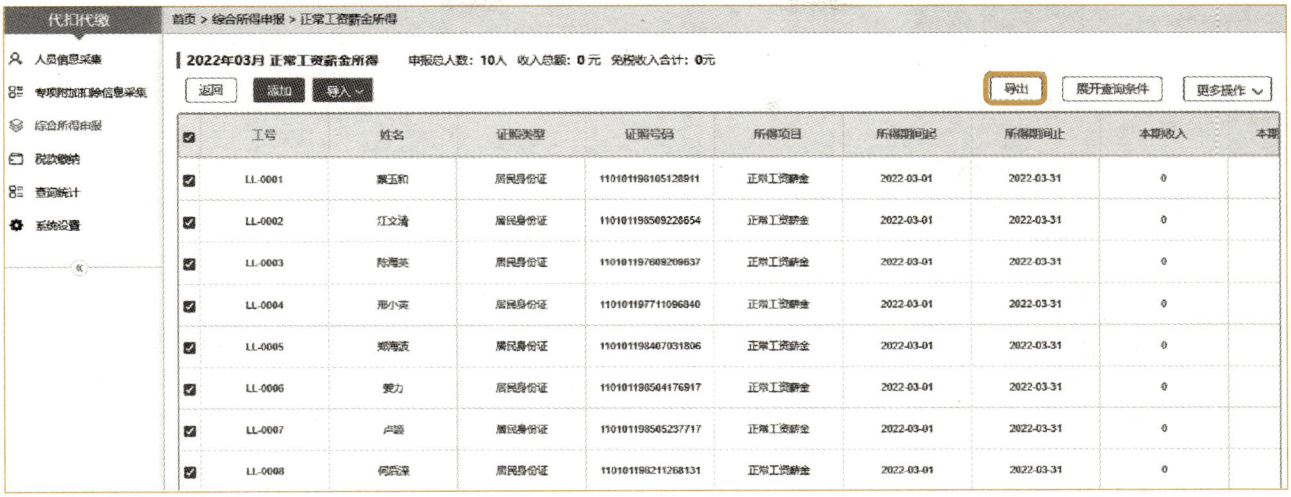

图3-2-13　收入及减除填写4

根据工资表的数据，依次填写导出的电子表格保存后，回到平台全部勾选，单击“更多操作”，选择“删除”，重新导入填好数据的电子表格，单击“导入”，选择“导入数据”，如图3-2-14所示。

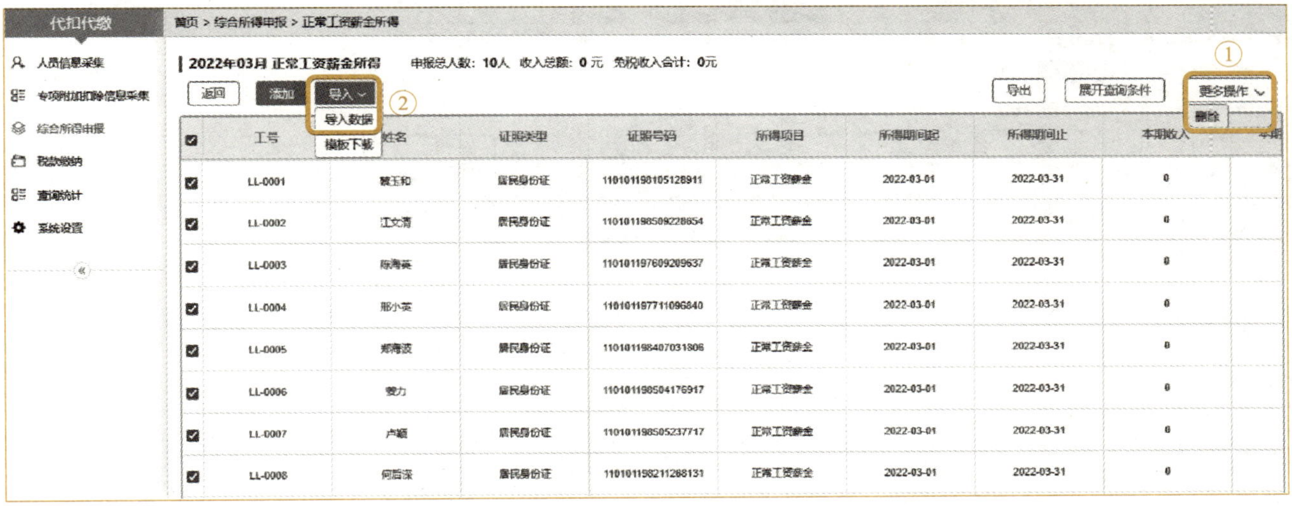

图3-2-14　收入及减除填写5

北京灵珑服装生产有限公司正常工资薪金所得表单的填写完毕，然后进入税款计算，如图3-2-15所示。

图 3-2-15　收入及减除填写 6

第二步：税款计算

单击“税款计算”，系统自动统计北京灵珑服装生产有限公司在“收入及减除填写”模块中填写的数据进行计税，其中工资薪金所得从局端下载往期计税数据并与当期申报数据合并累计计税，如图 3-2-16 所示。

图 3-2-16　税款计算

第三步：附表填写

在收入及减除中填写了减免税额、商业健康保险、税延养老保险的情况下，需要在相应附表里面完善减免信息，北京灵珑服装生产有限公司未出现上述情况，故无需填写，如图 3-2-17 所示。

第四步：申报表报送

申报表填写、税款计算完成后，单击“申报表报送”进入报表申报界面，单击“发送申报”，输入申报密码，即可完成北京灵珑服装生产有限公司综合所得预扣预缴的正常申报，如图 3-2-18 所示。

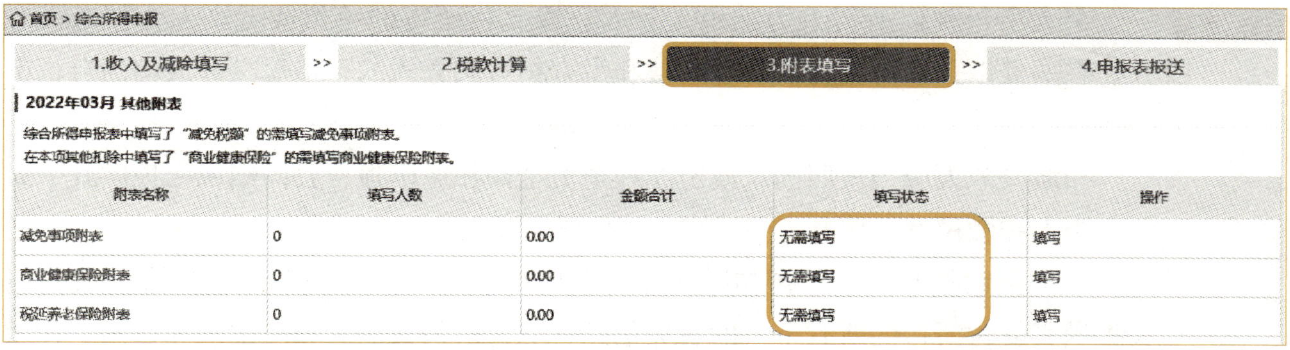
首页 > 综合所得申报

1.收入及减除填写 >> 2.税款计算 >> 3.附表填写 >> 4.申报表报送

2022年03月 其他附表

综合所得申报表中填写了“减免税额”的需填写减免事项附表。
在本项其他扣除中填写了“商业健康保险”的需填写商业健康保险附表。

附表名称	填写人数	金额合计	填写状态	操作
减免事项附表	0	0.00	无需填写	填写
商业健康保险附表	0	0.00	无需填写	填写
税延养老保险附表	0	0.00	无需填写	填写

图3–2–17　附表填写

完成北京灵珑服装生产有限公司综合所得预扣预缴的正常申报，申报类型即为“正常申报”申报状态即为“申报成功，未扣款”，故完成申报后，需进行税款的缴纳，如图3–2–19所示。

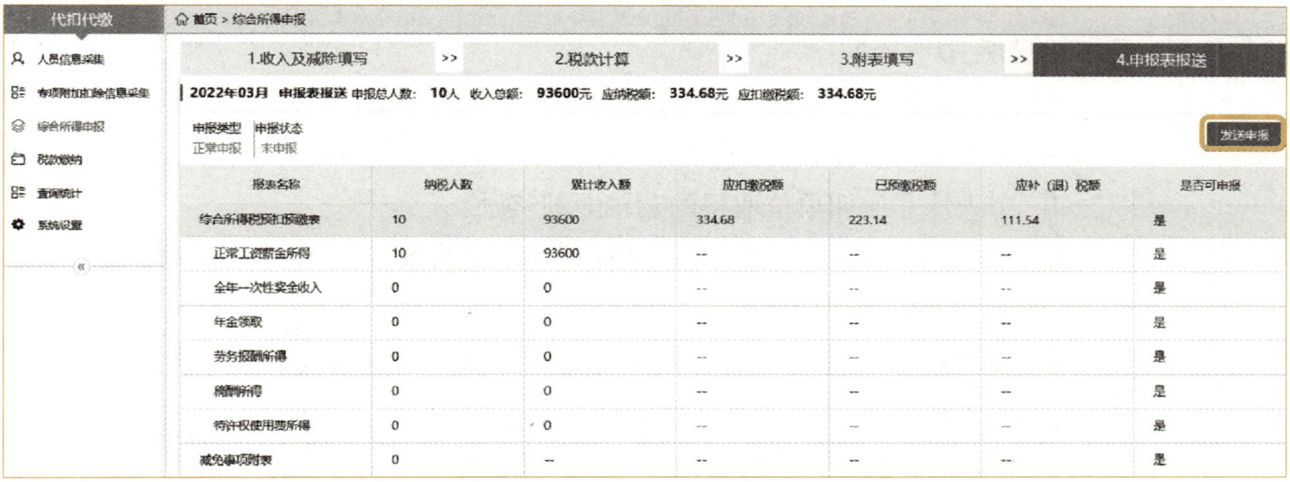

报表名称	纳税人数	累计收入额	应扣缴税额	已预缴税额	应补（退）税额	是否可申报
综合所得预扣预缴表	10	93600	334.68	223.14	111.54	是
正常工资薪金所得	10	93600	--	--	--	是
全年一次性奖金收入	0	0	--	--	--	是
年金领取	0	0	--	--	--	是
劳务报酬所得	0	0	--	--	--	是
稿酬所得	0	0	--	--	--	是
特许权使用费所得	0	0	--	--	--	是
减免事项附表	0	--	--	--	--	是

图3–2–18　申报表报送1

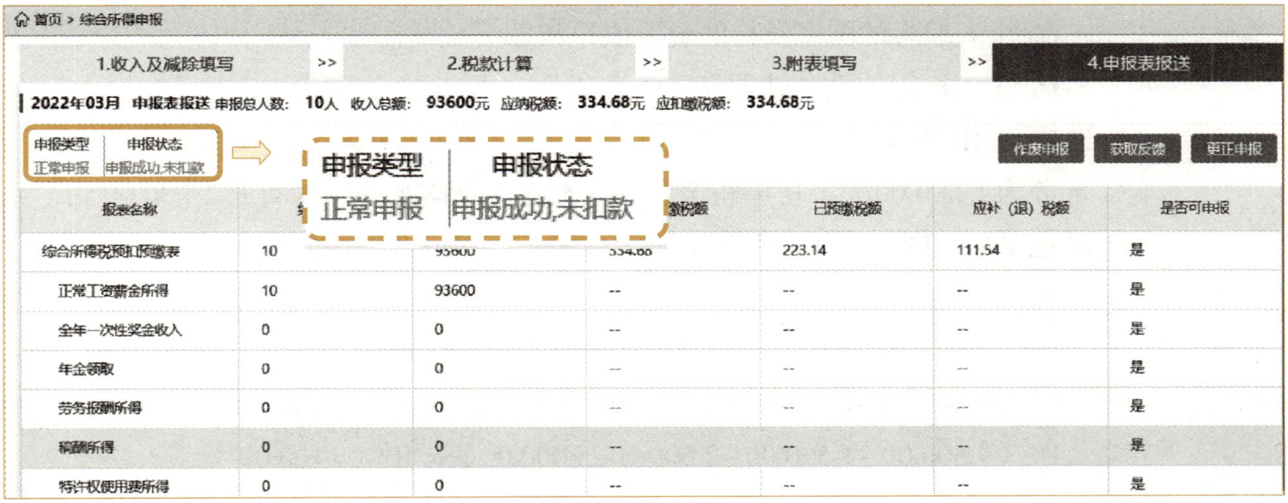

报表名称	纳税人数	累计收入额	应扣缴税额	已预缴税额	应补（退）税额	是否可申报
综合所得预扣预缴表	10	93600	334.68	223.14	111.54	是
正常工资薪金所得	10	93600	--	--	--	是
全年一次性奖金收入	0	0	--	--	--	是
年金领取	0	0	--	--	--	是
劳务报酬所得	0	0	--	--	--	是
稿酬所得	0	0	--	--	--	是
特许权使用费所得	0	0	--	--	--	是

图3–2–19　申报表报送2

任务小结

个人所得税以所得人为纳税义务人，以支付所得的单位或者个人为扣缴义务人。在两处以上取得工资、薪金所得和没有扣缴义务人的，纳税义务人应当自行申报纳税。

扣缴义务人应当按照国家规定办理全员全额扣缴申报，并向纳税人提供其个人所得和已扣缴税款等信息。

全员全额扣缴申报是指扣缴义务人在代扣税款的次月15日内，向主管税务机关报送其支付所得的所有个人的有关信息、支付所得数额、扣除事项和数额、扣缴税款的具体数额和总额以及其他相关涉税信息资料。

同步测评

一、不定项选择题

1. 下列项目所得，应按“劳务报酬所得”计征个人所得税的是（　　）。

A. 个人取得特许权的经济赔偿收入

B. 个人从非雇佣单位取得的营销业绩奖励

C. 出租汽车经营单位将出租车所有权转移给驾驶员的，出租车驾驶员从事客货运营取得的收入

D. 出租汽车经营单位对出租车驾驶员采取单车承包或承租方式运营，出租车驾驶员从事客货营运取得的收入

2. 下列各项利息中，需要缴纳个人所得税的是（　　）。

A. 员工对外借款取得的利息

B. 居民获得的孳生的储蓄存款利息

C. 个人取得的国家发行的金融债券利息

D. 个人取得的教育储蓄存款利息

3. 王小伟2022年1月份取得的工资总额为9 500.00元，个人承担的“三险一金”部分为1 500.00元，房屋租金和子女教育专项附加扣除为每月2 000.00元，无其他减免项目。则王小伟1月份应申报缴纳的个人所得税是（　　）元。

A.（9 500.00－1 500.00－2 000.00）× 3% = 180.00

B.（9 500.00－1 500.00－5 000.00）× 3% = 90.00

C.（9 500.00－1 500.00－2 000.00－5 000.00）× 3% = 30.00

D.（9 500.00－1 500.00－2 000.00－5 000.00）× 10% = 100.00

4. 北京宝宇制造有限公司2023年发生的职工教育经费为60 000元，当年实发的

工资总额为800 000元，则该企业2023年职工教育经费的税前扣除额是（　　）。

A. 20 000元　　B. 50 000元　　C. 60 000元　　D. 4 800元

5. 根据个人所得税相关法律制度的规定，下列各项中，属于专项附加扣除的是（　　）。

A. 继续教育支出　　B. 基本医疗保险费

C. 基本养老保险费　　D. 失业保险费

6. 个人所得税是以（　　）取得的各项应税所得为征税对象所征收的一种税。

A. 个人　　B. 家庭　　C. 合伙人　　D. 法人

7. 根据个人所得税相关规定，下列各项中，属于工资薪金性质收入的是（　　）。

A. 国债利息收入

B. 加班工资

C. 误餐补贴

D. 挂靠出租汽车经营单位的出租汽车运营收入

8. 下列属于我国对个人所得税的征收采取的征纳方法的有（　　）。

A. 全员全额扣缴申报　　B. 自行申报纳税

C. 汇总申报　　D. 分次申报

E. 分项申报

9. 下列关于个人所得税减免税优惠的表述中，正确的有（　　）。

A. 对个人取得的2022年发行的地方政府债券利息收入减半征收个人所得税

B. 军人的转业费、复员费免征个人所得税

C. 残疾、孤老人员的所得免征个人所得税

D. 个人取得的教育储蓄存款利息免征个人所得税

E. 单位发给个人用于预防新型冠状病毒感染的肺炎的现金，免征个人所得税

10. 下列各项所得中，应按照“稿酬所得”征收个人所得税的有（　　）。

A. 书法家为企业题字获得的报酬

B. 杂志社记者在本社杂志发表文章获得的报酬

C. 电视剧制作中心的编剧编写剧本获得的报酬

D. 出版社的专业作者翻译的小说由该出版社出版获得的报酬

11. 下列有关计算个人所得税的说法中，错误的有（　　）。

A. 稿酬所得，收入额减按70%计算

B. 财产租赁准予全额一次性扣除发生的费用

C. 股息所得可以按照定率扣除费用

D. 经营所得以每一纳税年度的收入总额减除成本、费用以及损失后的余额，为应纳税所得额

12. 下列属于我国对个人所得税的征收采取的征纳方法的有（　　）。

A. 全员全额扣缴申报　　B. 自行申报纳税

C. 汇总申报　　D. 分次申报

13. 下列关于个人所得税减免税优惠的表述中，正确的有（　　）。

A. 对个人取得的2022年发行的地方政府债券利息收入减半征收个人所得税

B. 军人的转业费、复员费免征个人所得税

C. 残疾、孤老人员的所得免征个人所得税

D. 个人取得的教育储蓄存款利息免征个人所得税

二、判断题

1. 个人所得税的纳税年度自公历1月1日起至12月31日止。（　　）

2. 个人所得税的起征点是指纳税人取得的收入减去一定数额后才开始征税。（　　）

3. 居民个人办理年度综合所得汇算清缴时，应当依法计算劳务报酬所得、稿酬所得、特许权使用费所得的收入额，并入年度综合所得计算应纳税款，税款多退少补。（　　）

4. 个人所得税的税率是统一的，适用于所有纳税人。（　　）

5. 个人所得税的纳税年度自公历1月1日起至12月31日止。（　　）

6. 个人所得税的起征点是指纳税人取得的收入减去一定数额后才开始征税。（　　）

三、思考与操作

1. 登录财务共享服务平台，完成上海菲达旅游有限公司员工个人所得税的纳税申报，相关员工工资信息可登录平台进行查看。

练习要求：

（1）计算上海菲达旅游有限公司2022年6月份应代扣代缴员工“乐振福”个人所得税的金额。

（2）完成企业代扣代缴个人所得税的纳税申报操作。

2. 登录财务共享服务平台，完成上海菲达旅游有限公司企业所得税的纳税申报，相关企业信息可登录平台进行查看。

练习要求：

（1）计算上海菲达旅游有限公司2022年第一季度企业所得税实际应纳税额。

（2）完成季度企业所得税的纳税申报操作。

项目三
其他税费的核对与申报

项目目标

- 了解社会保险费的含义；
- 掌握社会保险费缴费基数和缴纳比例；
- 能办理社会保险费增、减员；
- 培养认真、严谨的工作态度、在税费申报过程中培养服务意识与合作精神。

岗课融通

在社会财务共享服务中心或企业集团财务共享服务中心，从事纳税申报岗位涉及社会保险费、印花税等核对与申报工作领域。能够申报社会保险费、印花税，既是本项目学习的重点，也是财务共享服务中心纳税申报岗位的典型工作任务。

社会保险费是一种缴费性的社会保障，由用人单位和劳动者本人缴纳，政府给予补贴并承担最终责任。社会保险主要包括养老保险、失业保险、医疗保险、工伤保险和生育保险。社会保险费的计算依据是缴费基数乘以当地社会保险费缴交比例。在申报社会保险费时，需要注意以下几点：属于网报用户的缴费单位需要在每月15日前进行网上缴费申报；申报完成后，应准时发起扣款指令并确认扣费是否成功；如发现申报有误，可以通过网报系统作废后重新申报；网上申报只支持当月社保费的申报；缴费单位应保证其银行账户有足额款项以便费款成功扣缴。

印花税是对境内书立、领受应税凭证的单位和个人征收的税种，包括合同、产权转移书据、营业账簿、证券交易四大类税目。计税依据为凭证所载金额，采用比例税率。企业应在每月15日前完成印花税纳税申报，并注意是否享受税收优惠政策。

知识框架

- 其他税费的核对与申报
  - 社会保险费的核对与申报
    - 概念、申报流程、信息采集、申报及缴纳
    - 核对与申报实操
  - 印花税的核对与申报
    - 概念、计税依据、纳税申报表填写与申报
    - 核对与申报实操

任务一　社会保险费的核对与申报

案例引入

2022 年 4 月 1 日，北京灵珑服装生产有限公司发生增员情况，员工增员信息如下：

工号：LL−0011

姓名：蔡欢欢

证件类型：居民身份证

证件号码：110101197611208372

性别：女

出生日期：1976−11−20

国籍（地区）：中国

民族：汉

户口性质：城镇

家庭地址：北京市东城区蒋新路 28 号

联系电话：13140489118

参保人员身份：本市职工

任职岗位：其他人员

任职职业：其他从业人员

入职日期：2022−04−01

上年度月平均工资：9 120.00 元

当前年度月平均工资：9 560.00 元

工资：9 900.00 元

缴费对象：本参保单位

根据上述业务信息，请思考以下问题：

（1）该公司当月增员操作的流程是什么？

（2）该公司当月应缴的社会保险费金额是多少？

社保年度工资基数及北京地区社保缴费标准（本市职工）

任务准备

一、社会保险的概念

社会保险是指国家通过立法，多渠道筹集资金，对劳动者在因年老、失业、工伤、生育而减少劳动收入时给予经济补偿，使其能够享有基本生活保障的一项社会保障制度。

社会保险是社会保障体系的核心部分，是指以国家为主体，由法律规定的专门机构负责实施，运用社会力量，通过立法手段向劳动者及其雇主筹措资金建立专项基金，以保证在劳动者失去劳动收入后获得一定程度的收入补偿，从而保证劳动力再生产和扩大再生产的正常运行，保证社会安定的一种制度。

社会保险主要包括“五险”，即：养老保险、失业保险、医疗保险、工伤保险和生育保险。

二、社会保险费核对申报流程

企业进行社会保险费的申报时，应选择在国家税务总局电子税务局平台进行申报。首先应登录电子税务局平台进行社会保险费信息采集，然后填写申报需要的数据信息进行社会保险费申报，填写完后，进入税款缴纳环节。

三、社会保险费信息采集

在申报社会保险费之前，若人员有增减变动，应先办理增、减员，再申报社会保险费。如果企业当月发生员工离职，未先进行人员减员处理，则将会直接再缴交下个月的社会保险费用。

四、社会保险费申报

社会保险费一般是发生当月申报并缴纳。申报时间各地有差异，可登录电子税务平台查询各地具体申报时间。

五、税费缴纳

社会保险费申报完毕后，需进行税费缴纳，进入税费缴纳环节。缴费单位未按规定缴纳和代扣代缴社会保险费的，由劳动保障行政部门或者税务机关责令限期缴纳；逾期仍不缴纳的，除补缴欠缴数额外，从欠缴之日起，按日加收0.2%的滞纳金。

任务实施

结合北京灵珑服装生产有限公司业务资料，完成该公司增员操作及社会保险费的申报。

第一步：增员操作。

单击“单位人员增员申报”，选择“社保增员申报”，如图3-3-1所示。

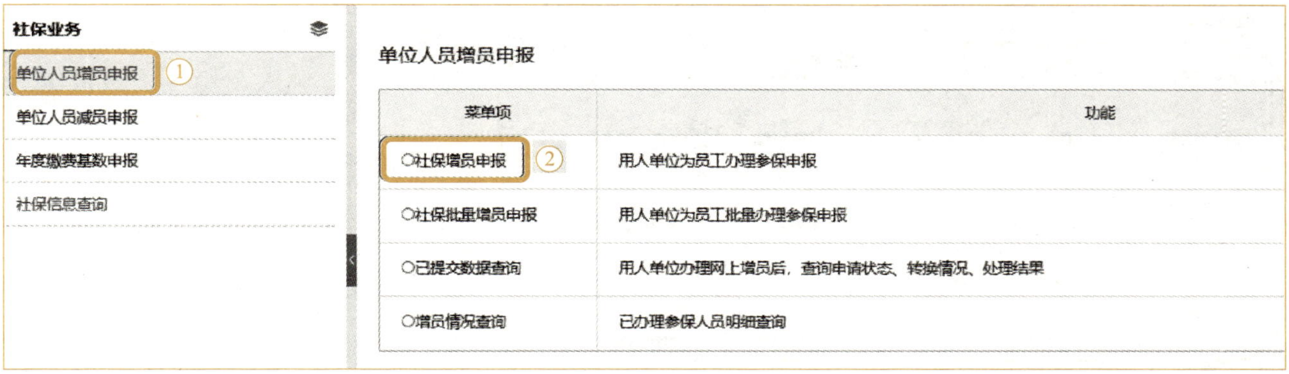

图3-3-1　选择社保增员申报选项

根据员工增员信息，输入增员员工姓名和身份证号，单击“新增”，如图3-3-2所示。

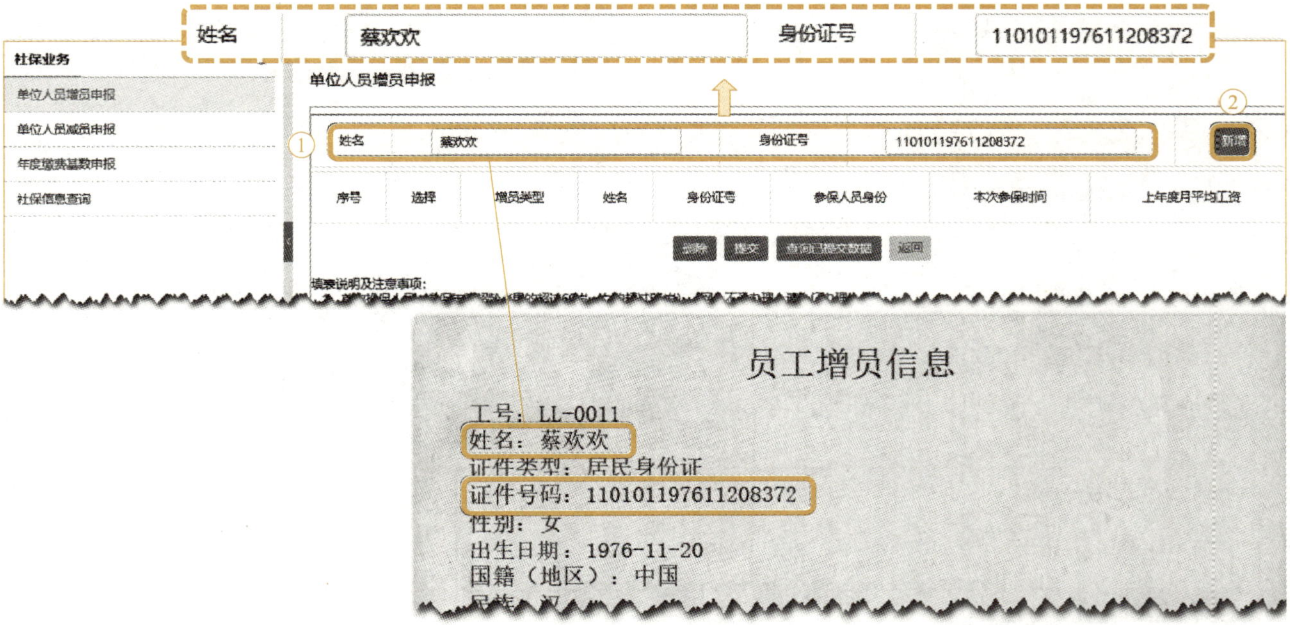

图3-3-2　录入增员信息

根据员工增员信息，录入缴费信息，单击“保存”，如图3-3-3所示。

单击“提交”，再单击“查询已提交数据”，如图3-3-4所示。

单击“开始模拟文件盖章”，最后单击外出办事，前往税务局确认增员成功。

社会保险减员操作的流程同增员操作，此处不再赘述。

第二步：社会保险费申报。

从财务共享服务中心平台进入电子税务局，选择税费申报里的“其他申报”，选择填写社会保险费申报，如图3-3-5所示。

图3-3-3　录入增员人员缴费信息

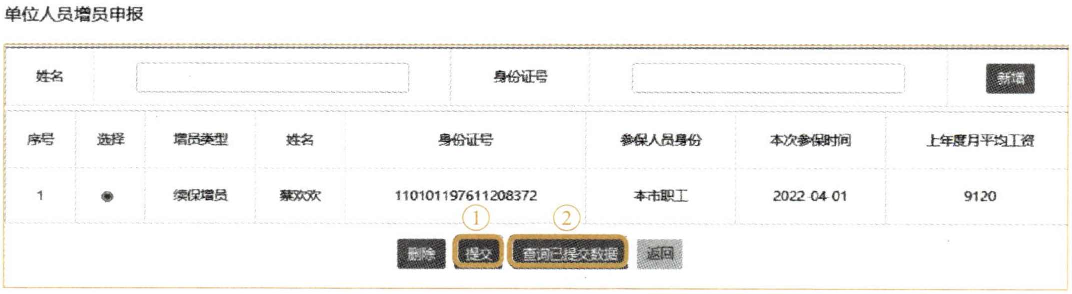

图3-3-4　查询已提交数据选项

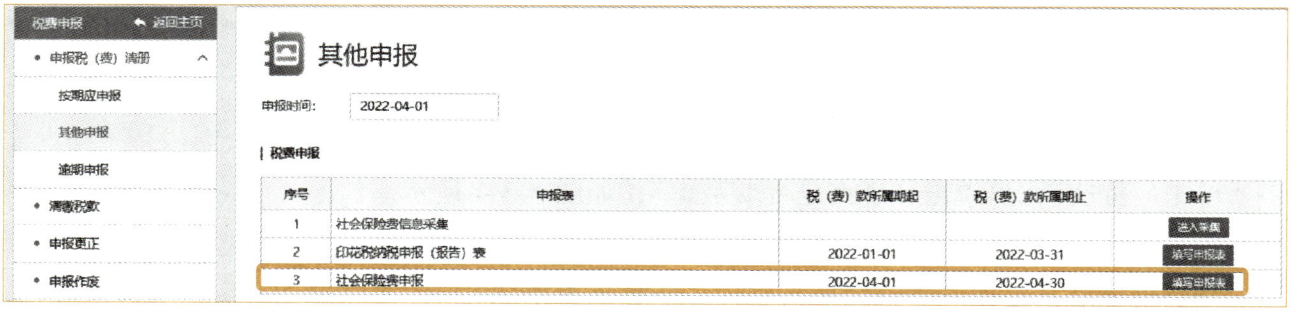

图3-3-5　社会保险费申报界面

社会保险费申报表填写数据可以根据社会保险费计算表里各险种对应的个人及单位缴交金额的合计填写，如图3-3-6所示。

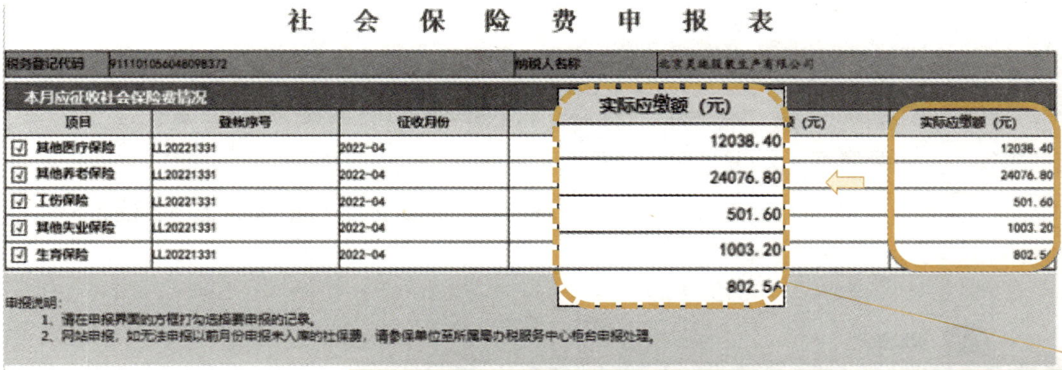

社会保险	单位缴纳		个人教纳		合计/元
	缴纳比例	缴纳金额	缴纳比例	缴纳金额/元	
养老保险	16%	16051.20	8.00%	8025.60	24076.80
医疗保险	10%	10032.00	2.00%	2006.40	12038.40
失业保险	0.8%	802.56	0.20%	200.64	1003.20
工伤保险	0.5%	501.60	0.00%	0	501.60
生育保险	0.8%	802.56	0.00%	0	802.56
合计		28189.92		10232.64	38422.56

图3–3–6 社会保险费申报填写

在申报实务中，社会保险的申报数据是自动生成的，申报人员只需对所需要申报的险种进行勾选，如图3–3–7所示。点击申报，即完成社会保险的申报操作。

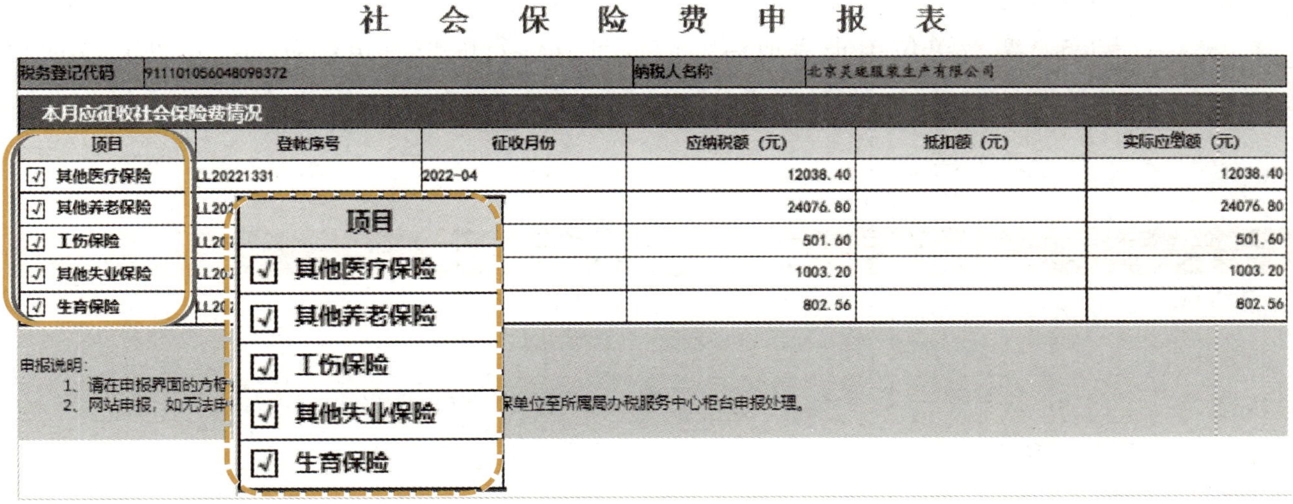

图3–3–7 申报险种勾选

第三步：税款缴纳。

社会保险费申报成功后，进入缴款界面。

税费缴纳系统默认提供三方协议缴款方式（因地区差异化，部分地区可能会有其他的缴款方式），如图3–3–8所示。点击“立即缴款”即完成社保费的申报缴纳。

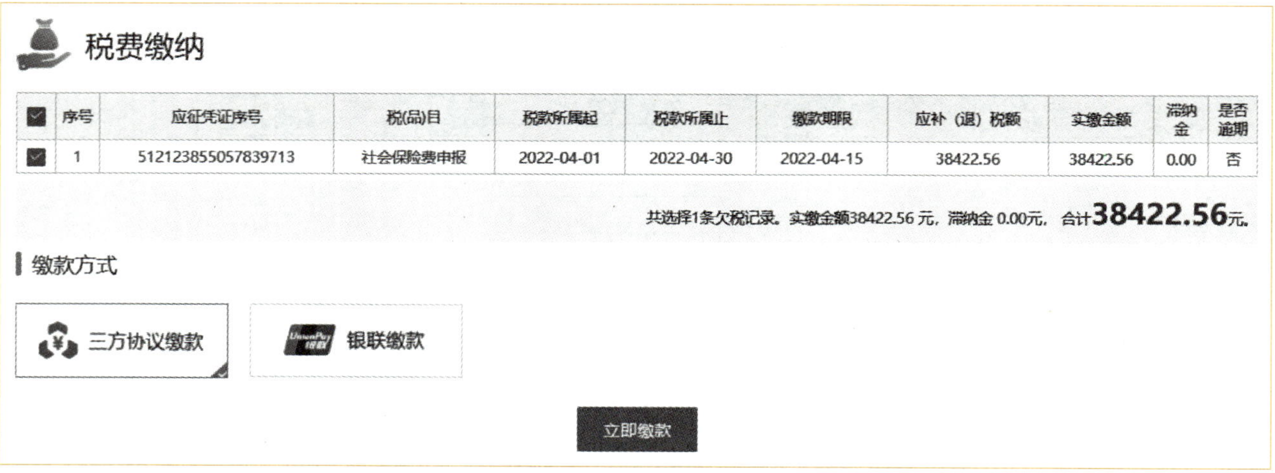

图3-3-8　社会保险费缴款方式

任务小结

社会保险费申报的注意事项：

（1）属于网报用户的缴费单位，必须在每月15日前，照实进行网上缴费申报；

（2）缴费单位申报完成后，应准时在网报系统发起扣款指令，确认扣费是否成功；

（3）缴费单位在申报完成后，如发现申报有误，可以通过网报系统作废后重新申报；

（4）网上申报只支持当月社会保险费的申报；

（5）缴费单位申报完成后，应保证其银行账户有足额款项，以便费款成功扣缴。

任务二　印花税的核对与申报

案例引入

2022年第一季度北京灵珑服装生产有限公司企业合同登记统计表，如表3-3-1所示。

表3-3-1　企业合同登记统计表

序号	合同名称	签订所属期	合同金额/元	备注
001	购销合同	2022年1—3月	296 980.00	
002	产权转移书据	2022年1—3月	610 000.00	

根据上述业务信息，思考以下问题：

北京灵珑服装生产有限公司2022年第一季度印花税纳税申报操作有哪些步骤？

任务准备

一、印花税的概念

印花税是对在经济活动和经济交往中书立、领受具有法律效力的凭证的行为征收的一种税。其因采用在应税凭证上粘贴印花税票作为完税的标志而得名。

印花税按照四大类设置税目，分别是合同、产权转移书据、营业账簿、证券交易。

读一读：印花税税收优惠政策

二、计税依据

印花税的计税依据采取按金额计税的形式。凡采用比例税率的凭证，应以凭证所载金额为计税依据。

三、纳税申报表填写

印花税纳税申报表主要分为表头和正表两部分。表头部分需要填写纳税人识别号，纳税人名称，所属时期和填表日期。正表部分首先要确定是否适用增值税小规模纳税人减征政策，然后根据企业合同登记统计表，填入对应的应税凭证所对应的计税金额。在实务工作中，印花税纳税申报表的第四列“税率”无需填写，第五列和第十列按照申报表公式自动计算。

四、纳税申报操作

在实务工作中，企业申报印花税通常使用的申报方式是网上申报。报税会计在填写完申报表后，就开始点击申报按钮进行申报，申报后，系统会提示是否进入缴纳，若进入缴纳，企业选择对应的缴纳方式，点击进行缴款，缴款成功后，就完成了印花税的申报及缴纳。

任务实施

根据企业合同登记统计表合同名称及合同金额对应印花税纳税申报表的应税凭证及计税金额或件数，将对应的金额填入对应项目，如图3-3-9所示。

北京灵珑服装生产有限公司本期应缴纳印花税符合减半征收政策，减征率50%，系统会自动计算出第5栏“本期应纳税额”、第9栏“本期增值税小规模纳税人减征额”、第10栏“本期应补（退）税额”，如图3-3-10所示。

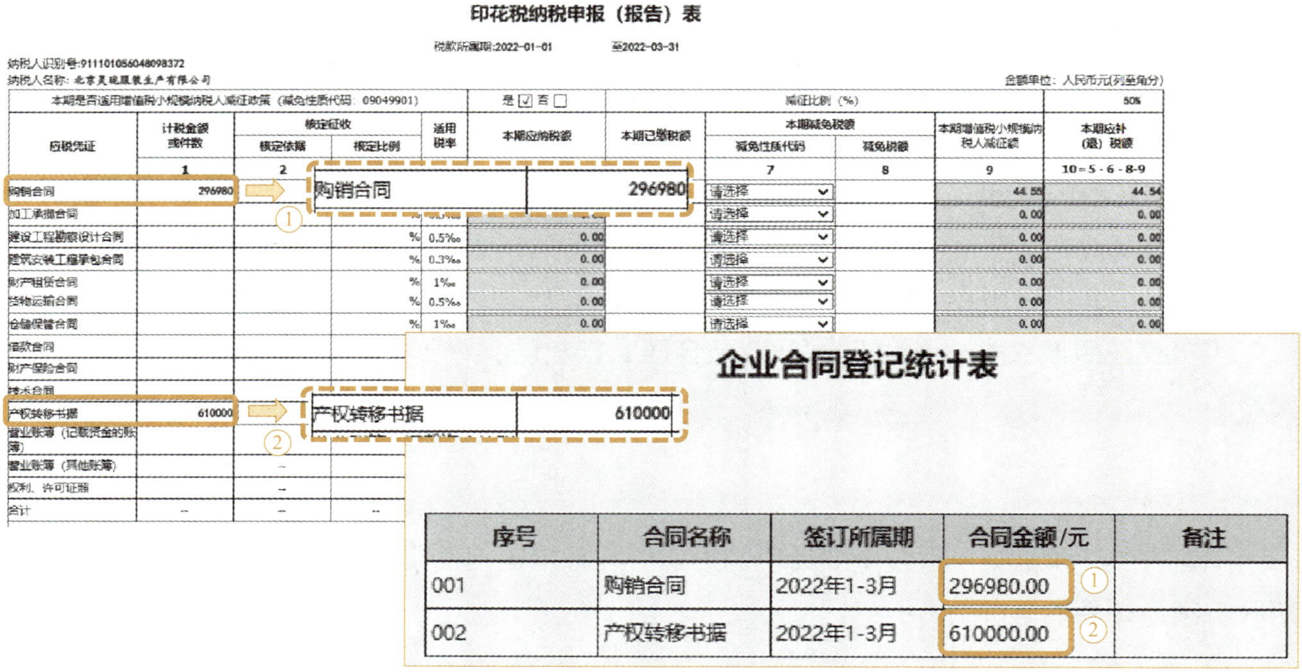

图3-3-9　印花税纳税申报表的填写1

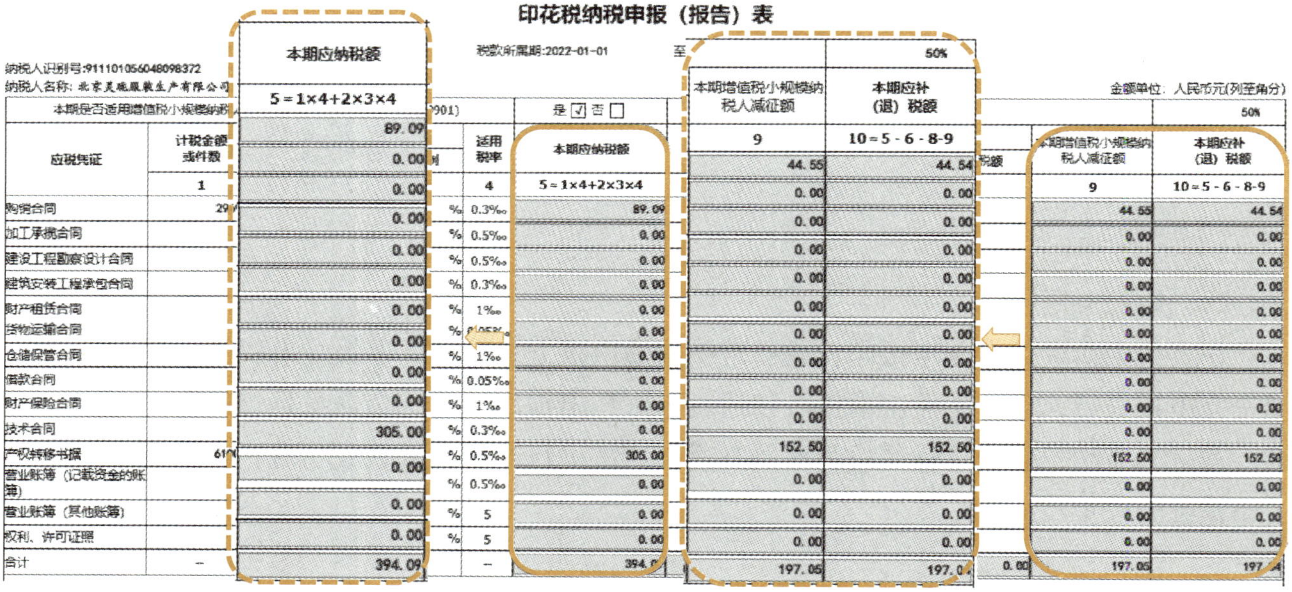

图3-3-10　印花税纳税申报表的填写2

任务小结　企业应于每个月的15日前完成印花税的纳税申报工作。根据相关统计表，进行纳税申报表的填列，注意企业是否享受税收优惠政策。

印花税按照合同、产权转移书据、营业账簿、证券交易四大类设置税目，其计税依据采取按金额计税的形式，以凭证所载金额为计税依据。

同步测评

一、不定项选择题

1. 缴费基数上限是指职工工资收入超过上一年省、市在岗职工月平均工资算术平均数（　　）以上的部分不计入缴费基数。

A. 60%　　B. 80%　　C. 100%　　D. 300%

2. 若职工申报工资大于险种下限且小于险种上限，以（　　）为缴费基数。

A. 险种下限　　B. 职工申报工资　　C. 险种上限　　D. 以上都不正确

3. 印花税的适用范围是（　　）。

A. 个人所得税　　B. 增值税　　C. 资产交易　　D. 附加税

4. 以下需要申报印花税的是（　　）。

A. 购买房产　　B. 租赁住房

C. 随礼赠送现金　　D. 个人工资发放

5. 下列关于社会保险费的说法中，正确的是（　　）。

A. 企业月初发生增员，应先进行增员信息采集，再申报

B. 企业月末发生增员，应先进行增员信息采集，再申报

C. 社会保险申报的是上月的费用

D. 企业月初发生员工离职，应于下月进行减员操作

6. 借款合同的印花税税率是（　　）。

A. 借款金额的万分之零点三　　B. 借款金额的万分之零点五

C. 借款金额的万分之三　　D. 借款金额的万分之五

7. 运输合同的印花税税率是（　　）。

A. 运输费用的万分之零点三　　B. 运输费用的万分之零点五

C. 运输费用的万分之三　　D. 运输费用的万分之五

8. 以下各项中，不属于社会保险费计算基数的是（　　）。

A. 员工工资总额　　B. 员工岗位等级

C. 当地平均工资　　D. 最低工资标准

9. 社会保险费的缴纳比例一般由（　　）确定。

A. 企业董事会　　B. 人力资源和社会保障局

C. 企业工会　　D. 企业人力资源部门

10. 社会保险费的申报和缴纳频率一般为（　　）一次。

A. 每月　　B. 每季度　　C. 每半年　　D. 每年

11. 社会保险费是根据（　　）计算的。

A. 个人工资水平　　B. 公司规模

C. 员工的职位　　D. 当地社会保险政策

12. 社会保险费的缴纳由（　　）负责。

A. 企业　　B. 员工个人

C. 政府　　D. 企业和员工共同

13. 社会保险费主要包括“五险”，即“养老保险”“医疗保险”（　　）。

A. 失业保险　　B. 工伤保险　　C. 商业保险　　D. 生育保险

14. 为贯彻落实党中央、国务院关于持续推进减税降费的决策部署，进一步支持小微企业发展，根据《财政部 税务总局 关于进一步实施小微企业“六税两费”减免政策的公告》，“六税两费”包括（　　）。

A. 资源税　　B. 城市维护建设税

C. 印花税（不含证券交易印花税）　　D. 土地增值税

15. 下列关于社会保险的说法中，正确的有（　　）。

A. 基本养老保险是由国家通过立法强制实行，保证劳动者在年老丧失劳动能力时，给予基本生活保障的制度

B. 工伤保险指国家通过立法强制实行的，由社会集中建立基金，维护企业职工的合法权益，保障企业女职工在生育期间得到必要的经济补偿和医疗保健的制度

C. 基本养老保险由单位和个人共同承担

D. 失业保险是指国家通过立法强制实行的，由社会集中建立基金，对因失业而暂时中断生活来源的劳动者提供物质帮助的制度

16. 社会保险费申报的途径有（　　）。

A. 网上申报　　B. 上门申报

C. 简易申报　　D. 自动申报

17. 印花税按照四大类设置税目，包括（　　）。

A. 合同　　B. 发票

C. 产权转移书据　　D. 营业账簿

18. 营业账簿中记载资金的账簿，以（　　）的合计金额为其计算印花税依据。

A. 实收资本　　B. 资本公积

C. 利润分配　　D. 未分配利润

二、判断题

1. 根据国家相关法律规定，特定交易或文件需要缴纳印花税，并向税务机关申报。（　　）

2. 印花税属于行为税，只要发生了印花税税目中列举的行为就应该缴纳印花税。（　　）

3. 社会保险费的缴费基数是根据员工个人的实际工资或收入来确定的。（　　）

4. 社会保险费一般是当月申报当月，当月缴纳当月。（　　）

5. 在申报社会保险费之前，若人员有增减变动，应先进入社会保险费信息采集，办理增、减员，再申报社会保险费。（　　）

6. 月末发生员工离职，应先做减员工作，再申报社会保险费。（　　）

7. 社会保险费缴费基数调整时间一般是一年一次，不同的地区调整月份会有不同。（　　）

8. 社会保险费申报时，若员工申报工资小于险种缴费下限，以险种缴费下限确定缴费基数。（　　）

三、思考与操作

登录财务共享服务平台，完成上海菲达旅游有限公司印花税的纳税申报，相关企业信息可登录平台进行查看。

练习要求：

（1）计算上海菲达旅游有限公司2022年第二季度印花税实际应纳税额。

（2）完成印花税的纳税申报操作。

模块四
财税分析

企业在票据和业务处理过程中获取大量财税相关数据，对这些数据进行归类分析具有重大的意义。对于企业内部外部做出深刻剖析，针对企业存在的问题提出可行性报告，领导层在做出关于企业的发展方向、经营理念、公司文化、产品领域等相关重要措施时，都需要相应的财税分析作为依据。

因此，无论是企业管理层还是财务人员，都需要掌握财税分析的相关技能。我们将通过“解析财税分析”“分析财务数据”以及“预警税务风险”三个项目来学习财税分析相关知识。

项目一
解析财税分析

项目目标

- 了解数据采集的概念；
- 熟悉数据采集和获取的途径和方法；
- 能应用财税分析常用指标；
- 培养财税分析过程中对各类指标模型选择的职业判断能力。

岗课融通

在社会财务共享服务中心或企业集团财务共享服务中心，从事财税分析岗位涉及数据共享等工作领域。认识财税分析、掌握财税分析常用指标，既是本项目学习的重点，也是从事财务共享服务中心财税分析岗位的基本要求。

虽然在安排本项目学习顺序时，是按照先进行数据采集，后进行指标选取的顺序来介绍。但是在实际工作中进行财税分析时，往往是先根据管理层的需要或重视的领域进行指标的选取。确定指标之后，再根据指标的需要，从众多数据中选取相关数据进行计算和比较。数据的收集和指标的熟悉是我们做分析工作前必须完成的基础工作，如果没有提前做好准备，其对分析结果可能无法提供有价值的指导。所以，在财税分析的过程中，每个工作和环节都十分重要。这就对财务人员提出较高的要求，需要财务人员培养较强的职业判断能力以及对数据高度的敏感性。时刻关注数据变化趋势，能够意识到每个环节可能出现的问题，以免出现重大失误。

有时作为基层工作的财务人员，可能对整个企业的宏观发展计划把握的并不清晰，仅限于从财务角度看待指标的变动。为了使财税分析的效益最大化，财务人员在做分析时必须提升站位，看得更高更远，主动从管理者的视角看待问题，选取指标。为了做到这一点，可以多了解企业发展和战略，积极与其他业务部门多沟通。另外，还应及时向公司管理层和所有者报告财税分析工作的进程，从实时反馈中获得评价，并及时取得指导。

知识框架

- 解析财税分析
  - 认知财税分析
    - 数据采集概念、采集数据的类型、数据采集与获取的途径及财税分析认知与内容
    - 财税分析流程设计实操
  - 掌握财税分析常用指标
    - 关键指标的确定原则、财务指标的分类与应用、税务指标、财务指标与配比指标相关公式
    - 财税分析指标应用实操

任务一 认知财税分析

案例引入

月末，北京盛耀纺织有限公司的财务人员将各类数据和报表分类导出来，如财务报表、工资表、销售汇总表等，将数据按类别和日期进行存储和管理。

根据上述案例，思考以下问题：

（1）北京盛耀纺织有限公司通过财税系统能取得哪些数据？除了财税系统，还能从哪些渠道获得什么样的相关信息？

（2）所采集的数据能分成哪几种类型？

任务准备

一、数据采集概念

数据采集，又称数据获取，是利用一定的技术或装置，从系统内外部自动采集数据的过程。数据采集技术广泛应用在各个领域，比如摄像头、麦克风，都是数据采集工具。在大数据时代，数据采集的概念已经得到重新定义。大数据采集是指从传感器和智能设备、企业在线系统、企业离线系统、社交网络和互联网平台等获取数据的过程。数据包括传感器数据、用户行为数据、社交网络交互数据及移动互联网数据等各种类型的结构化、半结构化及非结构化的海量数据。

二、采集数据的类型

采集到的数据可以被分为三种类型，即结构化数据、非结构化数据，以及半结构化数据。结构化数据也称行数据，是可以由二维表结构来逻辑表达和实现的数据，主要通过关系型数据库进行存储和管理。非结构化数据是指数据结构不规则或不完整，没有预定义的数据模型，不方便用数据库二维逻辑表来表现的数据。包括所有格式的办公文档、文本、图片、XML、HTML、各类报表、图像和音频、视频信息等，也是最常见的数据类型。半结构化数据是结构化数据的一种形式，但它不易被关系型数据库或其他数据表的形式关联起来。如入职简历表，其信息结构复杂，信息量丰富。

三、数据采集与获取的途径

（一）外部数据采集

企业外部的数据种类众多，具体包括国家宏观经济指标，国际外汇、黄金、石油以及大宗商品的走势数据等，在商品国际化程度日益加强的潮流之下，看似没有直接相关的国际原油价格、大宗商品期货指数，实际也直接会影响企业集团的经营决策。如，国际原油价格的上升会提高运输企业的成本，间接地影响企业成本。此外，80%的企业外部数据是非结构化的数据，也是支持企业经营决策的重要依据。

对于外部数据的收集，常使用Python与财务机器人，也可以借助财务数据分析平台，批量从公开的网站上进行数据爬取。

（二）内部数据获取

内部数据获取就是从数据存储介质中获取所需数据的过程，如从财务信息系统里导出财务账套信息，从业务系统导出业务数据等。企业内部系统的数据，以结构化数据为主，大多保存在企业的信息系统。利用财务数据分析平台数据导入功能，获取企业内部数据有以下两种途径：

第一种途径，选择财务数据分析平台内已设置好的系统数据。

第二种途径，将财务报表、销售汇总表等企业内部资料导入到财务数据分析平台“个人数据”。

（三）数据采集的主要方式

数据一般可通过以下方式采集：

（1）感知设备采集法，通过传感器、像头和其他智能终端从系统外部采集数据并输入到系统内部的一个接口的感知设备采集法。

（2）系统日志采集法，通过收集系统（业务平台）每天产生的大量日志数据供离线和在线分析系统使用。

（3）数据库采集法，通过数据库连接方式获取数据，这也是较为常见的数据采集方法。

（4）网络数据采集法利用网络爬虫搜索引擎从互联网页上获取数据。

四、财税分析认知与内容

（一）财税分析认知

从AIGC（人工智能自动内容生成）技术支持的角度来看，生成算法、数据集成、语言处理、算力和人工智能模型产品输出是该技术领域的重要方向。其中，生成计算法、数据集和语言处理是人工智能技术的核心领域，而算力则是支持人工智能技术发展的基础。数据信息正在积极布局人工智能硬件和云计算技术，以提高算法训练和推理的效率。如果公司在财税、智慧等业务领域已积累了一定规格的数据，公司就可以积极探索利用人工智能技术来帮助企业实现更多加精准的财税管理和预测分析，还能帮助政府实现更好的公共服务和治理。

（二）财税分析内容

财税分析的最终成果是形成财税分析报告。财税分析报告的内容既体现了财税分析的内容，也体现了财税分析的要求。财税分析报告主要包括五个方面的内容。

第一部分，提要段。即概括公司综合情况，让财务报告接受者对财务分析说明有一个总括的认识。

第二部分，说明段。这是对公司运营及财务现状的介绍。该部分要求文字表述恰当，数据引用准确。对经济指标进行说明时可适当运用比较数及复合指标数。特别要关注公司当前运作上的重心，对重要事项要单独反映。公司在不同阶段、不同月份的工作重点有所不同，所需要的财务分析重点也不同。如公司正进行新产品的投产、市场开发，则公司各阶层需要对新产品的成本、回款、利润数据进行分析的财务分析报告。

第三部分，分析段。这是对公司的经营情况进行分析研究。在说明问题的同时还要分析问题，寻找问题的原因和症结，以达到解决问题的目的。财务分析一定要有理有据，要细化分解各项指标，因为有些报表的数据是比较含糊和笼统的，要善于运用表格、图示，突出表达分析的内容。分析问题一定要善于抓住当前要点，多反映公司经营焦点和易于忽视的问题。

第四部分，评价段。作出财务说明和分析后，对于经营情况、财务状况、盈利业绩，应该从财务角度给予公正、客观的评价和预测。财务评价要从正面和负面两方面进行，应避免模棱两可的描述。评价既可以单独分段进行，也可以将评价内容穿插在说明部分和分析部分。

第五部分，建议段。即财务人员在对经营运作、投资决策进行分析后形成的意见和看法，特别是对运作过程中存在的问题所提出的改进建议。值得注意的是，财务分析报告中提出的建议不能太抽象，而要具体化，有一套切实可行的方案。

任务实施

月末，北京盛耀纺织有限公司的财务人员在进行财税分析之前，进行获取数据途径的分析。

第一步：获取北京盛耀纺织有限公司内部数据。

需要获取各类与决策相关的数据，将各类数据和报表分类导出。这类数据主要来源于企业信息，属于企业内部系统数据，以结构化数据为主。如财务报表、工资表、销售汇总表等数据。

第二步：获取北京盛耀纺织有限公司企业外部信息。

企业要想做出预见性准确的决策，仅仅依靠内部数据是不够的，还需要从其他渠道获取更多的信息。对于外部数据的收集，北京盛耀纺织有限公司的财务人员可以分别使用较为常用的Python工具，也可以借助财务数据分析平台，批量从公开的网站上进行数据爬取。如在行业网站上下载纺织业平均成本数据，利润相关表格。在国家统计局网站上了解能源、资源等相关数据，以用于预计企业成本未来变化趋势。

第三步：做好对北京盛耀纺织有限公司内外部信息分析的思考。

收集各类数据，按照时间和类别进行归集后，财务人员应思考对数据如何分配和运用，构建财务报告的宏观架构。

任务小结

掌握数据采集的渠道，以及不同渠道能够采集到的数据种类是本项目学习内容的切入点。将取得的数据按照类别和分析需求进行归类存储，为后续进行财税分析做前期准备。认识财税分析的面貌，形成相关的概念。最终从财税分析报告内容入手，进一步学习财税分析是本项目学习内容的落脚点。

任务二　掌握财税分析常用指标

案例引入

月末，北京盛耀纺织有限公司的财务人员导出各类数据包，并将不同数据按时间和类别分类存放。为了给管理层和所有人提供更有用更简洁的信息，需要对所获得数据进行简要分析。

请根据上述案例，思考以下问题：

（1）公司管理层和所有人所关注的问题有哪些？

（2）针对这些问题，都有哪些相关的关键指标可以描述？

任务准备

财税指标分类复杂多样，在日常实务工作中，必须有所取舍，如何确定分析需要使用的指标，是一项十分重要的工作。

一、关键指标的确定原则

确定关键指标，首先需要考虑企业的业务模式和战略目标。如果企业业务以销售为主，那么销售额、销售增长率、毛利率等指标就是最为关键的。如果企业目标以盈利为主，那么净利润率、ROE等指标就是最为关键的。如果企业目标以资产管理为主，那么资产回报率、资本回报率等指标就是最为关键的。

确定关键指标时需要注意以下几个方面的原则：

（1）指标与战略目标相一致。指标必须要和企业的战略目标相一致，才能够真正地发挥作用。

（2）指标的可操作性。指标必须是可操作的，也即企业有能力控制或者影响这个指标。

（3）指标的数据可靠性。指标的数据必须是可靠的，也即企业有能力收集和分析这个指标的数据。

（4）指标的可比性。指标必须是可比的，也即企业能够将这个指标与其他企业或者行业进行比较。

二、财务指标的分类

财务指标可以分为三类：收益指标、财务稳定性指标和运营效率指标。每一类指标都有其独特的意义和作用。

（一）收益指标

收益指标可以用来衡量企业的盈利能力。收益指标包括销售额、净利润率、ROE 等。

（二）财务稳定性指标

财务稳定性指标可以用来衡量企业的财务稳定性。财务稳定性指标包括资产负债率、流动比率、利息保障倍数等。

（三）运营效率指标

运营效率指标可以用来衡量企业的运营效率。运营效率指标包括资产周转率、存货周转率等。

三、财务指标的应用

选择正确的财务指标是关键的，但是如何应用这些指标才是真正有意义的。

（一）分析现有业务

财务指标可以用来分析现有的业务，以确定哪些业务是成功的，哪些业务需要进行调整。如，通过比较各个产品线的销售额和毛利率，可以确定哪些产品线是成功盈利的，哪些产品线需要进行调整或淘汰。

（二）比较与竞争对手的表现

财务指标可以用来比较自己与竞争对手的表现。这可以帮助企业确定自己在行业中的地位以及需要加强的领域。如，通过比较销售增长率和净利润率，可以了解企业在行业中的市场占有率和盈利能力。

（三）指导战略决策

财务指标可以用来指导战略决策。如，通过分析现有的资产回报率和资本回报率，可以确定投资哪些项目可以获得最高的回报。通过分析流动比率和现金流量，可以确定是否需要增加现金储备以抵御不利的市场情况。

应用正确的财务指标可以帮助企业更好地了解业务状况，并用于指导战略决策，在竞争中获得优势。确定关键指标时需要考虑业务模式和战略目标，以及指标的可操作性、数据可靠性和可比性。财务指标可以分为收益指标、财务稳定性指标和运营效率指标。应用财务指标可以帮助企业分析现有业务、比较竞争对手的表现以及指导战略决策。

四、税务指标

随着“金税四期”的推进，税务管理也逐渐凸显其重要性。企业在管理分析财务指标的同时，也应加强对税务指标的分析。典型的税务指标如下。

（一）增值税相关指标

1. 本期增值税税负＝应纳税额/应税销售收入

2. 增值税税负变动率＝（本期增值税税负－同期增值税税负）/同期增值税税负

3. 增值税修正税负＝（应纳税额+NVL（本期免抵税额，0）+固定资产进项税额）/（应税销售收入＋货物销售额（免抵调））

免抵退税额＝离岸价格＊汇率＊出口货物退税率－免抵退税额抵减额

免抵退税额抵减额＝免税购进原材料价格＊出口货物退税率

当月留抵税额≤免抵退税额退税额＝当月留抵税额免抵税额＝免抵退税额－留抵税额

当月留抵税额＞免抵退税额退税额＝免抵退税额免抵税额=0

4. 进项税额控制额差异率＝（进项税额控制额－本期进项税额）/本期进项税额

进项税额控制额＝（期末存货较期初增加额＋本期销售成本）＊主要外购货物的增值税税率（农产品13%、海关完税凭证13%或17%、废旧物资10%）＋本期运费支出数*7%。

5. 本期农产品进项税额抵扣率＝农产品收购发票抵扣税额/进项税额

6. 本期运费占应税收入比＝抵扣运费金额/应税销售收入

7. 本期进项税额转出比＝进项税转出额/进项税额

8. 本期应纳税额占进项税额比（国际处专用）＝应纳税额/进项税额

（二）所得税相关指标

1. 息税前利润率（国际处）＝（主营业务利润＋其他业务利润）/（（资产期初

数+资产总额期末数）/2）

备注：企业可能存在隐瞒应税收入或收入体外循环等方面的风险。

2. 本期材料投入百分比=（防伪税控开具金额固定资产进项金额）/（应税销售收入+货物销售额（简易征收）+货物销售额（免抵调）+货物销售额（免税））

3. 原材料占成本的比例=（进项税额–申报抵扣运费税额–固定资产进项税额）/0.17+存货期初数–存货期末数+NVL（本期生产企业进料加工进口料件中的组成计税价格，0））/主营业务成本

4. 本期销售收入结构异常=（本期主营业务收入–本期应税销售收入）/本期应税销售收入

5. 主营业务成本差异额风险识别（大企业处通用）=（进项税额–固定资产进项税额）/0.17+（累计折旧期末数–同期累计折旧期末数）+本期工资薪金支出–（存货期末数–存货期初数）/2–主营业务成本

6. 本期预收账款余额与全部销售收入比=预收账款月末数/（应税销售收入+货物销售额（简易征收）+货物销售额（免抵调）+货物销售额（免税））

7. 本期生产型出口企业还原增值税税负=（（销项税额+货物销售额（免抵调）*0.17–（进项税额–进项税转出额+期初留抵税额期末留抵税额+评估期免抵退办法出口货物不得抵扣进项税额）））/（应税销售收入+货物销售额（免抵调））

备注：不包括出口销售额，即扣除出口因素影响。

五、财务指标相关公式

1. 销售毛利率=（销售收入–销售成本）/销售收入

2. 销售毛利变动率=（本期销售毛利率同期毛利率）/同期毛利率

3. 销售费用率=（营业费用+管理费用+财务费用）/主营业务收入

4. 存货变动率=绝对值（存货期末数–存货期初数）/存货期初数

5. 存货周转率=本期主营业务成本/（（存货期初数+存货期末数）/2）

6. 存货周转变动率=（本期存货周转率–同期存货周转率）/同期存货周转率

7. 销售收入电费比=抵扣电费金额/主营业务收入

8. 产值耗电变动率=（（本期购进电费/本期近似产值）–（同期购进电费/同期近似产值））/（同期购进电费/同期近似产值）

9. 本期万元产值电力耗用比=抵扣电费金额/（（（应税销售收入+货物销售额（免抵调））/10 000）

10. 本期投入产出率=本期近似原材料/本期近似产值

11. 投入产出变动率（（本期近似原材料/本期近似产值）–（同期近似原材料/

同期近似产值））/（同期近似原材料/同期近似产值）

12. 销售额变动率=绝对值（主营业务收入-同期主营业务收入）/同期主营业务收入

六、配比指标相关公式

（一）主营业务成本相关

主营业务成本与全部销售收入弹性系数=ABS（主营业务成本变动率-全部销售收入变动率）

其中：

1. 主营业务成本变动率=（本期主营业务成本-上期主要业务成本）/上期主要业务成本

2. 全部销售收入变动率=（本期销售收入-上期销售收入）/上期销售收入

（二）主营业务收入相关

主营业务收入成本变动率弹性系数=主营业务收入变动率/主营业务成本变动率

其中：

1. 主营业务成本变动率=（本期主营业务成本-上期主要业务成本）/上期主要业务成本

2. 主营业务收入变动率=（本期主营业务收入-上期主营业务收入）/上期主营业务收入

（三）成本差异风险相关

1. 主营业务成本差异额风险识别（大企业处通用）=（进项税额-固定资产进项税额）/0.17+（累计折旧期末数-同期累计折旧期末数）+本期工资薪金支出-（存货期末数-存货期初数）/2-主营业务成本

2. 主营业务成本变动差异额风险识别（大企业处通用）=主营业务成本×((主营业务收入-同期主营业务收入）/同期主营业务收入）-（主营业务成本-同期主营业务成本）

任务实施

月末，北京盛耀纺织有限公司的财务人员已经取得大量数据，管理层和所有人需要的是更有用更简洁的信息，那么就需要对所获得数据进行简要分析。

第一步：确定北京盛耀纺织有限公司的战略目标与关键指标。

财务人员首先应了解公司所有人和管理者主要关注的问题，根据公司的战略目标确定关键指标。如，更关注盈利能力，就需要在盈利能力相关的指标上分析得更为详细。

第二步：了解指标分类，确定不同指标的作用。

收益指标可以用来衡量企业的盈利能力，财务稳定性指标可以用来衡量企业的财务稳定性，运营效率指标可以用来衡量企业的运营效率。北京盛耀纺织有限公司同时需要衡量盈利能力、财务稳定性、营运效率，因此，后续的分析过程中，这三方面的指标都要选用。

第三步：思考所选取指标主要的应用场景。

运用指标分析现有业务，比较与竞争对手的表现，可以指导公司战略决策。如，北京盛耀纺织有限公司管理者更关注盈利能力，则选择更多反映盈利能力的指标，“原材料占成本的比例”“销售毛利率”“销售毛利变动率”“主营业务成本变动率”“主营业务成本变动率”等。通过指标反映盈利能力，为管理者下一步决策提供参考。

第四步：根据税务指标、财务指标、配比指标的计算公式，确定符合北京盛耀纺织有限公司重要指标。

结合北京盛耀纺织有限公司的情况，一般纺织业的企业在出口时享受较多的税收优惠政策，因此在分析税费情况时，我们要考虑减免税额的特殊情况。我们在确定指标时，可以加入“免抵退税额”“免抵退税额抵减额”。

北京盛耀纺织有限公司作为一个生产型企业，存货的情况较为复杂，数量大、品种多、规格繁杂，针对存货相关的分析指标就成为我们不得不重视的财务指标，如“存货变动率”“存货周转率”“存货周转变动率”等。

同时，加入一些配比指标，以便分析经营效果，常用的如“主营业务成本变动率”“主营业务成本变动率”等。

任务小结

在日常工作中，要关注企业整体发展状况，了解当前业态，不断培养从业者的职业判断能力，选择与企业发展战略契合度高的指标作为关键指标。了解指标的分类，能够辨别指标分析结果反映的是什么问题。认识税务指标、财务指标、配比指标具体包含哪些，掌握其中重要的、常用的指标，熟练调用分析需用的数据包，提升分析能力是本任务的落脚点。

同步测评

一、不定项选择题

1. 利用一定的技术或装置，从系统内外部自动采集数据的过程称为（　　　）。

A. 数据采集　　B. 数据清洗　　C. 数据分析　　D. 数据获取

2. 采集到的数据可分为（　　　　）几种类型。

A. 结构化数据　　B. 非结构化数据　　C. 标准数据　　D. 半结构化数据

3. 数据采集的主要方式有（　　　　）。

A. 感知设备采集法　　B. 系统日志采集法

C. 数据库采集法　　D. 网络数据采集法

4. 人工智能自动内容生成技术的重要方向领域有（　　　　）。

A. 生成算法　　B. 语言处理　　C. 数据集法　　D. 语言处理

5. 财税分析报告的主要内容包括（　　　　）。

A. 提要段　　B. 说明段　　C. 分析段　　D. 评价段

6. 关键性指标的确定原则有（　　　　）。

A. 指标与战略目标一致　　B. 指标的可操作性

C. 指标的可靠性　　D. 指标可比性

7. 在财税分析报告中，对公司经营情况进行分析研究的内容属于（　　　　）。

A. 提要段　　B. 说明段　　C. 分析段　　D. 评价段

8. 可以衡量企业盈利能力的指标属于（　　　　）。

A. 收益指标　　B. 运营指标

C. 财务稳定性指标　　D. 发展力指标

二、判断题

1. 正确使用财务指标有助于企业了解业务情况，进而指导战略决策。（　　）

2. 企业管理分析中只需要分析财务指标，可以不关注税务指标。（　　）

3. 关键性指标的可操作性是指企业有能力控制或影响该指标。（　　）

4. 办公文档属于非结构化数据。（　　）

5. 进项税额控制额差异率属于税务指标中的增值税相关指标。（　　）

三、讨论题

1. 请简述数据采集的概念、类型、获取途径及采集方式。

2. 请简述企业关键性指标确定的首要考虑因素与原则。

3. 请举例说明哪些指标属于财务指标。

项目二
分析财务数据

项目目标

- 了解数据可视化相关的工具；
- 掌握利用电子表格创建数据透视表、统计图表；
- 掌握成本数据、供销存数据和组织人员绩效分析的方法；
- 养成分析财务数据形成数据资产的财务职业能力。

岗课融通

在社会财务共享服务中心或企业集团财务共享服务中心，从事财税分析岗位涉及数据共享等工作领域。分析成本数据、进销存数据和组织人员绩效，既是本项目学习的重点，也是从事财务共享服务中心财税分析岗位的典型工作任务。

除了常用财务指标分析外，内部管理的财务数据分析经常从成本数据、进销存数据和组织人员绩效视角对企业各项运营资本的使用效果、资金周转的快慢以及挖掘资金的潜力、人员绩效情况进行分析，以提高运营效率。这几项指标的强弱，也是管理者或者其他相关者比较重视的实力要素。

知识框架

- 分析财务数据
  - 分析成本数据
    - 成本分析的步骤、具体方法及可视化展示
    - 成本数据分析实操
  - 分析进销存数据
    - 进销存数据的分析方法及可视化展示
    - 进销存数据分析实操
  - 分析组织人员绩效
    - 组织人员绩效的分析方法及可视化展示
    - 组织人员绩效分析实操

任务一 分析成本数据

案例引入

月末，北京盛耀纺织有限公司生成大量成本和费用数据，财务人员经过判断，将产生的成本费用归集到材料成本、员工成本、销售费用、管理费用、财务费用等类别，进而对成本进行分析。

请根据上述案例，思考以下问题：

（1）成本分析具体有哪些方法？

（2）成本分析的步骤是什么？

任务准备

新型的数据可视化产品层出不穷，基本上各种语言都有自己的可视化库，传统数据分析也都扩展出一定的可视化功能，再加上专门的用于可视化的成品软件，如何进行可视化工具的选择呢？要满足互联网爆发的大数据需求，可视化工具必须能实现快速的收集、筛选、分析、归纳、展现决策者所需要的信息，并根据新增的数据进行实时更新，需要具备以下特点：

（1）实时性：数据可视化工具必须适应大数据时代数据量的爆炸式增长需求，必须快速的收集分析数据、并对数据信息进行实时更新。

（2）易于操作：数据可视化工具可实现快速开发、易于操作的特性，能满足互联网时代信息多变的特点。

（3）丰富性：数据可视化工具需具有更丰富的展现方式，能充分满足数据展现的多维度要求；多种数据集成支持方式：数据的来源不仅仅局限于数据库；很多数据可视化工具都支持团队协作数据、数据仓库、文本等多种方式，并能够通过互联网进行展现。

数据可视化主要通过编程和非编程两类工具实现。主流编程工具包括以下三种类型：从艺术的角度创作的数据可视化，它是为艺术家提供的编程语言；从统计和数据处理的角度，既可以做数据分析，又可以做图形处理；介于两者之间的工具，既要兼顾数据处理，又要兼顾展现效果。

对于初学者来说，入门级的非编程工具即可以满足日常工作需要，如日常办公使用的电子表格等。电子表格软件不仅能处理表格，更可以把它当成数据库，甚至可以把它当成数据可视化工具来使用，用于创建专业的数据透视表和基本的统计图表。

一、成本分析的步骤

1. 明确目的

要进行成本分析，首先要明确分析目的。概括来说，成本分析的目的有三个：

（1）降低成本，找到降低成本的具体措施。

（2）为业绩评价提供依据。企业的成本实施预算、销售费用预算达成率等都属于业绩评价。

（3）为决策提供信息支持。其包括为公司产品的定价和选择提供分析信息等。

2. 确定对象

确定对象指对对象为材料成本、员工成本、销售费用、管理费用还是财务费用等进行分析。

一般来说，分析的原则有两个：一是全面分析；二是重点分析，也即专项分析。通常在实务过程中，建议做重点分析，如要控制差旅费就做差旅费的专项分析。

3. 数据的收集与汇总

分析对象确定后，企业就要围绕对象收集数据，如果数据不全就会导致分析结果失去价值，因此数据的收集和汇总非常关键。

二、成本分析具体方法

1. 比较分析法

成本的比较分析法可细分为两种，即同比分析和环比分析。具体进行同比分析还是环比分析，需要在分析过程中结合企业情况进行思考。

2. 比率分析法

比率分析法是指将不同项目放在一起进行比较所构成的一种比值。如，将销售费用与销售收入比较得出销售费用率，将管理费用除以销售收入得出销售管理费用率。

3. 因素分析法

因素分析法是分析过程中应用最多的一种方法。在企业的成本分析中，影响利润的因素有四个：销量、价格、成本、费用。因此，企业在运用因素分析法时，首先要找出最敏感的因素。

4. 差异分析法

成本的差异分析是指分析产品实际成本与标准成本的差额。实际成本超过标准成本所形成的差异称为不利差异，实际成本小于标准成本所形成的差异称为有利差异。成本差异通常分为价格差异和数量差异。企业管理层可以根据成本差异发现问题，具体分析成本差异形成的原因和责任，采取相应的措施，实现对成本的控制。

5. 本量利分析法

本量利分析是指在成本习性分析的基础上，运用数学模型和图式，对成本、利润、业务量与单价等因素之间的依存关系进行具体的分析，研究其变动的规律性，以便为企业进行经营决策和目标控制提供有效信息的一种方法。

三、成本数据分析的可视化展示

在获取成本数据分析结果后，常使用制图和制表工具将枯燥的数字可视化，揭示蕴含在数据中的规律，帮助管理层更直观的理解和分析数据。图4-2-1和图4-2-2是日常成本分析工作中常用的可视化图表示例。

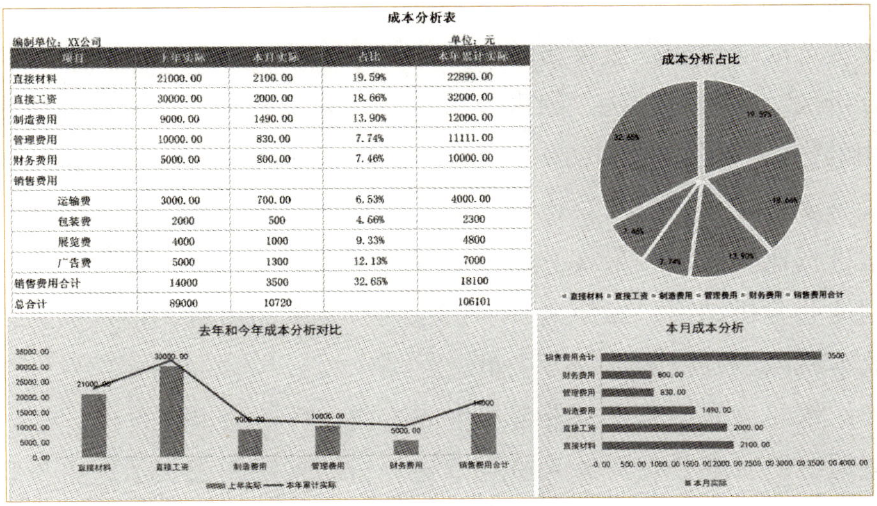

图4-2-1　成本分析可视化图

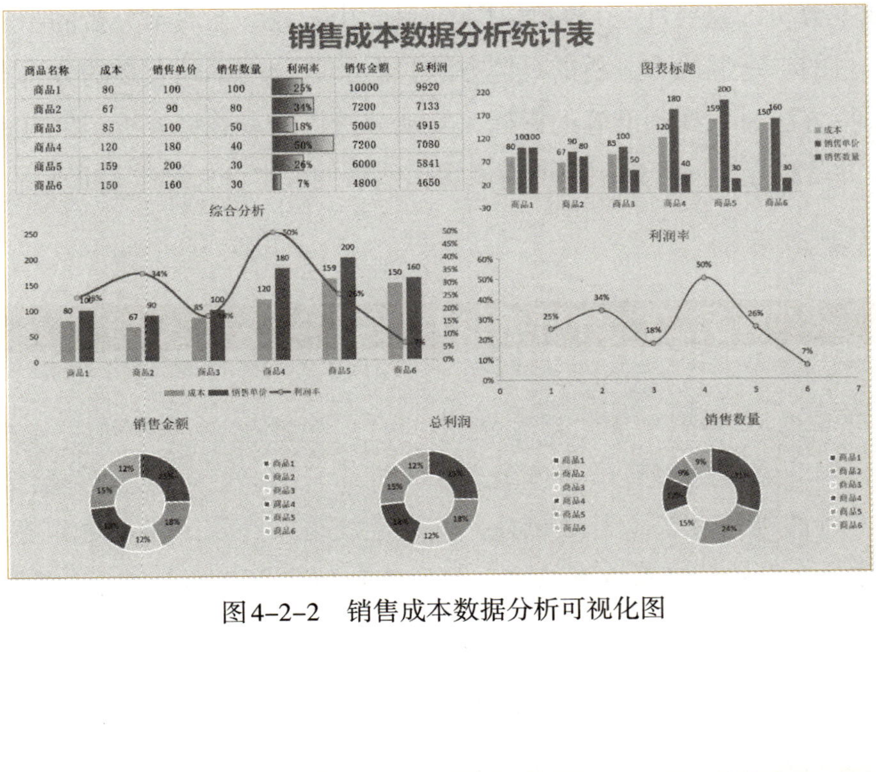

图4-2-2　销售成本数据分析可视化图

任务实施

结合案例企业的实际情况，从行业性质来看，北京盛耀纺织有限公司属于纺织业，纺织业属于制造业，是一个劳动密集程度高的产业。该行业特点决定了公司期末存在大量的存货，数量大、种类多，成本的核算成为财务人员重要的工作之一。作为劳动密集程度高的企业，人工费用的核算也是重要的工作内容。

第一步：按照成本分析的步骤收集北京盛耀纺织有限公司成本数据。

在期末，北京盛耀纺织有限公司生成大量成本和费用数据，财务人员经过研判，将产生的消耗归集成材料成本、员工成本、销售费用、管理费用、财务费用等类别，进而对成本进行分析。成本分析的结果是企业管理层做出经营决策的重要依据。这一步最重要的是要确定公司需要分析的重点问题，舍弃一些次要分析，不能要求分析面面俱到。

第二步：选取适合北京盛耀纺织有限公司的成本分析方法。

比较分析法、比率分析法、因素分析法、差异分析法、本量利分析法都是分析成本时常用的方法。北京盛耀纺织有限公司财务人员可以根据不同时期数据特点，采用一种或者多种的分析方法。也可以固定的选用几种分析方法，以便于不同历史时期的数据进行比较分析。最终分析目的就是准确反映出成本存在哪些问题，管理层可以依据这些分析结果，做出进一步扩张现有纺织品市场，还是加大投入新型纺织品研发成本，以占领新的市场等决策。

第三步：将北京盛耀纺织有限公司生成的成本分析结果可视化。

北京盛耀纺织有限公司财务人员可以将分析结果用图表展示，更直观的展示分析结果。

任务小结

了解成本分析的重要性是我们学习本项目的出发点。在成本分析的步骤中去认识成本分析的目的。掌握成本分析的具体方法，能够区分出不同方法的分析重点，以便于我们在选择方法时，找到准确的指标，实现分析目的。并将分析结果可视化是我们学习本项目的落脚点。向管理层和所有者提供明晰的成本分析结果是我们的落脚点。

任务二 分析进销存数据

案例引入

月末，北京盛耀纺织有限公司生成大量进销存数据，财务人员经过比较，可以观察出本月的进销存较上月进销存，或本季度进销存较上季度进销存上升或下降情况。作为公司的管理层和所有者，希望看到销售上涨的状况，如果销售下滑，那就要分析原因，并进一步采取措施，避免后期继续下滑。

请根据上述案例，思考以下问题：

（1）对公司来说，分析进销存数据有什么意义？

（2）进销存分析的方法有哪些？

（3）分析进销存常用指标有哪些？

任务准备

在零售分析中，“人”“货”“场”是其基本思维模式，商品数据分析也有它基本的模式，这就是：“进”“销”“存”。“进”即是采购订货环节，“销”即销售部分，狭义的“存”指商品的库存管理，广义的“存”指的是商品整个供应链管理。商品管理中的进销存是一个有先后顺序的循环关系。

一旦公司整体销售下滑，进行原因分析的时候，大部分时候会从采销部门，查找是否存在如整体订货不当、配货不合理、补货调拨不及时、数据分析不科学等原因。其实，如果某种货品库存大、单品销售差，除了进货、货品分配及调拨等环节可能存在问题，销售环节和供应链环节等都会影响，如实际店铺商品陈列不合理，甚至是无样品；店铺目标分配不均造成的人员积极性下滑，销售没有热情；仓库发货不及时，延误销售时机；盘点错误造成的系统显示有库存，而实际库存为零等，都可能影响销量。因此，商品分析问题务必从进销存三个维度进行思考。

一、进销存数据分析的方法

商品的分析指标很多，常用的指标如商品的折扣率、售罄率、库存量单位（SKU）动销率、畅销分析、周转率等；一般来说大店看重商品的周转，小店看重商品的单次利润，线上看重商品的折扣，线下侧重商品的库存；现实中基于不同的鞋服类型、品牌定位、公司管理者对商品数据的认知程度、商品分析人员自身分析能力等等原因造成的各品牌对于商品分析指标的侧重点和分析习惯不尽相同，不过总体来说商品的分析指标可总结为如下角度。

（一）采购环节

采购环节可从采购宽度、采购深度和采购匹配度三个方面来进行分析。

1. 采购宽度

采购宽度，即当季订货库存量单位总量。

2. 采购的深度

采购的深度，即当季订货库存量单位均深。

3. 采购匹配度

采购匹配度，实际不是一个具体的指标，而是一种分析方法，也叫进销偏差，通过对比同比数据中品类、型号、颜色、价格、材质、大类等分类在某些适销阶段内采购和销售的占比偏差来判断本季商品该分类预计采购的占比基数。

（二）销售环节

销售环节可以从商品指标、结构指标和畅滞销分析三个方面来进行分析。

1. 商品指标

（1）货龄，即货品的年龄。

（2）售罄率，检验商品畅滞销的指标，同时也是服装里很长用的商品指标，可适用多单品、单类别、单店、区域及整体等分类中。

（3）折扣率，直接影响企业利润水平的指标，是企业的生命线，和财务数据共性较多。

（4）库存量单位动销率，一定时期内产生销售的库存量单位占总体库存量单位占比情况，反应阶段内库存量单位有效使用率。

（5）单店齐码率，店铺内一定时期内规定齐码标准下的齐码库存量单位占比。

2. 结构指标

（1）品类结构占比，实际为一定单位，单店或者区域销存结构占比偏差分析。

（2）价格带占比：一定空间单位内的销存价格占比偏差分析。

（3）其他的分类的销存偏差分析，其他的例如多品牌操作下的品牌销存占比偏差分析，一定空间和阶段范围内的颜色分析，尺码分析等。

3. 畅滞销分析

应季产品或者新品中销售前10名和库存量前10位分析，包括销售、剩余库存、售罄、可销周等。

（三）库存环节

库存环节可从服务类指标和库存类指标两个方面进行分析。

1. 服务类指标

服务类指标如订单满足率，即订单实际到货与期初订货的占比；准时交货率，即实际到货时间与期初订货预计到货波段的时间准确率。

2. 库存类指标

（1）期初库存、期末库存和平均库存，即一定空间范畴的不同类别实际库存数据。

（2）库销比，即反应店铺或者整体库存使用效率的指标，商品分析一般情况下习惯用数量来计量，以月为单位，用期初+期末库存的平均值除以期间销售量。

（3）可销天（周），可以有效衡量库存滚动变化的量化标准，也是用来衡量库存可持续销售期的追踪指标，计算公式为：期末库存/（期间销售量/销售期天数），可销周直接以周为单位。

（4）库存周转率，一个偏财务的指标，从财务的角度来审视库存安全性问题，一般以月或者季度、年为单位，计算公式为期间销售数量/（期初库存+期末库存）/2。

商品分析指标本质上是一种对整盘商品分析的角度。角度不同，分析的结果也不一样，但不管任何一种合理的分析指标都是对商品科学运作的数据审核与监督，以促使商品更良性，合理化运转。

二、进销存数据分析的可视化展示

通过可视化展示数据，企业可以更好地了解市场趋势、产品销量、用户行为等信息，从而做出更明智的决策。图4-2-3和图4-2-4是常见的进销存数据分析可视化展示方式。

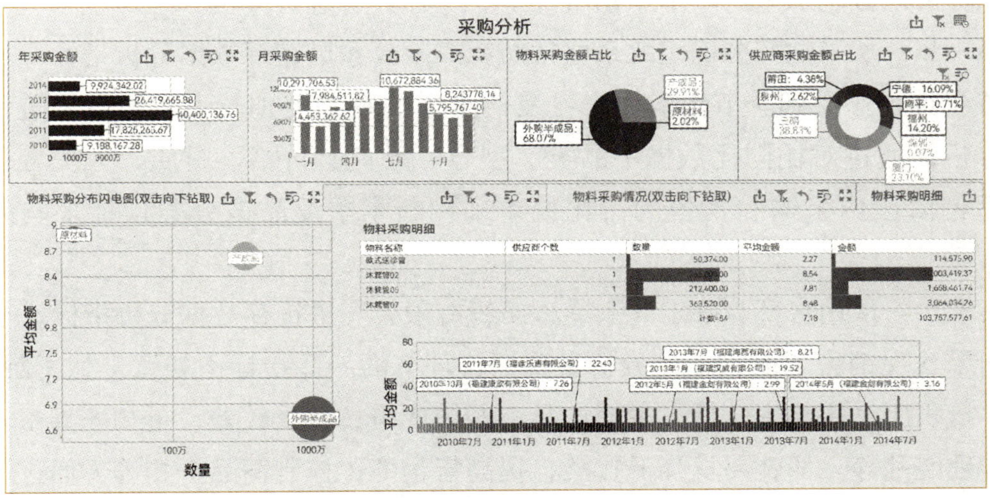

图4-2-3　采购分析可视化图

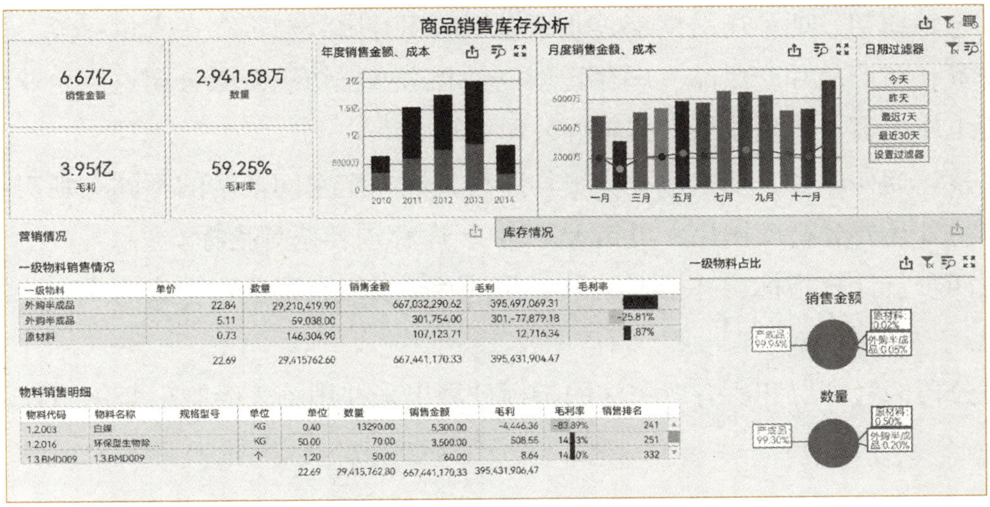

图4-2-4　商品销售库存分析可视化图

任务实施

结合案例，北京盛耀纺织有限公司不仅仅是一个成本中心，管理层要想做出更科学的决策，只关注成本因素是远远不够的，要想延续企业的生存和发展，管理层需要了解和掌握更多更全面的信息。月末，北京盛耀纺织有限公司不仅产生大量成本数据，还生成了进销存方面的数据。分析进销存数据也是财务人员重要的工作之一。

在智能财税共享服务下，企业仓库、采购、销售、财务等各业务很好地衔接起来，实现了各环节数据资料的共享，避免了数据孤岛，从而极大的方便企业一系列工作，从多方面提高了企业在进销存数据的处理水平。在准确的进销存数据分析结果前提下，更有利于企业经营者做出更精准的经营决策。

财务人员经过比较，我们可以从时间、供应商、物料等多维度分析历史数据，可以观察出本月的进销存较上月进销存，或本季度进销存较上季度进销存上升或下降情况。可以分别从采购环节、销售环节、库存环节进行分析。

第一步：从采购环节确定北京盛耀纺织有限公司进销存数据分析指标。

纺织类企业受到季节影响，在冬夏两季采购物品差别较大，适合用进销偏差进行分析，通过对比同比数据中品类、型号、颜色、价格、材质、大类等分类在某些适销阶段内采购和销售的占比偏差来判断本季商品该分类预计采购的占比基数。

第二步：从销售环节确定北京盛耀纺织有限公司进销存数据分析指标。

如果发现销售下滑，经过分析发现销售环节的一些指标不如意，如货龄较高，说明存货积压；售罄率较低，说明产品不畅销或市场接受较差；折扣率异常，说明折扣管理混乱等。那就要从降低货龄，提高售罄率，控制商品折扣等方面进一步采取措施，改善现状，避免后期继续下滑。

第三步：从库存环节确定北京盛耀纺织有限公司进销存数据分析指标。

无论是期初、期中还是期末，北京盛耀纺织有限公司都存在大量存货，包括采购的物资，在产品和产成品。库存管理也是北京盛耀纺织有限公司这类企业比较大的一项工作内容，管理效果直接影响公司运转。

要核算期初库存、期末库存和平均库存，即一定空间范畴的不同类别实际库存数据。另外还要分析库销比、可销天（周）、库存周转率等指标。

第四步：计算指标，并根据结果将北京盛耀纺织有限公司生成的成本分析结果可视化。

将公司的管理层和所有者关注的指标计算出来并用图表绘制出变化趋势。

任务小结

进销存的每个方面对公司来说都是至关重要的，进销存数据的变动可能会影响企业的生死存亡。掌握从采购环节、销售环节和库存环节中进销存分析的方法，并能体会三者之间的关系，他们并不是割裂的，但是每个环节也有自己的特点，要能体会相关指标的分析目的。掌握进销存数据分析的主要环节是本项目学习的关键点。

任务三 分析组织人员绩效

案例引入

月末，北京盛耀纺织有限公司每个部门的工作完成情况都生产了数据，为了评价计划完成情况或更好的激励员工，必须对组织人员的绩效进行评价。

请根据上述案例，思考以下问题：

（1）在组织人员绩效分析的过程中需要考虑哪些因素？

（2）分析组织人员绩效的定量指标从哪几个方向进行？

任务准备

很多单纯人员绩效管理项目的需求，尤其是职能部门人员绩效管理，都是来源于人力资源部门本身，但这也带来了一些问题：一是对员工没有设置针对岗位定制化的绩效指标，多采取的是一揽子的考核方式，且岗位间差异较大；二是对员工没有量化的绩效指标，多来自直线上级评价的能力态度定性评价，效果一般。

企业部门数量多、岗位类型多、岗位层级多、岗位职责切分不清、同样岗位名称工作内容差异性较大等，都是梳理人员绩效指标的难点。

一、组织人员绩效分析的方法

组织人员绩效分析，首先要对人员绩效指标进行分解。人员绩效指标一部分来源于部门指标，另一部分来源于岗位职责本身。从部门绩效指标到人员绩效指标有三种承接方式：一是从部门绩效指标到人员绩效指标的直接承接，例如市场部门的销售收入指标落到销售岗位之后，绩效指标是相同的。二是从部门绩效指标到人员绩效指标的分类承接，如生产部门的成本费用控制率，这类指标不可能完全由一个岗位承担，这个指标落到岗位之上就会拆分为多个指标，例如物料成本控制率、人工成本控制率等。三是从部门绩效指标到人员绩效指标的共同承接，指标本身不需要拆分，而是由多个岗位共同承担一项指标。例如人力资源部培训计划完成率，这个指标也不是由一个岗位独立完成的，需要由培训计划岗、培训资源管理岗以及培训管理岗等共同承担。

人员绩效指标来源于岗位职责本身，需要明确每一职责的具体标准，是考核其是否完成，还是考核其时限，还是考核其结构等。

针对人员绩效指标而言，类似于组织绩效指标，除了行为规范、能力态度类指标之外，主要是分为定量指标、定性指标、行动方案。

（一）定量指标

定量指标是管理者最喜欢看到的指标，一是量化可衡量，二是完全呈现客观数据，更具有说服力。在梳理绩效指标的时候，尽可能地将工作职责进行量化处理，但也要注意不能够为了量化而量化，而应该多方面考虑。如，公文管理是办公室的重要职能，和公文管理相关的量化指标其实也会有很多，公文流转及时率、公文撰写差错数、公文核稿差错数等都可用于考核，也确实能够反映公文管理的质量。但这样的指标本身很难确定指标的外延及口径，也很难进行过程的记录集统计，徒增管理成本。

定量指标一般可以从以下几个方面来进行梳理：

1. 数量类

一般可归纳为完成率、增长率、次数等。如，收入完成率、大客户收入增长率、劳动竞赛活动组织次数。

2. 结构类

一般可归纳为占比等。如，大客户收入占比、重点产品收入占比、管理人员占比。

3. 时限类

一般可归纳为及时率、准时率等。如，业务资金结算及时率、产品交付准时率。

4. 效果类

一般可归纳为准确率、故障率、完好率、下降率、合格率、控制率等。如，系统运行完好率、一次验收合格率、成本费用控制率。

5. 计划类

一般可归纳为完成率等。如，业务新模式计划完成率、采购需求项目完成率、各项审计任务按期完成率等。

（二）定性指标

定性指标一般为不好量化的工作，主要衡量的是关键工作具体完成情况，一般都会归结为某某工作质量，多采取多维度评价。这类定性指标并不是将指标明确出来即可，最重要的是要明确该指标的衡量标准。绩效一方面是为了能够衡量员工工作的好坏，另一方面更重要的是能够为员工明确工作的标准，明确工作需要达到的状态。因此，对于这类指标而言，最重要的是明确工作的衡量指标。对于这类指标而言，有两点需要注意：一是尽量采取多主体评价，多主体评价既可以使得结果更加的全面，也可以修正评分标准不统一等过于人为的因素；二是尽可能明确不同评价主体对于此项工作的不同要求。

以董事会办公室文秘岗“股东大会、董事会、监事会的会议组织工作质量”和人力资源部干部管理岗“总部干部交流工作完成情况”这两个指标为例。

“股东大会、董事会、监事会的会议组织工作质量”这个指标面向对象主要是股东、董事会成员和监事会成员，这些成员就是此项工作的评分主体。评价维度包括及时性：按时按要求组织召开股东大会、董事会、监事会，不存在拖期或延后的情况（25%）；准确性：会议文件提供准确，会议记录准确（25%）；规范性：股东大会、董事会、监事会议事内容及规则符合《中华人民共和国公司法》要求（25%）；高效性：会议讨论以及决策高效（25%）。

“总部干部交流工作完成情况”这个指标的评价主体是总公司领导、分公司领导以及交流干部。评价维度包括：① 股份公司领导。工作计划性：干部交流工作有较强的计划性，不存在时松时紧连续性不足的问题；能够统筹考虑培养锻炼干部和改善领导班子结构的双重要求（40%）；政策有效性：干部交流政策切实可行，能够激发干部活力，培养锻炼干部（60%）。② 省公司领导。政策有效性：干部交流政策切实可行，能够激发干部活力，培养锻炼干部（40%）。结果成效性：交流岗位以工作需要为主，立足岗位实际，针对性强，对未来工作有较好的牵引作用（60%）。③ 交流干部。结果成效性：交流岗位以工作需要为主，立足岗位实际，针对性强，对未来工作有较好的牵引作用（50%）；制度完备性：奖惩、培训等相关制度完备，能够对交流轮岗工作进行跟踪考察，随时了解被轮岗交流干部的情况（30%）；细节周全性：细节考虑周全，能够解除交流干部的后顾之忧（20%）。

（三）行动方案

对于职能部门员工来说，其工作不好确定目标值，价值产出过程比较长，且涉及多方面的工作以及实效并不能依靠单纯的几个工作点进行评价。针对这类工作而言，多采取行动方案的评价方式。

例如，年度人力资源盘点工作、岗位管理体系优化工作等。“行动方案”中需要明确的是工作名称、责任人、此项工作关键举措、关键举措的具体时间要求、关键举措所产生的关键成果。这些在“行动方案”中明确的内容，就是此项指标的目标值，评价人根据“行动方案”中的具体内容，再从及时性：按照里程碑时间完成关键成果，且中间关键环节均按时完成且有据可依；成效性：中间关键环节能够支撑行动方案的达成；关键成果内容翔实，措施得当，实用易行；复杂性：耗时长、范围广、程序难、创新性强三个维度进行评价。

人员绩效管理，尤其是绩效指标的确定，是一项非常细致的工作。但这并不是说岗位所有工作职责都要细化成为指标，都需要被考核。在考核除了要考虑工作是否能被衡量之外，还要综合考虑其他一些因素，例如针对现在已经做得比较好的工作可以不再考核；目前不能完全搜集到数据或者基础不太成熟的指标，可以转换成反向考核指标、或转换成为定性指标；需要付出较大管理成本才能获取到数据的指标，可以暂不考核、或转换成为定性指标、或转换成其他指标。

绩效指标的梳理及确定着实需要系统考虑，全面平衡。系统考虑部门工作的承接以及岗位重点工作的呈现；全面平衡绩效指标的可考核性和易考核性。

二、组织人员绩效分析的可视化展示

通过可视化展示，能够更清晰地向管理层传达汇报重点，使得沟通更加准确和有效。尤其是在分析组织人员绩效时，通过图示可以将复杂的数据关系一目了然地呈现出来。图 4-2-5 和图 4-2-6 是常见的组织人员绩效分析可视化展示图例。

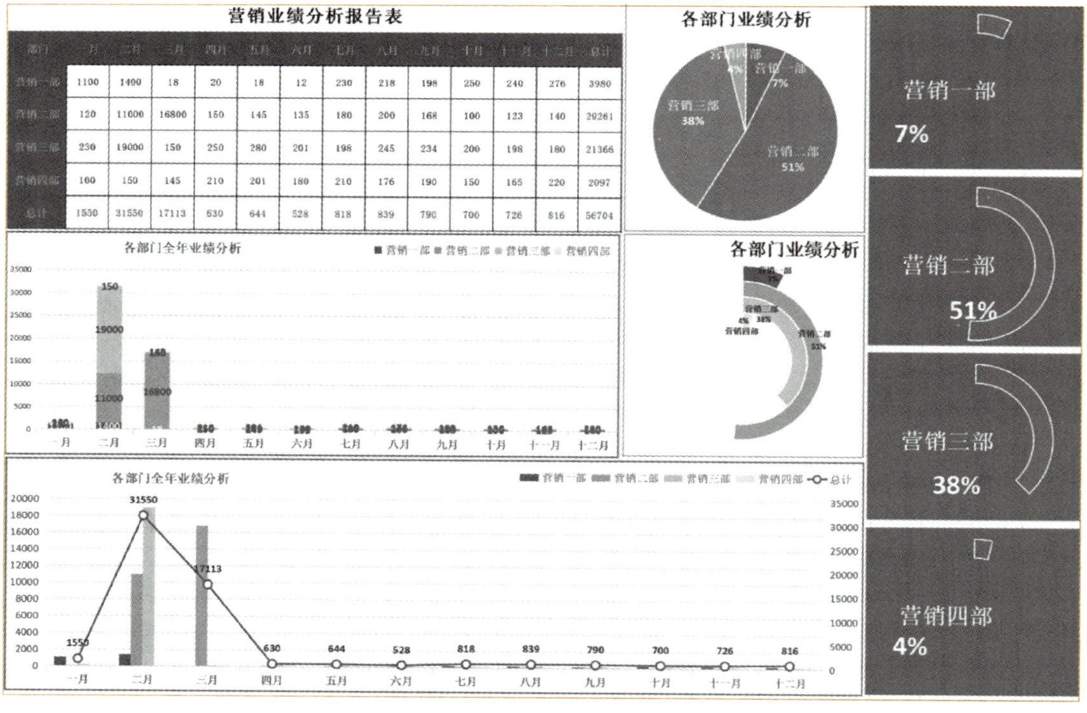

图 4-2-5　营销业绩分析可视化图

级别	绩效分数	人数	级别人数	平均分数	所占比例
A(优)	69	1	2	68.5	0.80%
	68	1			
B(佳)	71	2	192	67.00	76.49%
	70	4			
	69	30			
	68	43			
	67	48			
	66	34			
	65	31			
C(良)	64	19	48	62.65	19.12%
	63	13			
	62	5			
	61	6			
	60	5			
D(差)	59	3	9	56.33	3.59%
	58	1			
	57	2			
	54	1			
	53	1			
	51	1			
E(劣)			/	/	/

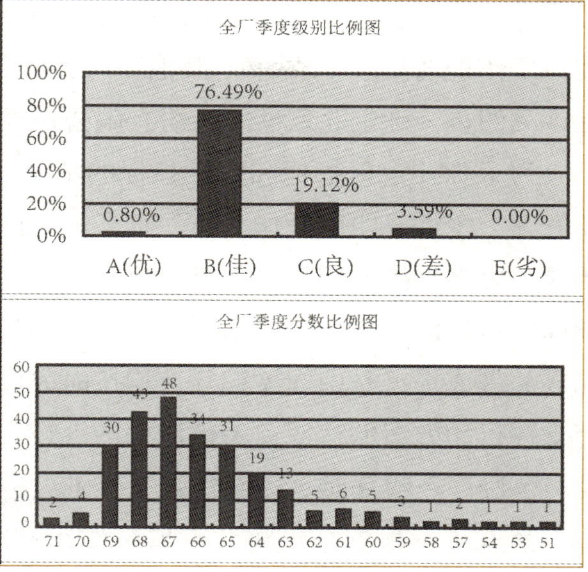

图4-2-6　人员绩效分段可视化图

任务实施

北京盛耀纺织有限公司属于劳动密集型企业，因此工资核算和绩效分析是一项比较重要的财务工作。为了评价计划完成情况或更好的激励员工，财务人员必须对组织人员的绩效进行评价。

第一步：确定北京盛耀纺织有限公司组织人员绩效分析方法。

组织人员的绩效分析在劳动密集型企业中更为复杂，因为岗位多，人员多，人员结构复杂，财务人员在进行绩效分析的时候需要考虑更多的因素。

在公司中有多种部门，如财务部、办公室、车间等，而其中财务部门和办公室等这类机构大多数是行政人员，并不能直接的产生生产价值，而车间里除了一线的生产工人，还有相当于行政人员的车间管理人员。衡量与生产车间挂钩的工人的绩效可以更多地使用定量指标，衡量行政工作人员绩效则可以偏重使用定性指标。

第二步：确定北京盛耀纺织有限公司组织人员绩效的定量指标。

根据员工的岗位和职务选用对应的指标，既不能使用销售指标考核生产工人，也不能使用生产指标考核办公室文员。如生产工人，可以用产品完好率、一次验收合格率、成本费用率等指标。销售人员，可以用大客户收入增长率、大客户收入占比等指标。其他部门的工作人员可以根据部门工作主要内容选择合适的衡量指标。

第三步：确定北京盛耀纺织有限公司组织人员绩效的定性指标。

定量指标比较容易核算，但也要重视定性指标的作用。如，评价人事部门人员的绩效，可以从以下几个方面：及时性，工资发放和为员工办理相关保险不存在拖期或延后的情况（25%）；准确性，工资核算准确和员工档案准确无遗漏（25%）；

规范性，与员工签订劳动合同内容及规则符合相关法律法规的要求（25%）；高效性，工作进度高效（25%）。其他部门也可以根据工作特性进行设计。

第四步：确定北京盛耀纺织有限公司组织人员绩效的行动方案。

为了弥补定量指标和定性指标的不足，还可以采取行动方案的评价方式。“行动方案”中需要明确工作名称、责任人、此项工作关键举措、关键举措的具体时间要求、关键举措所产生的关键成果。这些在“行动方案”中明确的内容，就是此项指标的目标值，评价人根据行动方案中的具体内容，再从及时性，按照里程碑时间完成关键成果，且中间关键环节均按时完成且有据可依；成效性，中间关键环节能够支撑行动方案的达成；关键成果内容翔实，措施得当，实用易行；复杂性，耗时长、范围广、程序难、创新性强三个维度进行评价。

第五步：根据结果将北京盛耀纺织有限公司生成的组织人员绩效分析结果可视化。

将公司的管理层和所有者关注的指标计算出来并用图表绘制出变化趋势。

任务小结

了解组织人员绩效分析需要考虑的因素为起点。掌握定量指标、定性指标、

行动方案的特点。能够了解不同部门以及不同组织人员的工作性质和特点是进行绩效分析的前提。能够在此前提下判断不同人员应选用哪个类别分析指标。由于没有完全一样的公司，更高的要求是，能够根据公司情况，对绩效分析指标做相应的修正，使其更适合公司实际情况。掌握人员绩效分析的指标分类是本项目学习的关键点。全面平衡绩效指标的可考核性和易考核性是本项目学习的关注点。

同步测评

一、不定项选择题

1. 成本分析具体方法包括（　　　　）。

A. 同比分析　　B. 环比分析　　C. 增量分析　　D. 超量分析

2. 进销存采购环节分析可以从（　　　　）方面开展。

A. 采购宽度　　B. 采购深度　　C. 采购匹配度　　D. 采购广度

3. 商品分析指标视角包括（　　　　）。

A. 采购环节　　B. 供应环节　　C. 销售环节　　D. 库存环节

4. 组织人员绩效分析首先要对人员绩效指标进行（　　　　）。

A. 说明　　B. 分解　　C. 描述　　D. 扩展

5. 组织人员绩效的定量分析视角包括（　　　　）。

A. 数量类　　B. 结构类　　C. 时限类　　D. 效果类

二、判断题

1. 通过人员绩效分析可视化展示，能清晰、准确地向管理层传达汇报重点，提高沟通效果。（　　）

2. 每个岗位工作的所有职责都需要细化为考核指标，以便加强人员绩效管理。（　　）

3. 组织人员绩效的效果类定量分析指标有合格率、故障率和及时率。（　　）

4. 企业销售环节可以从货龄、折扣率、售罄率等方面来分析。（　　）

5. 将销售费用与销售收入比较得出销售费用率属于比率分析法。（　　）

三、讨论题

1. 人员绩效指标的类型有哪些？

2. 成本数据分析中，本量利分析法指什么？

3. 进销存数据分析中，库存类指标包括哪些？

项目三
预警税务风险

项目目标

- 了解常见风险指标含义、风险指标设计遵循的原则和风险指标分类；
- 掌握企业税务风险产生的原因和特点；
- 能撰写税务风险管理报告；
- 培养税务风险识别意识。

岗课融通

在社会财务共享服务中心或企业集团财务共享服务中心，从事财税分析岗位涉及数据共享等工作领域。认识税务风险管理指标模型、分析税务风险产生原因及应对措施和撰写税务风险管理报告，既是本项目学习的重点，也是财务共享服务中心财税分析岗位的典型工作任务。

了解税务风险指标设计的原则和分类是本项目学习的基础，能够通过学习税务风险管理指标模型，体会税务风险指标设计出发点，以便于企业组织抓住自身风险点，及时修正经营管理行为。

把握企业产生税务风险产生原因是本项目学习内容的关键点。只有清楚认识企业税务风险的产生原因，才能对症下药，降低风险。能够提出税务风险应对策略是本项目学习内容的落脚点。

深刻体会自查的意义，有助于公司自觉主动进行自查，而不只是为了被动配合税务机关的稽查，能够从根本上挖出问题的实质，才是合格的自查，才能对税务机关和企业负责。掌握税务报告的撰写方法是本项目学习内容的落脚点。正确规范撰写自查报告，可以更有条理，更清楚地反映税务风险管理情况。

知识框架

- 预警税务风险
  - 认识税务风险管理指标模型
    - 风险指标设计的原则、风险指标分类与分析
    - 风险指标模型应用实操
  - 分析税务风险产生的原因及应对措施
    - 税务风险特点、产生原因与应对措施
    - 税务风险指标应用实操
  - 撰写税务风险管理报告
    - 企业自查的意义与撰写自查报告
    - 撰写自查报告实操

任务一　认识税务风险管理指标模型

案例引入

每月，北京盛耀纺织有限公司都要进行报税，税费对企业来说是一项重要开支，为了减少开支负担，有时会采取一些税收筹划的方案安排生产经营活动。为了规避风险的同时给企业带来最大的收益，对企业税务风险管理必不可少。面对大量的税务风险指标，财务人员要做到心中有数，还要对报表中相关数据有一定的敏感度。

请根据上述案例，思考以下问题：

（1）税务风险指标设计遵循的原则有哪些？

（2）如果应收账款大于销售收入，可能会被税务机关判定为哪种行为？

任务准备

税务机关针对纳税人少缴税款，虚开发票等税收违法行为进行的管理，其主要管理手段是通过税收风险指标对税收管理中存在的风险进行识别，然后采取纳税辅导、风险提醒、管理员核查、纳税评估、税务稽查、专项整治等应对措施消除风险，以达到提高征管质量的目的。

税务风险管理是企业整体风险管理的一部分，广泛存在于企业的各项活动中。它不仅是企业成本管理的重要方面，更是现金流管理的重要组成部分，处理不好税务风险，轻则可能使企业遭受法律制裁、资金损失、和不必要的声誉损害，重则可能影响到企业的正常经营。

企业报税要遵从风险管理，数据填报准确，降低税务风险，对于税务局关注的指标熟知，善于数据分析，在日常账务处理时注意规避风险。

一、风险指标设计的原则

风险指标设计主要遵循以下三项原则。

（1）企业财务报表反映的相关数据是否违背经营常规的要求。如往来金额过大，库存过大，成本费用过大等。

（2）申报税款是否低于当期各项税收平均指标或最低指标。如企业存在理论少缴税款，增值税低税负，所得税低贡献率，长期有收入无税款等。

（3）风险指标数据的取得是否有征管信息系统的支持，即能通过征管信息系统提取到该数据。

根据上述原则选取的风险指标按照企业经营过程和申报结果可分为：资金往来

异常，货物异常，收入异常，成本费用异常，税负异常，抵扣异常六大类，三十五个指标，基本涵盖了企业生产经营的全过程。以后，随着对各种风险指标的研究，成熟一个添加一个，以满足风险监控的需要。

二、风险指标分类

现将四大类三十五项指标详细分述如下。

（一）A级风险指标（特级风险指标）

A级风险指标主要是对可能存在虚假交易和虚开虚抵隐患的行为进行监控的指标，这些指标出现异常是最高级别的税收风险。

A1——应收账款大于销售收入：虚假交易，虚开隐患。

A2——应付账款大于销售收入：虚假交易，虚开隐患。

A3——新认定一般纳税人3个月销售收入超过1个亿或6个月超过3个亿：虚开隐患。

A4——期间费用总额大于销售收入的30%：虚抵，虚开隐患。

A5——增值税超高税负企业：所得税隐患，虚开隐患。

A6——存货与留抵税金不匹配：虚开隐患，虚抵隐患。

（二）B级风险指标（高级风险指标）

B级风险指标主要是针对企业可能存在十分明显的偷税行为，而且数额可能较大的行为进行监控的指标。这些指标出现异常是高级别税收风险，绝大部分存在明显的偷税疑点。

B1——存在“理论少缴税款”现象：偷税风险。

B2——存货为负数：多转成本等偷税风险。

B3——既有预收账款又有存货：隐瞒收入，偷税风险。

B4——存货大于销售收入的30%：隐瞒收入，偷税风险。

B5——销售成本大于销售收入：虚转成本，价格倒挂，偷税风险。

B6——全年有销售收入无增值税企业：虚抵，隐瞒收入，偷税风险。

B7——应收账款为负数：隐瞒收入，偷税风险。

B8——应付账款为负数：隐瞒收入，偷税风险。

B9——预付账款为负数：隐瞒收入，偷税风险。

B10——商业零售企业无票收入低于总收入30%：隐瞒收入，偷税风险。

（三）C级风险指标（中级风险指标）

C级风险指标是对不直接涉税项目异常进行的监控，这些项目虽然异常但是不能直接确定其是否存在偷税，还需要结合账簿和企业经营情况检查后确定。这些指标异常，涉及偷税风险较大，但须进一步核实，是中级风险。

C1——其他应收款大于收入：可能存在隐瞒收入、虚假交易、偷税的风险。

C2——其他应付款大于销售收入：可能存在隐瞒收入、虚假交易、偷税的风险。

C3——流转税申报收入与所得税申报收入及损益表收入不一致：可能存在隐瞒收入、偷税的风险。

C4——增值税超低税负企业：可能存在虚抵、隐瞒收入、偷税的风险。

C5——所得税超低贡献率企业：可能存在多列支出、少列收入、偷税的风险。

C6——运费抵扣异常：可能存在虚抵运费、偷税。

C7——有在建工程又有留抵税金：可能存在多抵进项、偷税的风险。

C8——固定资产大额抵扣，导致当期不实现增值税：可能存在超范围抵扣、偷税的风险。

C9——农产品抵扣异常：农产品收购企业的农产品抵扣超过总进项的98%，其他企业农产品抵扣超过总进项的10%，可能存在虚抵农产品、偷税的风险。

C10——待处理流动资产损失金额达到销售收入的1%或绝对额超过50万元：可能存在真销售、虚假损失、不转进项税等偷税风险。

（四）D类风险指标（一般风险指标）

D类风险指标是指对间接涉税的科目、项目出现数据异常可能导致税收问题进行监控的指标，该类指标异常一般可能出现少缴税款的问题，但不是恶性行为，是一般性税收风险。

D1——营业外收入超过销售收入的1%或绝对额超过50万元：可能存在隐瞒应税收入、偷税的风险。

D2——补贴收入超过销售收入的1%或绝对额超过50万元：可能存在隐瞒应税收入、偷税的风险。

D3——预提费用超过销售收入的1%或绝对额在50万元以上：可能存在多列费用、偷税的风险。

D4——待摊费用超过销售收入的1%或绝对额在50万元以上：可能存在多列费用、偷税的风险。

D5——营业外支出超过销售收入的1%或绝对额超过50万元：可能存在多列费用、偷税的风险。

D6——有长期投资或短期投资但无投资收益：可能存在账外经营或隐瞒分红、分息，偷税的风险。

D7——其他应付款为负数：可能存在隐瞒应税收入、偷税的风险。

D8——海关进口专用缴款书抵扣超过总进项40%：可能存在虚抵进项，偷税的风险。

三、风险指标分析

选取在企业中常用的风险指标进行分析。

（一）应收账款大于销售收入：虚假交易，虚开隐患

应收账款是核算企业销售后未收回的货款，出现应收账款大于销售收入，说明除本期销售没收回货款外，上期销售也有大量没收回的货款，这就是只销售货物不收回货款（或基本不收回货款）的情况。一个没有经营性现金流的交易行为有理由被怀疑其交易的真实性。如果其交易存在虚假或部分虚假，则虚开的风险是巨大的。

另外，应收账款大于销售收入现象也可能是企业记账错误，科目对应错误造成的。例如，企业销售的未开票货物（以后还要开票），正确的应记应收账款和主营业务收入的增加，而企业错误地记为应收账款的增加和库存商品（产成品、在途商品）的减少等。

（二）应付账款大于销售收入：虚假交易，虚开隐患

应付账款是核算企业购进货物应付未付的货款。应付账款大于销售收入说明企业销售的货物购进时都没有（或绝大部分没有）付款，购货长期不用付款使交易的虚假成分增大，虚开的风险也很大。

（三）期间费用总额大于销售收入的30%：虚抵，虚开隐患

企业毛利率一般不会超过30%（个别企业除外），如果期间费用大于销售收入的30%，则企业经营根本无利可图，是不能正常运转的。企业期间费用大于30%一般是由于非正常费用挤入造成的，最常见的一是多列运费，二是多列成品油，三是多列过桥过路费，四是虚构工资津补贴等，五是多列其他各项杂费等。其中许多项目既多抵进项税又多列支费用。

（四）增值税超高税负企业：所得税隐患，虚开隐患

商贸企业税负超过2%（即企业有11.76%的毛利），从增值税负的角度反算，企业的毛利均超过了正常水平，但在实际经营中，这些企业税负高并不是因为毛利高造成，而是由于不能取得合法有效的增值税进项发票所致。即这部分企业入账的成本费用中有很多发票的取得是与实际经营不符的，有的是与经营无关的其他发票，有的是代开的其他发票，还有一些是白条入账，这些不合理、不规范的进货发票和费用发票在计算所得税时是不能列支的，那么企业在所得税方面就存在很大的隐患。

（五）存货与留抵税金不匹配：虚开隐患，虚抵隐患

企业留抵税金是反映存货中所含的税金，其最大数额不应大于存货 ×17%。造成留抵税金大于存货 ×17% 的原因一是企业销售价格低于进货成本，即成本大于收入。二是有非成本因素的税金抵扣过大，如固定资产、运费、成品油、农产品等。三是增值税进项发票取得不及时，即估价入库的货物已销售，但增值税进项发票滞后取得。以上无论哪种情况，税收上都存在明显疑点。

（六）存货为负数：多转成本等偷税风险

存货是不应该为负数的，存货负数反映为企业多结转了成本，造成这种的原因一是人为抬高结转成本价格，二是人为多结转数量，三是销售产品与实际结转产品的品种不对，如销售了5个水杯，结转了5个轮胎等，税收疑点相当明显。

（七）既有预收账款又有存货：隐瞒收入，偷税风险

预收账款是核算企业销售货物时先收货款但没有发货的款项。预收账款一般是在企业销售的货物比较紧俏的情况下发生的，即购货需要先付款预定，否则买不到货。因此，有预收账款的货物凭其紧俏程度一般不应有大额存货。如果企业既有预收账款又有存货则可能存在货物已经发出但没有记销售的情况。

（八）存货大于销售收入的30%：隐瞒收入，偷税风险

商业企业存货是库存商品，工业企业存货是原材料、在产品、产成品等。按照存货周转率的要求，企业的存货一年至少要周转5圈以上，即存货为销售成本的20%。在企业存货周转率考核中，低于3（圈）的为不达标，即存货为销售成本的33%以上为不达标，反映为存货太大。

存货周转率=当期累计销售成本/平均存货

平均存货=当期累计销售成本/存货周转率

假定当期累计销售成本为100，若周转率最低为3，则平均存货=100/3–33.33。

假定企业销售毛利为10%，则存货最高（剔除个别特殊企业）应占销售收入的30%，超过30%则为异常状况。

另外，从实际经营情况看，存货达到销售收入30%，则意味着存货够3.6个月销售，已经超出企业一般备货2~3个月储量的要求。

企业超大库存往往是货物已经销售，但不记销售、不转成本、不申报纳税而长期趴在库存中隐藏，使账面库存与实际库存不符，形成库存虚数。有的企业库存商品明细账记载某商品进货后几年都不动，实际早已无货，且数额巨大。

（九）销售成本大于销售收入：虚转成本，价格倒挂，偷税风险

销售成本大于销售收入就是低于成本价销售的行为。由于市场行情原因，有时企业可能短期或个别交易存在低于成本价销售的情况，但如果某企业长期存在低于成本价销售则存在较大异常。造成这种情况的原因一是企业售价没问题，是人为多转成本造成了成本大于收入。二是企业成本没问题，是人为压低开票价格，使开票价低于实际交易价格，从而逃避纳税。三是企业低价销售是为了促进销售数量吃厂家的返利，这部分返利最少应能抵消企业低价销售部分的损失，但这部分返利企业往往不记账。

（十）全年有销售收入无增值税企业：虚抵，隐瞒收入，偷税风险

对有销售收入但没实现增值税的企业，这显然是异常状况，但出现这种状况的企业往往用以下理由应对税务机关：一是开业初期进货量大，所以一直没抵扣完，或是为了完成年度销售任务进货多，全年也没抵扣完，一直有留抵。这种情况多存在于各种地区代理商、总经销等企业，但实际上企业存在着定期返利或实际销售后人为不记账仍在库存商品账户中存在等状况。二是长年低于进价销售导致不实现税款，主要是经营公用事业产品的企业，如水、电、热力、煤气、天然气、汽柴油等国家控制价格的单位，但实际上国家对这些单位都留有一定的利润空间，或给予一定的补贴。三是对区域总代理企业低价销售产品造成长期不实现税款，主要是区域总代理和生产厂家之间存在关联交易，实际购买价与开票价格不符，厂家通过对总代理考核，在月底或季度末对代理商价格进行调整或让利。四是其他人为压低产品售价，造成购销倒挂或人为虚抵进项等也是造成长年不实现税款的原因。因此无论什么情况，全年不实现税款都存在着较大的隐患，应彻底查清。

（十一）应收账款为负数：隐瞒收入，偷税风险

应收账款为负数就是实际收回的货款多于应收的货款，即多收回了货款。正常情况下是不应出现的，这种情况一般是企业将收回的货款记在应收货款的反方以隐瞒收入造成。另外，导致应收账款为负数的还可能是企业乱用错用科目，隐瞒其他事项造成。

（十二）商业零售企业无票收入低于总收入30%：隐瞒收入，偷税风险

对商业零售企业特别是经营终端消费品的烟酒、食品、手机、家电、服装、汽车修理等企业一般应该有无票收入，因为这些企业100%地开票纳税是很难做到的，根据过去已发案件统计和省局纳税服务处对个体零售纳税人调查及国有商业零售企业无票收入占总销售收入比例绝大部分高于30%的事实等，其无票收入一般在总收入的30%~70%之间。

（十三）其他应收款大于收入：可能存在隐瞒收入、虚假交易、偷税的风险

其他应收款、其他应付款是核算不涉及货物交易的应收应付款项。按正常说其应是不涉税科目，但有的企业就是钻这样的空子，将有货物交易的本应计入应收账款和应付账款的款项专门混入其他应收、其他应付科目，这样就要求将其他应收款、其他应付款比照应收账款和应付账款的要求进行异常监控，当然，也可能是股权交易、资金拆借、分红分息、返利等形成的。

（十四）运费抵扣异常：可能存在虚抵运费、偷税的风险

运费抵扣税额占到总进项税额1%以上的视为异常，应予以检查，主要是防止虚抵运费，既影响增值税又影响所得税。

任务实施

结合案例，虽然我国针对纺织产业已制定了较为完善的增值税、企业所得税优惠政策，但是税费对北京盛耀纺织有限公司来说仍是一项重要开支。

第一步：分析北京盛耀纺织有限公司选取风险指标应遵循的原则。

对于北京盛耀纺织有限公司来说，我们应该充分利用国家出台的税收优惠政策，设计税收筹划的方案，降低税负。

合理的税收筹划是国家鼓励的行为。但是为了不纳税少纳税，一味避税，会给企业带来税务风险，结果往往是得不偿失。因此，财务人员要遵循一些原则进行税务风险指标设计。原则如下：① 企业财务报表反映的相关数据违背经营常规的要求。② 申报税款低于当期各项税收平均指标或最低指标。③ 风险指标数据的取得要有征管信息系统的支持，即能通过征管信息系统提取到该数据。

第二步：梳理北京盛耀纺织有限公司应关注的风险指标。

针对商贸公司和纺织公司的企业性质，财务数据的特点，选择一些对商业和制造业影响较大的指标进行认真掌握，作为管理者和财务人员一定要对这些指标有所认知并有一定的敏感度，通过数据分析，一旦发现指标存在异常，及时查明原因，纠正错账。在日常生产经营过程中，适度调整经营策略，即做到减轻税费负担，又避免被税务机关认定非法避税。

我们可以在以下不同等级的风险分类中，观察企业的风险指标状况：A级风险指标也称特级风险指标、B级风险指标也称高级风险指标、C级风险指标也称中级风险指标、D类风险指标也称一般风险指标。

第三步：分析北京盛耀纺织有限公司面临的税务风险。

我们可以以应付账款为例分析以下税务风险。如果期末北京盛耀纺织有限公司应收账款大于销售收入，那么税务企业可能会判定企业存在虚假交易，虚开隐患。

任务小结

了解税务风险指标设计的原则是本项目学习的关键点，能够通过学习税务风险管理指标模型，体会税务风险指标设计出发点，以便于公司组织抓住自身风险点，及时修正经营管理行为。认识风险指标的分类，风险指标是按照风险等级进行分类的，有助于加深对风险指标的理解。分析企业面临的税务风险情况是本项目学习内容的落脚点。

任务二 分析税务风险产生原因及应对措施

案例引入

北京盛耀纺织有限公司财务工作人员充分掌握了税务风险指标，跟踪公司各项指标状态，如发现指标异常，及时将信息汇总并向管理层汇报。

请根据上述案例，思考以下问题：

（1）企业税务风险有哪些特点？

（2）企业税务风险主要体现在哪两个方面？

任务准备

企业的税务风险主要来自纳税筹划。税务筹划是企业的筹划人员针对企业的有关财务活动，在一定的法律环境、经营环境下制定的，随着经济环境的变化，国家税务政策的变化，企业经营范围、方式的变化，企业进行税务筹划时也需要把握时机，不断适时调整税务筹划方案，以使企业持续获得税务筹划所带来的收益。

具体来说，企业税务风险主要包括两方面：一方面是企业的纳税行为不符合税收法律法规的规定，应纳税而未纳税、少纳税，从而面临补税、罚款、加收滞纳金、刑罚处罚以及声誉损害等风险；另一方面是企业经营行为适用税法不准确，没有用足有关优惠政策，多缴纳了税款，承担了不必要税收负担。

一、税务风险特点

（一）主观性

纳税人和税务机关对同一涉税业务存在不同理解，这直接导致税务风险的产生。同时，纳税业务在相关业务中表现出主观态度，不同税务机构对税收制度的理解大多不同，这都是税款征纳双方较难做到“沟通中的认同”。企业税务风险因此而出现，并且由于具体情况的不同而有大有小。

（二）必然性

在生产经营管理过程中，任何企业均以税后净利润最大化作为最终目标，这一客观状况却与税收本身具备的强制性存在矛盾，在此中间，企业追求税务成本最小化的动机，导致企业和政府间的信息不对称。加上国家税收执法环境不断变化，以及企业管理者、财务工作者对相应政策法规理解程度的有限性，更使企业管理者难以完全规避税务风险，并使得风险对企业经营带来潜在的持续影响。

（三）预先性

在企业日常经营活动与财务核算时，税务风险已然存在于企业实际缴纳各项税费之前的相关行为中。换言之，企业主观上实施的涉税相关业务计算与核算的调整等行为，导致其与税收政策、法规等出现矛盾甚至相互背离，也就是说，企业税务风险先于税务责任履行行为而存在。了解企业风险的预先性特征，有利于企业建立正确的税务风险控制时间观，以此及时掌握税收法规的制定及变动，切实降低税务风险。

二、税务风险产生原因

（一）合同管理不当导致的税务风险

企业的经营过程涉及各类合同的签订，而合同的条款往往离不开资金支付方式、支付时间、付款金额等和财务相关的条款，这些条款注定了企业税收的实质。而对于很多企业，直接由业务部门签订合同，财务人员并未参与合同的审核，等到合同签订后，需要支付款项或收取款项时，财务人员才能见到合同。这就给企业带来一些税务风险。因为对于企业而言，同样的业务、同样的金额，但不同的合同签订方式，对各方税收利益的影响不同；合同条款表述不同，需要缴纳的税种，应税项目，适用的税率也会有所差异；合同条款影响纳税义务发生的时间、收入确认的时间；合同条款影响收入、成本、费用的确认；合同条款不清晰还容易引发涉税争议。

（二）相关人员业务能力不足导致的税务风险

财务工作是开展税务工作的前提，一方面财务人员业务能力不足，缺乏敏锐的分析判断能力，缺少税务方面的专业知识和技能，将导致企业面临税务风险；另一方面当财务人员对可能的税务风险提出建议时，也需要不同部门的理解和配合，给予重视。相关人员业务能力不足导致的税务风险具体包括以下方面：会计核算过程出现纰漏，将导致纳税申报出现失误，出现漏税或重复纳税的情况；会计人员对税法政策理解不到位将导致诸多税务风险，实务中会计和税法在确认收入等方面存在诸多差异，比如税务上的视同销售，会计上不确认收入，税法就需要确认收入；又如销售货物时，对方交纳的违约金，会计上不确认收入，税法上应当确认收入等；企业内部控制不健全，财务流程不顺畅，使企业无法及时发现税收风险点，逐渐日积月累形成较大的税务问题，比如财务人员未定期清理账务，未及时发现企业不用支付而长期挂账的应付账款、其他应付款，如遇税务稽查，该往来款项均应确认为收入，各部门配合不足导致的税务风险。比如企业销售部门未将赊销金额报财务部门，导致账务收入小于实际收入。

（三）未按照税法规定进行操作导致的税务风险

1. 未及时进行审批或备案导致的税务风险

企业在进行实际经营的过程中，不仅要遵循税收实体法的规定，而且要遵循税收程序法的规定，对于特定的税收事项，比如减免税等税收优惠，要按照规定办理备案或审批手续。在实务中，很多企业未提前对纳税事宜做纳税筹划，未及时做备案或审批手续，导致企业不能享受应有的税收利益，使企业整体利益受损。

2. 未及时申报、未及时缴纳税款导致的税务风险

企业应按期申报纳税，按时缴纳税款。如果因为特殊原因不能及时申报纳税或缴纳税款，需办理延期手续，否则企业将面临未按时交税的滞纳金或罚款。企业发生资产损失在企业所得税前扣除时，也需按规定办理清单申报或专项申报手续，否则不得税前扣除。

3. 税收政策变化导致的税务风险

随着经济形势的变化，税收政策也在不断地更新，企业可能因为税收政策的变化带来有利或不利的影响，如果企业对税收政策不敏感，未及时知悉政策，分析政策变化对企业的影响，一方面可能无法及时享受企业应享有的税收利益；另一方面也无法根据政策的变化调整企业的业务结构。企业在准备享受税收优惠的同时，还需要考虑税收优惠政策是针对有明确特征的对象，只有符合规定特征的纳税人，才能享受该种优惠。企业想要获取税收优惠、利益资格的时候，就要符合相关政策要求，而这些政策往往对企业的财务指标和经营指标有一定的限制，这些限制是否会影响企业的发展，需要企业综合权衡利弊，决定是否享受税收优惠。

三、税务风险应对措施

（一）建立全环节防范税务风险的意识

企业的采购环节、运营环节、销售环节，包括资金运作的投资、筹资、融资等环节都会产生税务风险，因此企业的高管层应当高度重视税务风险并应具备一定的财务税收知识，倡导企业全体员工树立风险防范的意识，加强各个部门之间的协作，防范和控制税务风险。另外企业的监管层，如监察审计部门应当定期对企业的业务流程和账务进行监督审查。

（二）加强税务培训，培养专业人才

对于规模较大的企业，应当设立专职税务岗位，对于规模一般的企业，也应当培养具备税务专业知识的人员。税务筹划虽然只是财务管理的一个方面，但却与普通的财务管理工作不同，需要财务人员加强自我学习，一方面全体财务人员应定期参加税务培训，并定期对学习成果进行考核；另一方面财务人员也应当加强对相关

部门的沟通和交流，获得部门间的理解和支持，在业务流程的每个环节控制税收风险点。最后，有必要时，企业应当寻求税务师事务所团队的帮助，聘请税务顾问或税务代理，对企业的涉税事项进行咨询和建议。

（三）及时获取税收政策法规信息，建立良好的税企关系

一方面企业财务人员应当及时关注国家税务总局的网站和当地国税和地税网站，了解最新的税收政策法规，并分析政策法规的变化对企业经营和税收的影响；另一方面企业财务人员应当和当地税务机关建立良好的税务关系，对于不理解的税收事项及时与专管员沟通。

（四）加强合同管理，防范和化解税务风险

首光企业应当规范合同业务流程，保证合同条款清晰明朗，不存在歧义，并让财务人员审核与财务相关的合同条款，及时发现合同中存在的税收隐患。在实务中不同的合同签订方案将影响税收的大小，企业财务人员应尽可能评估不同方家的税务风险和税收金额，争取企业利益最大化；其次，企业财务人员在付款和进行账务处理时，务必要查看合同，依据合同付款和开具发票，制作合同台账，随时掌握合同的资金支付状况；再次，签订合同的时候尽最按税种的性质分类，不能混淆，比如企业签订软件销售合同时包含了软件维护服务，如果企业签订总金额，则应当按照合同总金额的17%缴纳增值税，如果企业在合同中分软件销售金额和软件维护服务金额，则销售软件按照17%缴纳增值税，软件维护服务按照6%缴纳增值税。

（五）有效识别税务风险点

财务人员及业务部门应当根据企业发生的业务，逐一排查可能出现的税务风险点，具体包括如下内容：定期检查账务，查看是否存在账务错误引起的税收错报漏报；是否存企应纳税而未纳税的情形；对公司往来定期清理，对长期挂账而不用支付的往来款项应确认为收入；定期检查合同，确认印花税是否缴纳；复核已支付的款项是否和合同条款相符。定期检查员工的工资构成，查看是否存在未上税的职工薪酬，比如是否存在单独发给职工的奖金未和工资合并纳税的情形等：定期检查增值税销售税额和进项税额，查看抵扣联是否在规定时间内认证；合理设计费用类明细科目，以便于企业所得税汇算清缴的梳理，对企业发生的业务招待费、广宜费等限额扣除项目应提前筹划，合理预算。

（六）提高税务筹划意识

企业应该培养税务筹划意识，及时关注并组织学习新的税收政策，对公司当前的业务和可能发生的业务分税种进行税务筹划，比如增值税的税务筹划需要从整体的业务流程来考虑，从税收成本的角度考虑企业是当一般纳税人还是小规模纳税人，如果企业选择为一般纳税人，在确定供应商的时候应保证整个抵扣链条完整。

任务实施

北京盛耀纺织有限公司财务工作人员充分掌握了税务风险指标，跟踪公司各项指标状态，如发现指标异常，及时将信息汇总并向管理层汇报。

第一步：分析北京盛耀纺织有限公司面临的税务风险的特点。

企业税务风险有以下特点：

1. 主观性

北京盛耀纺织有限公司报税人员对北京市税收相关优惠管理政策不够熟悉，可能就会对法条的解读有偏差。

2. 必然性

北京盛耀纺织有限公司是一家盈利企业，经营目的围绕着利润最大化，和税务机关的工作目的不一致，天然的存在矛盾。

3. 预见性

如报税人员在计算税费的时候，疏忽了税务上的视同销售，少报了应纳税所得额，造成税务风险。

第二步：分析造成北京盛耀纺织有限公司税务风险的原因。

对于北京盛耀纺织有限公司来说，税务风险可能体现在以下几个方面：

（1）合同管理不当导致的税务风险。

（2）相关人员业务能力不足导致的税务风险。

（3）未按照税法规定进行操作导致的税务风险。

第三步：提出北京盛耀纺织有限公司税务风险应对措施。

可以采取以下措施降低税务风险：

（1）建立全环节防范税务风险的意识。

（2）加强税务培训，培养专业人才。

（3）及时获取税收政策法规信息，建立良好的税企关系。

（4）加强合同管理，防范和化解税务风险。

（5）有效识别税务风险点。

（6）提高税务筹划意识。

任务小结

了解企业税务风险的特点是本项目学习内容的切入点。从几个税务风险特点来看，税务风险对企业来说是不可避免的，企业必须要面对，不可逃避。把握企业产生税务风险产生原因是本项目学习内容的关键点。只有清楚认识企业产生税务风险产生原因，才能对症下药，降低风险。能提出税务风险应对策略是本项目学习内容的落脚点。

任务三 撰写税务风险管理报告

案例引入

北京盛耀纺织有限公司收到了税务机关关于税务自查的正式的函。财务人员需要根据函上的要求自查问题，在规定的具体日期提交自查报告。税务机关要求企业自查说明税务机关认为可能存在有问题的事项，如果敷衍了事，可能会被税务机关查账，付出更高的代价。

请根据上述案例，思考以下问题：

（1）企业对税务风险自查有什么意义？

（2）企业自查报告一般包括哪些内容？

任务准备

一、企业自查的意义

企业通过自查，及时发现税务风险，并形成税务风险报告是十分有意义的。

（一）有助于企业及时发现潜在的税务风险

税务风险产生和爆发的特点是：在日常工作中不知不觉积累，在税务稽查时猝不及防爆发。由于税法体系复杂，变化多端，即使合规意识比较强的纳税人，也难免少缴税款。由于税务局内部是征管部门和稽查部门两套系统，纳税人经常面对的是税务征管部门，即使少缴税款，征管部门也不易发现，自己也不清楚，以为已经纳税申报了，就没有问题了。某些方面应缴未缴的税款，经过日积月累，问题已经很严重，等到稽查局检查时，潜在的风险突然爆发，才恍然大悟，但往往为时已晚，从而导致巨额经济损失，企业的社会形象也受到贬损，个别情况下企业负责人还可能被追究刑事责任。

（二）自查有助于企业及时澄清有关政策困惑

纳税人的税务风险许多是由于没有及时掌握税法、准确理解税法造成的，与基层主管税务机关的分歧，多是由于对税法的理解不同造成的。这些困扰纳税人的问题，时间越久，问题越严重，潜在的风险越大。通过自查，企业可对各自面临的问题进行一次全面地摸查，找出存在的问题，尤其是政策不清楚的问题，税企分歧的问题。把这些问题反映给国家税务总局，有助于解决这些长期困惑的问题，即使不能全部解决，也有助于部分解决，即使最终确定纳税人应该缴税，也有助于以后合规处理有关事项，减少今后的涉税风险。

（三）自查有助于提升大企业管理层对税务工作的重视程度

税务工作在许多企业里，长期不受重视，税务人员级别低，人数少，既有纳税人自身人事安排的原因，也有执法部门不够重视的原因。随着执法部门力度的加大，征管水平的提高，潜在税务风险的不断爆发，越来越多的企业开始重视税务问题。

二、撰写自查报告

在撰写自查报告的时候，可以根据自身实际情况对报告内容进行增加和删减。

为了让报告的阅读者能够清楚了解公司背景，有必要对公司的重要信息进行介绍。主要涉及以下内容：

（一）公司基本信息

公司的名称、成立时间、所在位置。公司目前取得哪些重要成就以及做出的社会贡献。简单介绍既让阅读者了解公司概况，又为公司树立了良好形象。

（二）税务风险管理制度

1. 税务风险管理组织机构、岗位和职责

主要包括结合生产经营特点，和内部税务风险管理的要求，设立税务管理机构和岗位，明确岗位的职责和权限。企业税务管理机构主要履行的职责。

具体可以从以下几个方面进行说明。

第一，制订和完善企业税务风险管理制度和其他涉税规章制度。比如，虽然没有《税务风险管理制度》，但研读了《大企业税务风险管理指引》《大企业税务风险管理办法》和《大企业税收服务和管理规程》之后，切实认识到制定并认真推行《税务风险管理制度》及其配套制度、流程，非常紧迫、非常有必要。

另外，还可以介绍在掌控涉税风险方面，公司目前采取的做法。可以考虑从以下几个方面描述，比如：在财务核算的合规性层面，严格执行《中华人民共和国会计法》《会计基础工作规范》及《企业会计准则》等，并结合公司本身的业务特点，对核算流程进行规范。提高日常工作中的纳税遵从度，严格按照税收法律法规的要求处理涉税事项。利用多种途径、多种方式加强税收法规学习，准确理解、全面把握税法的内涵，及时关注政策变化。对于“财税”“国税发”“国税函”“总局公告”等新文件，公司能够及时学习、分析、对策。“提前介入”公司业务，在业务规划阶段即对其纳税影响进行评估和规划。加强与税务机关的沟通，针对公司经营情况的变化、趋势，及其纳税影响，及时向征管分局汇报。

第二，参与企业战略规划和重大经营决策的税务影响分析，提供税务风险管理建议。

公司管理层重视公司涉税业务的合规性、合法性。所以，就公司战略规划和重大经营决策的税务影响，涉税人员与管理层的沟通十分顺畅。可以进行举例说明上述情况。比如，涉税人员针对某个税种，为了正确纳税，收集关于此项税种各种专项知识，最好将参考文件或法条详细罗列出来。

第三，组织实施企业税务风险的识别、评估，检测日常税务风险并采取应对措施防范、化解、规避税务风险。在日常工作中，跟踪、处理涉税业务，解决疑难问题，有侧重地进行风险识别、评估，这些工作都在正常进行。但很不系统、很不全面，缺乏严谨、科学的风险评估与识别技术。并说明下一步改进计划，比如，加强学习、研究、应用优秀企业先进经验。检测日常税务风险，除跟踪涉税业务流程的有效性之外，基础的做法是跟踪税负率的合理性并查找原因。

第四，指导和监督有关职能部门开展税务风险管理工作。这是公司涉税人员的日常工作之一。公司其他职能部门尤其是采购部门，如不经常指导并严格要求，极易出现涉税违规行为。可以举例说明具体税务风险管理工作。比如，关于指导和规范各职能部门发票报销、冲账方面的管理规定。

第五，建立税务风险管理的信息和沟通机制。可以简述在公司近年的涉税业务管理实践中，税务风险管理信息和沟通机制是否良好。

第六，组织税务培训，并向本企业其他部门提供税务咨询的情况。可以简单介绍近期举办过哪些涉税方面的知识培训或竞赛，怎样提高业务人员的业务素质。

除了以上的内容，还可以说明因为税务管理的不相容岗位相互分离、制约和监督的要求，企业做了哪些工作，实现了科学有效的职责分工和制衡机制。具体分工可以从以下几个方面阐述：税务规划的起草和审批；税务资料的准备和审查；纳税申报表的填制和审批；税款缴纳划拨凭证的填制和审批；发票购买、保管与财务印章的保管；税务风险事项的处置与事后检查。

2. 税务风险识别与评估

（1）识别税务风险因素

首先，可以从董事会、监事会等企业治理层以及管理层的税收遵从意识和对待税务风险的态度。

公司的价值观，针对战略规划、重大投资项目、经营模式改变等公司重大事项有什么做法，比如，有涉税业务人员参与，事前进行税务影响分析和规划，必要时会就分析的合理性和规划的可行性向税务机关的相关部门咨询。也可以增加实例说明。

其次，还可以从涉税员工的职业操守和专业胜任能力方面进行描述。

税务风险的管理责任分布在财务和业务部门之间，因此，广义的“涉税员工”应该包括业务部门的相关员工。比如：涉税业务人员熟悉税法、及时跟踪税收文件。熟悉会计业务，精通内部控制。

再次，可以从制度设计严谨科学，员工普遍有较强的执行力方面进行说明。不同部门、岗位的交叉稽核最大限度地保证职责权限的合理分配，杜绝人为因素造成的风险，如差错与疏漏、责任心不强、知识技能不足造成的风险。

另外，财务状况、经营成果及现金流情况也可以作为自查报告中重要的部分，梳理会计科目中各项涉税情况，以便发现风险点。

比如：分析存货变化对增值税的影响。计算当期存货与年初数的差额，用以调整账面增值税税负率；存货水平与过往五年相比、与销售规模相比，检查其合理性；筛选需要进行进项税转出、视同销售等处理的出库事项。

分析固定资产变化对纳税的影响。针对增加的固定资产，分析检查建筑物、构筑物、生产设备、福利用途等区分与抵扣进项税是否正确；核查固定资产的入账价值与折旧计提方式是否考虑了会计准则和税法的差异；固定资产报废的处理是否符合税法要求。

分析应收、预收账款情况对纳税的影响。是否符合增值税、企业所得税的收入确认条件，并注意区分增值税和企业所得税在收入确认条件上的不同规定。

最后，分析经济形势、产业政策、市场竞争及行业惯例的影响。

比如，经济形势严峻时期，公司涉税风险更多地来自供应商偷漏税的压力，尤其是中小供应商不开发票、乱开发票等。

产业政策带来的涉税风险，包括不及时了解最新税收政策而未能享受税收优惠的风险，和产业政策转变同时税收配套政策变动但公司税务管控对策未能及时跟进的风险。

市场竞争充分乃至竞争过度的情况下，来自客户方面的不合理要求，会增加公司的涉税风险，比如，客户要求预付款开发票，公司预收款不符合增值税和企业所得税的收入确认条件，但必须开具发票计算销项税才能收取款项。

（2）税务风险评估

主要说明是谁实施的评估，具有什么样的制资，评估时是否针对疑难问题评估、分析、提出解决方案。税务风险评估是否系统、是否定期进行、有无计划等。

（3）税务风险实行动态管理

是否及时识别和评估原有风险的变化情况，以及新产生的税务风险。

3. 税务风险应对策略和内部控制

是否建立税务风险控制点是否根据风险的不同特征采取相应的人工控制机制或自动化控制机制。采取自动机制：针对重复性、有规律性的税务活动，如纳税申报、税务会计常规处理等；采取人工机制：针对突发性、非常规性的，如特殊交易、税务争议处理等。是否根据风险发生的规律和重大程度，建立预防性控制和发现性控制在涉税流程中体现。是否针对重大税务风险所涉及的管理职责和业务流程，制定覆盖各个环节的全流程控制措施。是否合理设置关键控制环节，采取相应的控制措施。比如，销售流程、采购流程中，对付款、发票、收款或确认应收账款等关键控制环节，都有严格的控制措施。

4. 信息与沟通

可以说明是否建立税务风险管理的信息与沟通制度，明确税务相关信息的收集、处理和传递程序，确保企业税务部门内部、企业税务部门与其他部门、企业税务部门与管理层的沟通和反馈，发现问题应及时报告并采取应对措施。

是否与税务机关和其他相关单位保持有效的沟通，及时收集和反馈相关信息沟通顺畅。

（三）税务风险管理由企业主要领导负责督导并参与决策

是否做到主要领导直接督导、听取涉税业务主管人员的专项汇报和阶段性汇报、一贯坚决支持税务风险管理工作。

（四）建立有效的激励约束机制，将税务风险管理的工作成效与相关人员的业绩考核相结合

是否有专门的考核文件。涉税业务员工的薪酬、奖惩，是否与工作业绩挂钩。

（五）全面有效的内部风险管理体系

内部风险管理方面的制度、办法、流程是否全面、有效。

任务实施

结合案例，北京盛耀纺织有限公司收到了税务机关关于税务自查的正式的函。财务人员需要根据函上的要求自查问题，在规定的具体日期提交自查报告。

第一步：分析北京盛耀纺织有限公司自查意义。

税务风险自查具有以下意义：① 有助于企业及时发现潜在的税务风险。② 自查有助于企业及时澄清有关政策困惑。③ 自查有助于提升大企业管理层对税务工作的重视程度。

第二步：分析北京盛耀纺织有限公司自查报告撰写方式。

北京盛耀纺织有限公司的自查报告可以从以下几个方面进行分析。① 公司基本信息。② 税务风险管理制度。③ 税务风险管理由企业主要领导负责督导并参与决策。④ 建立有效的激励约束机制，将税务风险管理的工作成效与相关人员的业绩考核相结合。⑤ 全面有效的内部风险管理体系。

任务小结

了解税务自查的意义是本项目学习内容的出发点。深刻体会自查的意义，有助于公司自觉主动进行自查，而不是为了完成税务机关的稽查，能够从根本上挖出问题的实质，才是合格的自查，才能对税务机关和企业负责。掌握税务报告的撰写方法是本项目学习内容的落脚点。正确规范撰写自查报告，是对学生更高的要求，可以更有条理，更清楚地反映税务风险管理情况。

同步测评

一、不定项选择题

1. 企业的税务风险指标包括（　　）。

A. 特级风险指标　　B. 高级风险指标

C. 中级风险指标　　D. 一般风险指标

2. 特级风险指标中的A4指期间费用总额大于销售额的（　　）。

A. 10%　　B. 20%　　C. 30%　　D. 40%

3. 税务风险的特点包括（　　）。

A. 主观性　　B. 必然性

C. 预先性　　D. 客观性

4. 有助于企业及时发现潜在税务风险的措施是（　　）。

A. 偷税　　B. 漏税

C. 粉饰报表　　D. 企业自查

5. 税务分析自查报告的内容包括（　　）。

A. 公司基本信息　　B. 税务风险管理制度

C. 激励约束机制　　D. 内部风险管理体系

6. 税务风险的识别与评估包括（　　）。

A. 识别税务风险因素　　B. 税务风险评估

C. 税务分析动态管理　　D. 建立税务风险管理体系

二、判断题

1. 培养税务专业人才是应对税务风险的重要措施之一。（　　）
2. 企业经营活动中合同管理不当可能导致税务风险。（　　）
3. 企业税务风险具有主观性。（　　）
4. 企业税务风险指标有4大类35项。（　　）

5. 企业税务分析自查报告可以根据企业实际情况自行增加和删减。　（　　）

三、讨论题

1. 税务风险管理自查的意义是什么?
2. 税务风险的应对措施有哪些?
3. 企业税务管理机构主要履行的职责有哪些?
4. 如何分工才能满足税务管理不相容岗位相互分离、制约和监督的要求?